図解で早わかり

最新

交通事故の法律と手続き

弁護士
森 公任
弁護士
森元みのり［監修］

三修

本書に関するお問い合わせについて

本書の記述の正誤に関するお問い合わせにつきましては、お手数ですが、小社あてに郵便・ファックス・メールでお願いします。大変恐縮ですが、お電話でのお問い合わせはお受けしておりません。内容によっては、お問い合わせをお受けしてから回答をご送付するまでに１週間から２週間程度を要する場合があります。

なお、本書でとりあげていない事項についてのご質問、個別の案件についてのご相談、監修者紹介の可否については回答をさせていただくことができません。あらかじめご了承ください。

はじめに

交通事故は誰でも遭遇する可能性のある身近なトラブルです。

警察庁の公表した令和３年（2021年）中の交通事故発生件数は30万5,196件となっています。そのうち、交通事故死者数は令和２年（2020年）より203人減少し、2,636人となっています。近年は交通事故発生件数・死者数ともに減少傾向にありますが、それでも依然として身近なトラブルといえます。

事故を起こしてしまった場合、加害者は何よりも責任の重さを自ら痛感すると共に、被害者や遺族などに対して謝罪や誠意を示すことが大切です。治療費や慰謝料などの民事上の損害は、金銭の支払によって損害賠償することになります。もちろん、被害者が亡くなった場合には、金銭によって亡くなった被害者が帰ってくるわけではありませんし、後遺症が残った場合にも、完全に元の体に回復することは難しいといえます。被害者側としては納得がいかない面もあると思いますが、事故による被害については、民事上は、失ったものを金銭に換算して解決するしか方法がありません。

本書は、交通事故の当事者になってしまった場合の法的解決方法に関する入門書です。損害賠償額算定の基準、損害賠償責任を負う者（運行供用者責任）、死亡・傷害・物損の各事故の損害賠償の算定方法など、損害賠償請求のための基本的な知識を解説するとともに、自賠責保険、任意保険、健康保険、労災保険の活用法や示談交渉や示談書作成におけるポイント、過失相殺と過失割合、自転車運転の交通ルールや保険制度、刑事罰や行政処分などについても解説しています。

この他、高齢運転者による交通事故対策やアルコールチェック義務化などを定めた近年の道路交通法の改正についても取り上げています。

交通事故の円満な解決のために本書を役立てていただければ、監修者としてこれ以上の喜びはありません。

監修者　弁護士　森公任　弁護士　森元みのり

CONTENTS

目次

PART 1　交通事故が発生したらどうする

PART 2　損害賠償の基礎知識

PART 3　傷害・死亡・物損事故の損害賠償額の算定方法

PART 4　示談交渉と保険金請求

PART 5　自賠責保険と任意保険のしくみ

PART 6　ケース別　過失相殺と過失割合

PART 7　自転車の交通ルールと賠償・保険制度のしくみ

PART 8　事故を起こした場合に発生する刑事上・行政上の責任

巻末資料

PART 1

交通事故が発生したらどうする

PART1
1

交通事故が
発生したらどうする

交通事故の発生と加害者の責任

加害者には民事、刑事、行政上の責任が発生する

■ 交通事故を起こすとどのような責任が発生するのか

交通事故は、大きく人身事故と物損事故に分けることができます。人身事故とは、文字通り人の身体に危害が及ぶ事故で、死亡事故と傷害事故があります。物損事故とは、自動車同士の破損のように、物に危害が及ぶ事故です。１つの事故で人身事故と物損事故の両方が問題になる場合もあります。交通事故の加害者には、①民事上の責任、②刑事上の責任、③行政上の責任の３つの異なる性質の責任が発生する可能性があります。被害者に対して損害を賠償するのが①の民事責任です。死亡事故や傷害事故の場合には、民事責任だけではなく、懲役や禁錮、罰金などの②の刑事責任や、道路交通法による反則金、免許の停止・取消しなどの③の行政上の責任が発生します。

交通事故の死傷者数

令和３年警察白書の統計資料によると、令和２年中の交通事故による死亡者は2839人、負傷者は約36万9000人となっている。交通事故の発生件数や死傷者数は減少傾向にあるが、悪質な飲酒・ひき逃げ事故や凄惨な交通事故は報道で大々的に取り上げられることもある。

■ 被害者に対する民事上の責任

交通事故が起きた場合に最も重要となるのは、被害者の保護をどのように図るかということです。被害者の受けた損害を直接カバーするのは加害者による損害賠償と保険制度です。これらについて定めている法律が、民法（特に不法行為についての規定）と自動車損害賠償保障法（自賠法）です。自賠法とは、自動車の所有者であれば必ず加入しなければならない自動車損害賠償責任保険（自賠責保険）について定めた法律です。民法も自賠法も、発生した損害を金銭で賠償して被害者を保護しようという趣旨に基づいています。

不法行為

17ページ参照。

人身事故であろうと物損事故であろうと民法上の不法行為に

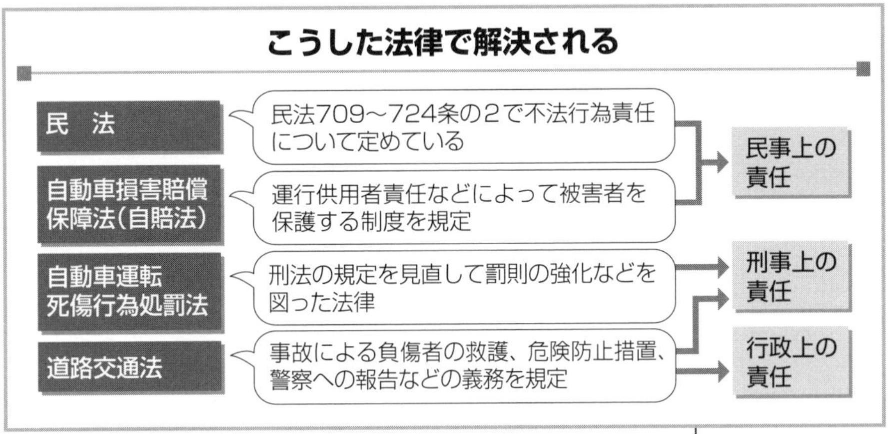

あたる可能性が高いので、民法の規定に従って事故による法律問題の解決を検討することになります。ただし、人身事故の場合、自賠法が民法に優先して適用されます。

自賠法と民法の関係

自賠法がまず適用されて、自賠法に規定がない事項や自賠法の適用がない事項については、民法が適用される。

■ 加害者の刑事上および行政上の責任

交通事故の加害者は、刑事責任を問われたり、行政処分を課されることがあります。交通事故による刑事責任については、以前は刑法と道路交通法による刑罰が科されていましたが、刑法の危険運転致死傷罪は適用が難しく、悪質な運転事故であっても道路交通法上の比較的軽い刑罰しか科されないなどの問題がありました。このように悪質な交通事故の厳罰化の要請から、平成26年５月に「自動車の運転により人を死傷させる行為等の処罰に関する法律」（自動車運転死傷行為処罰法）が成立し、現在ではこの法律と道路交通法によって刑事責任が科されることになっています。また、比較的軽微な交通違反に対しては、道路交通法によって反則金の納付や免許の停止・取消しなど、行政上の責任が課されます。これらは行政上の制裁であって、刑事責任（刑罰）とは性質が異なるので、反則金を払うことになっても、前科はつきません。

物損事故と自賠法

物損事故の場合には、自賠法の適用がない。民法の不法行為の規定によって解決することになる。

PART1
2

交通事故が発生したときに当事者がすべき対応

交通事故が
発生したらどうする

道路交通法の義務に違反すると懲役または罰金が科せられる

■ 交通事故にあった被害者がするべき対応

まず、事故に遭った被害者がしなければならないことは、加害者の住所や氏名を聞きだすことです。事故の後の連絡がスムーズにできるように、自宅や勤務先の電話番号も聞いておきます。その際、運転免許証や身分証明書、車検証などを見せてもらい、ウソ（偽り）がないかを確認しましょう。さらに、自賠責保険証書、任意自動車保険証書なども確認し、内容をメモしておくとよいでしょう。

また、後述する道路交通法上の緊急措置義務や事故報告義務は、加害者だけでなく被害者にも課されています。事故の程度が軽いと報告義務を怠る人もいますが、報告は法律上の義務であり、保険金の支払いを受けるための条件にもなっています。

自動車保険の保険証書などを確認しておく意味

万が一、加害者が損害賠償に応じない場合に、保険証書などの内容をメモしておけば、被害者が直接、加害者が加入している保険会社から損害賠償金の支払いを受けることもできる。

■ 交通事故解決までの流れ

交通事故が起きた場合に当事者がすべきことは、①二次災害防止のための処置、②警察署への事故報告、③被害者（加害者）の連絡先の確認です。任意保険に加入していれば、④保険会社への報告も必要です。

また、人身事故の被害者であれば、治療費などについて、加害者（または保険会社）に損害賠償を請求します。もし当事者間で示談がまとまれば示談書を作成し、それに基づき加害者は被害者に示談金を支払います。

保険金を請求するためには「交通事故証明書」が必要

保険金を請求するためには、自動車安全運転センターが警察から提供された情報に基づいて作成する「交通事故証明書」が必要となる。事故報告をしていないと、交通事故証明書が作成されず交付を受けることができないため、事故発生後、直ちに警察に事故報告をする必要がある。

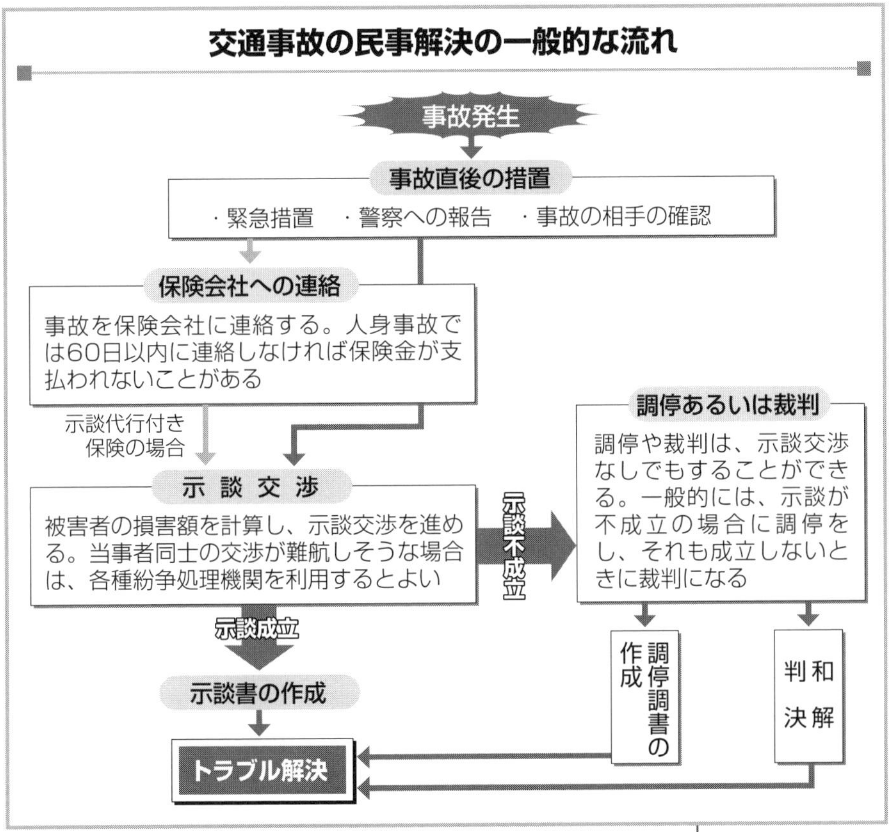

■ 緊急措置義務と事故報告義務がある

自動車による交通事故が発生した場合、加害者である運転者はすぐに車を停めて、負傷した被害者を救護しなければなりません。被害者に対する主な救護活動としては、事故現場での応急措置の他、119番通報や病院への搬送などがあります。また、事故現場で第２、第３の事故（二次災害）が発生しないように、後続車の誘導などをすることも必要です。

このように、運転者が事故現場で負傷者を救護し、道路における危険を防ぐ義務のことを緊急措置義務といいます。交通事故を起こした運転者が負傷した被害者の救護や危険の防止を怠って緊急措置義務に違反したときは、人身事故の場合には10年以下の懲役または100万円以下の罰金に処せられ、物損事故の場合には１年以下の懲役または10万円以下の罰金に処せられます。

さらに、運転者は、交通事故が発生した日時・場所、被害の内容・程度、事故現場で講じた措置などを、直ちに現場の警察官（あるいは最寄りの警察署の警察官）に報告する義務（事故報告義務）があります。運転者が事故報告義務を怠ったときは、３か月以下の懲役または５万円以下の罰金に処せられます。

なお、緊急措置義務と事故報告義務は、加害者側の運転者だけでなく、被害者側の運転者にも課されています。

■ 保険金の請求には事故証明が必要

自動車保険には、強制保険と任意保険があります。強制保険は自動車損害賠償責任保険（自賠責保険）ともいい、強制保険に加入していない車は公道を走ることができません。

ただし、強制保険には被害者保護のための最低限の補償しかありません。そこで、強制保険でまかなえない部分を補うために、任意保険があります。強制保険・任意保険のどちらの場合も、保険金を請求するためには「交通事故証明書（事故証明書）」「事故発生状況報告書」などの書類の提出が必要になります。

■ 任意保険に加入している場合

約款とは

多数の取引を画一的に処理するために、あらかじめ契約内容を定型化したもの。

保険契約の詳細な内容は、保険約款に記載されています。約款では、保険契約者または被保険者に対し、事故発生を知った後、速やかに通知することを義務付けているのが通常です。

事故について最初に保険会社に連絡する際は電話でもかまいませんが、その後、書面で詳細を通知する必要があります。書面での通知には、事故発生の日時・場所、被害状況、被害者の住所・氏名（または名称）、事故について証人がいる場合はその者の住所・氏名（または名称）、損害賠償の請求を受けた場合はその内容を記載します。通知を怠ると保険金が支払われない場合もあります。人身事故の場合、事故発生日の翌日から起算して60日以内に通知がなされなければ、原則として保険金を受け取ることができなくなる可能性があます。

基本的には加害者の保険会社が積極損害・逸失利益・慰謝料といった賠償額の見積りをします。示談交渉をする場合、被害者は、この金額を基に交渉します。

? 保険会社から、「事故証明書がなければ、保険金の支払いには応じられません」と言われました。事故証明書（交通事故証明書）がなければ、保険金を請求できないのでしょうか。

保険会社としては、保険金の詐取を防ぐため、実際に交通事故があったことを確認してから保険金を支払うこととしています。そのため、交通事故が実在した証拠として、「交通事故証明書」の提出を要求しています。交通事故証明書は自動車安全運転センターで入手できます。ただし、自動車安全運転センターが警察から提供された情報に基づいて作成する書類であるため、警察への事故報告をしていないと、交通事故証明書が作成されませんので、気をつけましょう。保険金の請求にあたっては、交通事故証明書の他に、「事故発生状況報告書」という書類の提出が要求されることもあります。事故発生状況報告書のひな形は保険会社から入手することができます。

なお、保険金を請求する際に交通事故証明書を提出できない場合、「人身事故証明入手不能理由書」という書類の提出を求められることがあります。この書類は、「交通事故によるケガが軽微であったなど、交通事故証明書を入手できなかったことに正当な理由がある場合に作成するものです。その事実関係について保険会社による調査の結果、事故の事実があったと判断されれば、保険金の支払いを受けることができます。

事故証明書がないと絶対に保険金は支払われないのか

道路交通法上、交通事故を起こした運転者には、事故の報告義務が課されている。しかし、それは行政上の問題であって、保険の問題とは別物である。保険会社としては本当に交通事故があったことが確認できればよいことから、難しい作業になるが、目撃者の証言などによって、保険会社に対して事故を証明することができれば、事故証明書がなくても保険会社から保険金の支払いを受けられる可能性はある。

Column

どのようにして刑罰が決められるのか

刑法９条は、刑罰の種類として、「死刑・懲役・禁錮・罰金・拘留・科料・没収」を定めています。犯罪の性質、被告人の性格・前歴などから、刑罰を直ちに行わず、様子を見て改善を図るという執行猶予の制度があります。特に懲役刑や禁錮刑は刑務所への収監を伴うため、執行猶予がつくかどうかは被告人の生活に大きな影響を及ぼす重大事項といえます。裁判官は、過去の類似事件の裁判例を参考に、さまざまな事情を考慮して刑罰を決定します。

交通事件は、比較的軽微に扱われてきたという批判を受けて、近年では法改正の度に厳罰化される傾向があります。たとえば、自動車運転死傷行為処罰法が規定する過失運転致死傷罪は、自動車を運転する際に必要な注意を怠り、人を死傷させた加害者に対し「７年以下の懲役もしくは禁錮または100万円以下の罰金」に処すると規定しています。過失により人を死傷させた場合、一般的な処罰規定である刑法上の業務上過失致死傷罪の刑罰は「５年以下の懲役もしくは禁錮または100万円以下の罰金」であるため、自動車運転による場合のほうが重く処罰されます。無免許運転による事故や飲酒・薬物の影響により正常な運転が困難な状態で自動車を運転し事故を起こした場合などでのように、悪質性が高いケースについては、自動車運転死傷行為処罰法上の危険運転致死傷罪が適用され、人を負傷させた場合は「15年以下の懲役」、人を死亡させた場合は「１年以上の有期懲役」に処されます。また、道路交通法においても、信号機や道路標識等を損壊した場合や、運転者に対して酒類を提供した人や飲酒運転をした運転者の同乗者に対して、懲役または罰金に処するとされています。

なお、被害者との間で示談が成立している場合には、加害者が十分反省しているとして、不起訴となったり、刑を減刑してもらえる可能性があります。

PART 2

損害賠償の基礎知識

PART2
1

損害賠償の基礎知識

損害賠償とは

金銭によって損害を埋め合わせて被害者を保護するのが目的

■ 損害の賠償を請求するには

たとえば、ある人が運転する車が他人をはねてケガをさせてしまった場合のように、他人に損害を与えたときに、金銭の支払いによって償う方法が損害賠償です。ただし、損害が発生したからといって、必ず賠償請求ができるとは限りません。損害賠償責任が生じるには一定の要件が必要とされています。損害賠償制度の目的は、発生した損害を加害者に償わせて、被害者を救済することにあり、以下の特徴があります。

①　直接の加害者以外の者が損害賠償責任を負うことがある

損害賠償の制度は、直接の加害者に対して懲罰を加えることではなく、被害者の損害を補てん（埋め合わせ）することを目的としています。そのために、直接の加害者ではない第三者にも損害賠償責任を負わせることによって、より確実に損害の補てんを図る場合もあります。

②　損害賠償請求は相当な因果関係がある範囲で認められる

被害者は、加害者に対して、交通事故によって被った損害のすべてについて賠償請求ができるとは限りりません。

生じた結果（損害）には、必ず原因があるはずです。この原因と結果の関係のことを因果関係といいますが、因果関係は、無限に拡大していく可能性があります。そこで、補てんすべき損害の範囲に一定の基準が設けられており、加害者の行為と「相当な因果関係（相当因果関係）のある範囲」でのみ損害を賠償すればよいとされています。

賠償すべき損害に制限が設けられている理由

賠償すべき損害の範囲に一定の制限が設けられていないと、損害賠償の範囲が無限に拡大してしまうおそれがあるためである。
なお、相当因果関係の判断はかなり緩やかでなので、因果関係がないとされることは比較的少ない。

③　精神的損害の賠償も請求できる

不法行為を理由とする損害賠償

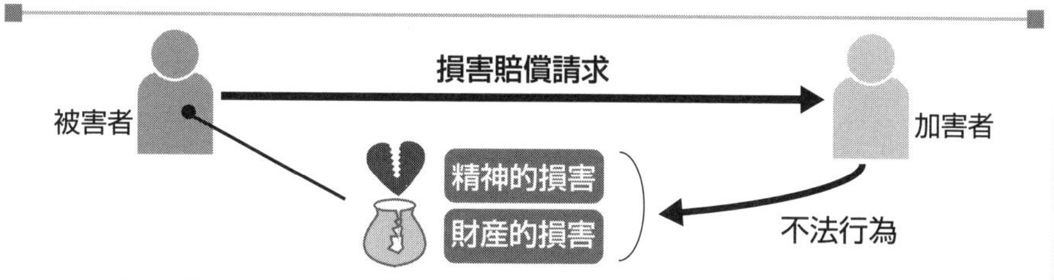

損害賠償を請求できるのは、財産的な損害についてだけではありません。悲しみや恐怖、痛みや恥辱などによって生じる精神的な苦痛であっても、精神的損害として金銭で評価され、慰謝料という形で請求できます。

④　過失相殺や損益相殺されることもある

損害賠償制度は、被害者の救済を目的とするものですが、賠償の対象となる損害の発生または拡大について、被害者側にも過失（落ち度）がある場合には、過失の程度に応じて賠償額を減額することができます。これを過失相殺といいます。また、被害を受けた被害者が同時に利益を得た場合、賠償額から利益分が差し引かれることがあり、これを損益相殺といいます。

損益相殺
46ページ参照。

■ 不法行為とは何か

交通事故における損害賠償責任の法律上の根拠は、不法行為責任です。不法行為には、一般的な不法行為と特殊な不法行為の２種類があります。不法行為が成立すると、加害者は被害者に対し、不法行為責任、つまり、自己の行為によって生じた損害を賠償する責任を負います。

また、加害者に故意（わざと）または過失（不注意）があったことについては、被害者側が証明しなければなりません。証明できない場合、訴訟において、不法行為が成立しないと判断されてしまいます。

不法行為
故意または過失による違法な行為によって相手方の権利や利益を侵害する行為のこと。

故意または過失の立証は困難な場合が多く、その立証責任を負う被害者は訴訟上、非常に不利な立場にあるといえます。そのため、被害者の保護のために、一定の場合には、加害者側が故意・過失のなかったことを証明しない限り不法行為責任を免れないとされています。

持病で病院に通っていた祖母が交通事故に遭い、２か月後、急性心不全で亡くなりました。医学的には事故と祖母の死との間に因果関係があるとは言い切れないとのことですが、遺族として、加害者に損害賠償を請求できますか。

加害者が損害賠償責任を問われるのは、自分の起こした事故と因果関係が認められる結果についてだけです。また、因果関係が認められるのは、その事故から通常生じる損害の範囲内に限られます。たとえば、交通事故に遭って手術が必要な程度の負傷をしたために、病院に向かっている途中に、病院の階段で足を滑らせて頭を強打して死亡したとしましょう。この場合、被害者の死亡と交通事故との間に因果関係が認められるという結論をとることはおかしいでしょう。そこで、裁判所は、賠償責任の対象となる損害は、加害行為・権利侵害と相当因果関係にある損害に限られるという考え方を採用しています。事故と死亡との因果関係が不明確なことはよくあることですが、特に被害者にもともと持病などがある場合は、被害者の死亡が持病によるものではなく事故を原因とするものであることを立証するのは困難な場合が多いといえます。因果関係が不明確なために、加害者が損害賠償請求に応じない場合、最終的には裁判所によって判断してもらうしかありません。まずは、死亡との因果関係があることを前提に示談交渉をしてみましょう。

因果関係
原因と結果の間に存在する「あれなければこれなし」という関係。

同乗者から「事故を起こしても責任をもたなくていいから車の運転を頼む」といわれ、仕方なく承諾し、そ

損害賠償責任を負う範囲

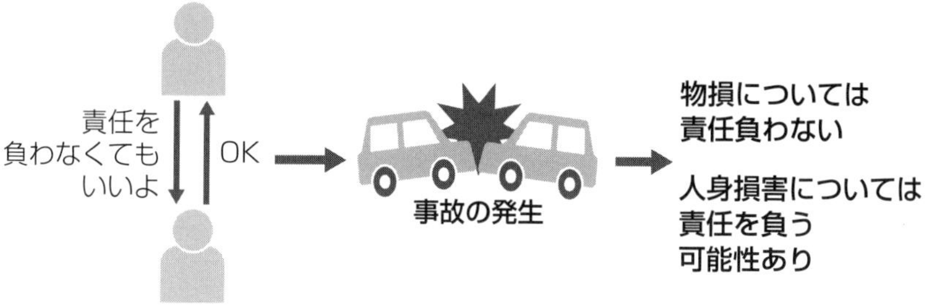

の後自動車事故を起こし、同乗者を大ケガさせた場合、損害賠償責任を負わないことになりますか。

加害者は、車の運転にあまり自信がないので、当初車で送ることを断ったのですが「事故を起こしても責任をもたなくていいから車の運転を頼む」と同乗者に頼まれ、仕方なく承諾したというケースです。このケースでは、同乗者が同乗した場合の危険をあらかじめ承知の上で、損害賠償請求権を放棄したものということができます。このような約束は原則として有効ですが、本ケースのように同乗者が大ケガをしてしまった場合にまで、運転者が全面的に免責されるとするのは妥当ではないでしょう。被害者が「事故を起こしても責任をもたなくてもよい」と言ったのは、自動車の物損を念頭に置いたものであって、自分が大ケガを負った場合についてまで損害賠償請求権を放棄するという意味ではない可能性があります。不法行為に基づく損害賠償請求においては、当事者間の契約（約束）だけでなく「被害者の救済」も重視されているということができます。本ケースの場合、全面的に損害賠償責任を負わないと判断するのは難しいでしょう。

因果関係についての判例

本文と同様のケースで、事故後、「くも膜下出血」で死亡した被害者について、事故と死亡との因果関係がないと判断したものがある。

同乗者との関係

同乗者が後日、「責任をもたなくていいからとは言っていない」と主張することもありうる。友人や恋人などの親しい関係であっても、事故によって加害者と被害者という関係になってしまうと、損害賠償をめぐって争いになることもあるので、証拠を残しておくなど注意する必要がある。

PART2
2

損害の内容

財産的な損害は積極損害と消極損害に分けられる

■ 損害にはどんなものがあるのか

損害賠償請求が認められるには、損害の発生が必要です。では、損害とは具体的に何を意味するのでしょうか。

交通事故による損害は、人身損害と物件損害に大別されます。人身損害とは、死亡事故や傷害事故といった人身事故から発生した損害です。物件損害とは、壁を傷つけるなどの物損事故から発生した損害です。

また、損害は財産的損害と精神的損害に大別することもできます。財産的損害は、所有物の損傷や治療費の支出など、現実に財産が減少したことによって生じた積極損害と、事故にあわずに働くことができれば得られたであろう収入を失ったという、得べかりし利益の喪失による消極損害に分けられます。人身事故の場合は、傷害・後遺障害・死亡の３つのケースが考えられますが、いずれのケースでも財産的損害と精神的損害、あるいは積極損害と消極損害が発生します。

なお、裁判で損害として認められた額の１割程度を弁護士費用相当額の損害として賠償を求めることが認められています。

積極損害・消極損害のイメージ

簡単に言うと、お金が出ていくのが積極損害であり、お金が入ってこなくなるのが消極損害ということになる。

① 積極損害

被害者が交通事故に遭ったために支出せざるを得なくなった金銭のことを積極損害といいます。

たとえば、交通事故でケガをした場合は治療が必要になりますが、この治療費は交通事故に遭ったためにやむを得ず支出することになったものです。一方、死亡事故の場合であれば、被害者の遺族は被害者の葬儀をすることになりますが、葬儀費用

人身事故と物損事故

も交通事故に遭ったために支出することになった費用です。

交通事故において、治療のために出費が必要になった場合、積極損害として賠償請求できる治療関係の費用としては、治療費（診察料・検査料・入院料など、症状固定の時までの治療にかかった費用）や通院費等があります。担当医への謝礼も一定の限度で積極損害と認められることがあります。

その他の積極損害として、治療などのために、子供を知人や保育施設に預けた場合にかかった委託費用、家事や育児のために家政婦などを雇った場合の費用、学校を休んで学習に遅れが生じたため家庭教師を雇った場合の費用、文書料（医師の診断書、交通事故証明書、印鑑証明などを作成するための費用）も賠償請求できる場合があります。

また、被害者のケガの程度、内容、年齢、家庭の状況などに照らして必要性が認められる場合には、家屋の出入口・階段・風呂場・トイレ・ベッド・イスや自家用車などをバリアフリー対応へと改造する（または買い替える）費用、破損した衣服の購入費、子供の保育費または学習費の実費も、積極損害として賠償請求できる場合があります。

② 消極損害

交通事故に遭ったために得ることができなかった金銭（経済的利益）のことを消極損害といいます。

たとえば、交通事故で死亡した場合、被害者はそれまで得ていた収入を以後得ることができなくなります。また、交通事故でケガをした場合、治療のために仕事を休むことを余儀なくされ、その間の収入が減る、あるいはゼロになるといったことも考えられます。さらに、事故の後遺症のせいで以後の収入が減ることもあるでしょう。これらはすべて消極損害にあたります。

休業損害
仕事を休んだために得られなかった収入。

後遺障害逸失利益
後遺症が残ったために得られなかった収入。

死亡逸失利益
死亡したために得られなかった収入。

消極損害には、休業損害、後遺障害逸失利益、死亡逸失利益の３種類があって、それぞれ計算方法が異なります。

休業損害の場合、治療をしていた期間中に仕事を休むことによって失う収入（逸失利益）が消極損害にあたります。逸失利益は被害者の１日あたりの収入額に治療のために休んだ日数（休業日数）を乗じて計算します。つまり、

休業損害＝１日あたりの収入（基礎収入）×休業日数

となります。ただし、「１日あたりの収入」は被害者の職業によって扱いが異なってきます。公務員・会社員といった給与所得者と自営業者とでは当然異なりますし、定職に就いていないフリーターも扱いが異なってきます。また、休業日数には、入院した日数、治療のために通院した日数の他、自宅で安静にしていなければならない日数も含まれます。

■ 慰謝料とはどんなものなのか

財産的損害の他に、精神的損害も交通事故の損害賠償の対象に含まれます。交通事故に遭った場合に受ける悲しみや恐怖など、精神的損害を償うためにあるのが慰謝料です。慰謝料は、精神的損害という目に見えない損害についての賠償金ですから、目に見える財産的損害の賠償とは異なる性質をもっています。

そのため、被害者が納得するように慰謝料を算定するのは、なかなか困難です。死亡事故、傷害事故、後遺障害のそれぞれ

交通事故における慰謝料とその算定方法

慰謝料 ➡ 事故における被害者の被った「精神的苦痛」に対するもの

算定にあたって考慮される要素

① 事故によって起きた損害：死亡、怪我の程度、後遺障害の程度等
② 被害者の状態：年齢、職業等
③ 事故後の状況：加害者の被害者への対応の仕方等

の場合で一応の基準がありますが、性質上、明確な算定基準はありません。実際の賠償額は、傷害の程度、被害者の年齢・職業、加害者が被害者に対してどの程度誠意を尽くしたかなどの事情を考慮して決められます。

慰謝料の算定については、多くの裁判例があります。しかし、算定にあたって考慮される事情は多種多様です。同じ被害を被っていても、被害者や被害の態様が異なれば、慰謝料の額も異なってきます。

このように慰謝料の算定は一律には決定しづらいものです。だからといって、場当たり的に算定するのでは、被害者にとっても加害者にとっても不公平な結果となってしまいます。そのため、実務においては、慰謝料の算定基準が一応の目安として利用されています。この慰謝料の算定基準を利用して、後遺障害に対する賠償を計算することもあります。たとえば、財産的損害としての逸失利益が認めにくいような場合に、慰謝料を増額することで逸失利益を埋め合せるといった方法がとられることもあります。

損害賠償額算定の基準

自賠責保険、任意保険、弁護士会の３つの基準がある

■ 損害賠償額を算定する基準は

人身事故の被害者が請求できる損害賠償額については、一般の人にあまり知られていません。数え切れないほど発生する交通事故に関する紛争を迅速に処理するため、個別の紛争ごとに損害賠償額を考えるのではなく、定型化された基準を用いて支払うべき金額を算出しています。

具体的には、①自賠責保険基準、②任意保険基準、③弁護士会（裁判所）基準、の３つの査定基準があります。被害者はこれらの基準を参考にして、加害者に損害賠償を請求することになります。事故の当事者本人同士、または弁護士が代理人となって交渉する場合は、３つの中で金額的に被害者側に有利な③の弁護士会基準が利用されます。弁護士会基準は、判例や物価の変動などの経済的要因が考慮された基準です。

当事者双方が任意保険に加入している場合であれば、保険会社同士の話し合いで示談交渉の決着がつくことが多いようです。この場合は②の任意保険基準が利用されます。

ただし、被害者も加害者も弁護士会基準による金額を主張しない場合、自賠責保険基準や任意保険基準よりも低い金額で示談が成立する可能性もありますから注意が必要です。

損害賠償請求額の算定

不法行為による被害者が、自身が受けた損害を合理的に算定して加害者に請求するのが原則であるが、この算出にあたってはさまざまな要素を考慮しなければならないため、時間や手間がかかる。しかし、交通事故の場合、被害者が迅速に救済されることを目的として、損害賠償請求額を簡易迅速に算定できるよう、定型化された基準が用いられている。

■ それぞれの基準の内容

以下、３つの基準の内容を簡単に見ていきましょう。

①　自賠責保険基準

人身事故について、自賠責保険の損害額を算定する際に、損

入・通院慰謝料（日弁連事故センターの基準）

（単位：万円）

入院		1月	2月	3月	4月	5月	6月	7月	8月	9月	10月	11月	12月	13月	14月	15月
通院	入院のみ／通院のみ	60〜32	117〜63	171〜92	214〜115	252〜135	284〜153	312〜168	336〜181	356〜191	372〜200	385〜207	395〜212	403〜217	408〜221	413〜225
1月	29〜16	88〜47	144〜78	192〜103	232〜125	268〜144	298〜161	324〜174	345〜186	364〜196	379〜203	390〜210	399〜214	406〜219	411〜223	416〜227
2月	57〜31	115〜62	165〜89	210〜113	248〜134	282〜152	310〜167	333〜179	353〜191	371〜199	384〜206	394〜212	402〜216	409〜221	414〜225	419〜229
3月	84〜46	136〜73	183〜99	226〜122	262〜142	294〜158	319〜172	341〜184	360〜194	376〜202	388〜208	397〜214	405〜218	412〜223	417〜227	422〜231
4月	105〜57	154〜83	199〜108	240〜130	274〜148	303〜163	327〜177	348〜187	365〜197	380〜204	391〜210	400〜216	408〜220	415〜225	420〜229	425〜233
5月	123〜67	170〜92	213〜116	252〜136	283〜153	311〜168	334〜180	353〜190	369〜199	383〜206	394〜212	403〜218	411〜222	418〜227	423〜231	428〜235
6月	139〜76	184〜100	225〜122	261〜141	291〜158	318〜171	339〜183	357〜192	372〜201	386〜208	397〜214	406〜220	414〜224	421〜229	426〜233	431〜237
7月	153〜84	196〜106	234〜127	269〜146	298〜161	323〜174	343〜185	360〜194	375〜203	389〜210	400〜216	409〜222	417〜226	424〜231	429〜235	434〜239
8月	165〜90	205〜111	242〜132	276〜149	303〜164	327〜176	346〜187	363〜196	378〜205	392〜212	403〜218	412〜224	420〜228	427〜233	432〜237	437〜241
9月	174〜95	213〜116	249〜135	281〜152	307〜166	330〜178	349〜189	366〜198	381〜207	395〜214	406〜220	415〜226	423〜230	430〜235	435〜239	440〜243
10月	182〜100	220〜119	254〜138	285〜154	310〜168	333〜180	352〜191	369〜200	384〜209	398〜216	409〜222	418〜228	426〜232	433〜237	438〜241	443〜245
11月	189〜103	225〜122	258〜140	288〜156	313〜170	336〜182	355〜193	372〜202	387〜211	401〜218	412〜224	421〜230	429〜234	436〜239	441〜243	446〜247
12月	194〜106	229〜124	261〜142	291〜158	316〜172	339〜184	358〜195	375〜204	390〜213	404〜220	415〜226	424〜232	432〜236	439〜241	444〜245	449〜249
13月	198〜108	232〜126	264〜144	294〜160	319〜174	342〜186	361〜197	378〜206	393〜215	407〜222	418〜228	427〜234	435〜238	442〜243	447〜247	452〜251
14月	201〜110	235〜128	267〜146	297〜162	322〜176	345〜188	364〜199	381〜208	396〜217	410〜224	421〜230	430〜236	438〜240	445〜245	450〜249	455〜253
15月	204〜112	238〜130	270〜148	300〜164	325〜178	348〜190	367〜201	384〜210	399〜219	413〜226	424〜232	433〜238	441〜242	448〜247	453〜251	458〜255

(注) 特に症状が重い場合は上限額(上段の金額)を2割増した金額まで増額を考慮する。

害保険料率算出機構が使用する基準です。この基準には支払限度額があり、被害者１人につき、傷害事故については120万円、後遺障害を残した事故については3000万円（介護を要する一定の後遺障害については4000万円）、死亡事故については3000万円がそれぞれ限度額になります。

②　任意保険基準

人身事故についての任意保険での損害額算定基準です。現在は保険の自由化に伴って各社共通の統一支払基準は廃止され、各保険会社が個別の支払基準を作成しています。

③　弁護士会（裁判所）基準

増加する交通事故による損害賠償訴訟に迅速に対応するため、損害額の定型化、定額化を図った基準が弁護士会（裁判所）基準です。

弁護士会基準には、通称青本と呼ばれる「交通事故損害額算定基準」（日弁連交通事故相談センター本部編）、赤い本と呼ばれる「民事交通事故訴訟 損害賠償額算定基準」（日弁連交通事故センター東京支部編）があり、青本は全国向けに、赤い本は関東地区向けに作成されていますが、実際は、青本はあまり利用されず、東京支部編の赤い本が全国的に使用されています。

この基準は過去の交通事故被害における賠償請求訴訟をベースにして定められたものです。つまり被害者救済に相応しいと裁判所が認めた金額なのです。

弁護士会基準の主張

呼称のためか、弁護士会基準を主張できるのは弁護士だけだと誤解されることがあるがそれは誤りである。交通事故の被害者は、弁護士を選任していなくとも、弁護士会基準で算定された損害額を加害者に主張することができる。

■ 賠償請求の基準となる収入の算定方法

事故によるケガの損害については、治療費や付き添いにかかる費用が対象になる他、治療費以外にも、治療期間中に休業したことによって減少した収入（休業損害）や、事故の後遺障害で労働力が低下した場合における将来の減少分の収入（逸失利益）なども、損害賠償の対象になります。逸失利益とは、将来得ることができたはずの所得を事故によって得ることができなく

損害賠償額の算定の目安となる支払基準

自賠責保険基準	自賠責保険の損害額算定の際の基準
任意保険基準	各保険会社が個別の支払基準を作成
弁護士会(裁判所)基準	損害賠償訴訟に迅速に対応するため、損害額の定型化、定額化を図った基準

➡ **被害者としては加害者側(保険会社)の提示金額に問題がないか、基準などを確認する必要がある**

なったというものですので、本来証明することが非常に難しいものです。そのため交通事故被害者救済を図るために、賃金センサスという一定の基準に従って逸失利益が算定されるようになっています。その際に考慮される要素としては、事故が発生した時点における被害者の年齢、事故時の所得、学歴等による被害者の賃金基準、事故時から労働所得を得ることができたはずの残りの年数等です。こうした定型化されている基準があることで、事故の被害者は自身の逸失利益について複雑な証明をすることなく、賠償請求することができるようになっています。

休業損害や逸失利益について、会社員や公務員の場合は、基本的に源泉徴収票または所得証明が算定の基準となります。個人事業者の場合は、確定申告を参考にして算定します。

実収入と申告した収入とが異なる場合には、実際に申告した収入以上の収入があったことを裏付ける資料を示すことにより、実収入による損害賠償請求が可能になります。

どのようなものが算定の根拠資料として認められるのかは、ケース・バイ・ケースです。商売をしている場合には、直近の売上伝票や領収書などによって収入を証明します（申告内容に誤りがある場合には、修正申告が必要になります）。

PART2
4

損害賠償の基礎知識

損害賠償を請求できるのは誰か

損害を受けた被害者本人が請求するのが原則である

■ 人身事故、物損事故の場合でそれぞれ異なる

交通事故で損害を被った場合に加害者に対して損害賠償の請求ができるのは、まず被害者本人です。被害者の他に誰がどんな請求をできるのかは、人身事故と物損事故とでそれぞれ異なります。

① 傷害事故の場合

人身事故のうち交通事故で傷害を負った場合の損害賠償請求は、被害者本人が加害者（加害者の加入する保険会社も含む）に対して請求するのが原則ですが、被害者本人が請求できない場合もあります。

たとえば、被害者が意識不明で回復の見込みがない場合は、被害者の配偶者や親などの一定の親族が被害者に代わって請求することができます。

また、被害者が幼児などの未成年者である場合は、親などの法定代理人が請求できます。被害者が成年被後見人（アルツハイマー病などの影響により物事を判断する能力を欠く状態にある人のこと）の場合は、その者に代わって成年後見人が請求できます。さらに、被害者に重度の後遺障害が残った場合は、被害者の配偶者などの一定の近親者が、自己の権利として加害者に慰謝料を請求することができます。

なお、被害者に過失があった場合は、過失相殺が行われる場合があります。また、被害者が利益を得た場合には、損益相殺が行われることもあります（46ページ参照）。

② 死亡事故の場合

人身事故でも死亡事故の場合は、死亡した被害者本人による

被害者と内縁関係にある配偶者

婚姻届を出している配偶者と同様、加害者に損害賠償を請求することができる。外見的には、法律上の夫婦（婚姻届を出している夫婦）と同じようにいっしょに暮らしており、世間的にも夫婦として認められている場合、単に婚姻届を出していないからといって、法的保護を受けられないとすると不公平である。
そこで、内縁の配偶者が交通事故などで死傷した場合の損害賠償請求についても、できる限り法律上の夫婦の配偶者と同じような扱いを受けることが認められている。内縁関係にある配偶者が法的保護を受けられるかどうかは、事実上、法律上の婚姻関係と同様の状況にあった者と認められるかどうかによって判断される。

本人や相続人による損害賠償請求

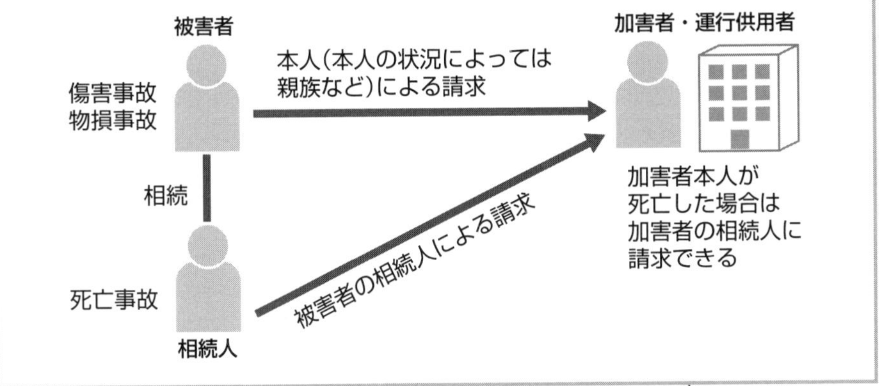

損害賠償請求ができませんから、死亡した被害者の遺族（相続人など）が請求することになります。相続人のうち、被害者の配偶者・子・父母などの近親者は、自分自身の慰謝料を請求することもできます。

③　物損事故の場合

物損事故の場合、損害賠償を請求できる人は、傷害事故の場合とほぼ同じです。原則は被害者本人が請求します。なお、物損事故には自賠法の適用がありませんので、民法709条の不法行為責任に基づいて損害賠償を請求することになります。

■ 事故で被害者だけでなく加害者も死亡した場合

被相続人が死亡すると、被相続人の持っていた財産だけでなく、被相続人が負担する債務もその相続人に承継されます。

そのため、加害者が死亡した場合、加害者の相続人が被害者に対する損害賠償債務を相続しますので、被害者はその相続人を相手に損害賠償請求（示談交渉や訴訟提起など）をすることになります。加害者と被害者の双方が死亡した場合は、相続人同士の間で示談交渉や訴訟提起などをすることになります。

PART2
5

損害賠償責任は誰が負うのか

損害賠償の基礎知識

事故を起こした本人以外の者が責任を負うこともある

■ 誰に損害賠償を請求するのか

交通事故が発生した場合、被害者が被った損害について賠償責任を負うのは、原則として加害者本人です。

しかし、たとえば、加害者がまったく資力のない者であった場合に、加害者以外の者にも損害賠償の請求ができないとなると、被害者の救済が図れない可能性があります。そのため、以下のように直接の加害者以外の者に対して損害賠償の請求をすることが認められています。

・加害者が勤めている会社（使用者）

会社（使用者）は、従業員を使用することによって利益をあげていることから、従業員の不法行為について損害賠償責任を負います。これを使用者責任（民法715条）といいます。ただし、会社が使用者責任を負うのは、交通事故が「事業の執行について」生じた場合、つまり基本的に従業員が仕事中であった場合です。

また、使用者に代わって事業を監督する者（代理監督者）は、使用者ではありませんが、使用者と同じ責任を負うことがあります。

問題は代理監督者とは誰を指すのかということです。判例は、客観的に見て、使用者に代わって現実に事業を監督する地位にある者をいうとして、タクシー運転手が起こした交通事故につき、タクシー会社の代表取締役の代理監督者責任を否定しました。被害者の立場になったときは、民法709条の不法行為責任だけでなく、使用者責任を追及できないかどうかを検討しましょう。

・運行供用者

自動車を自分のために自分の支配の下で使用できる状況に

業務委託契約の場合の代理監督

業務委託契約とは、通常の雇用契約とは違い、個人が会社と対等な関係で契約し業務を提供する形態であるため、一見、会社には使用者責任が成立しないようにも思える。しかし判例は、この形態の場合であっても会社の代理監督者としての責任を認定し、被害者の会社に対する使用者責任の追及を認めている。

責任追及の相手

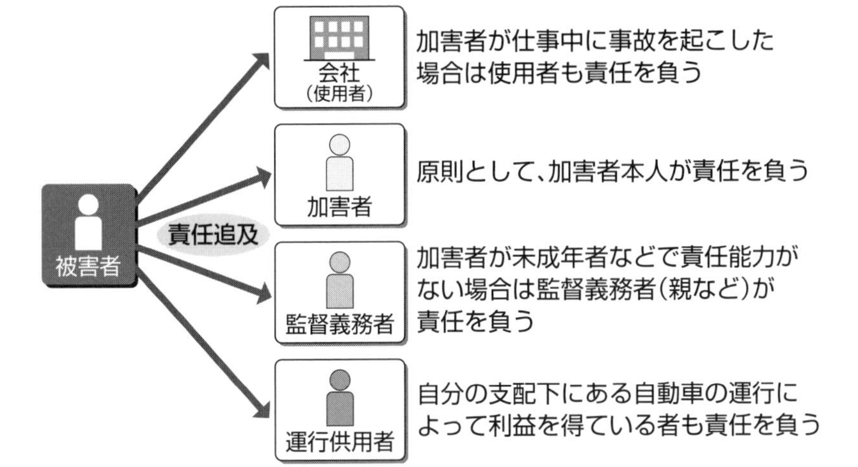

あって、自動車を運行することが自分の利益となる者（運行供用者）は、人身事故の損害賠償責任を負います。

これを運行供用者責任といい、直接の加害者でなくても、自動車損害賠償保障法（自賠法）３条に基づいて損害賠償責任が発生します。民法上の不法行為と異なり、被害者側が加害者に故意や過失があったことを立証しなくても損害賠償責任が発生する点が運行供用者責任の特徴です。レンタカーの貸主なども原則として運行供用者にあたります（上図参照）。

・未成年者の親など（監督義務者）

責任能力のない未成年者や、精神上の障害で自分の行為の是非を判断できない責任無能力者が、交通事故の加害者となった場合には、これらの者を監督すべき義務のある者が損害賠償責任を負います。

具体的には、①自動車の運行を事実上支配管理できること、②社会通念上自動車の運行が社会に害悪をもたらさないよう監視・監督すべき立場にあること、という要件を備えていれば、監督義務者の責任が認められます。たとえば、親や後見人などの法定の監督義務者や、これらに代わって監督義務を負う者などが「監督義務者」に該当します。ただし、監督の義務を怠らなかったことを証明すれば、監督義務者の責任を免れることができますが、現実にはその「証明」は非常に困難です。

・好意同乗の場合

車に無償で同乗させてもらうことを好意同乗といいます。会社の同僚に家まで車で送ってもらうような場合が該当します。好意同乗中に事故を起こし、同乗者にケガをさせた場合、運転者は同乗者に対して損害賠償責任を負います。好意で、しかも無償で乗せてあげたからといって、賠償責任を免れることにはなりません。交通事故の被害者が歩行者であろうと同乗者であろうと、運転者による自動車の運転によってケガを負うに至った点で変わりはないからです。ただし、同乗の経緯などを考慮して、賠償額が減額されるケースもあります。

■ 加害者が複数いる場合

何人かの不法行為によって他人に損害を与えたときは、各自が連帯してその賠償の責任を負います。これを共同不法行為といいます。

共同不法行為が認められると、共同行為者の各自が連帯して被害者の損害の全部を賠償する責任を負うことになります。交通事故で共同不法行為が問題となるケースとして、次のような場合が考えられます。

① 複数車両による単一事故

複数の車両が関与して単一の事故を発生させ、第三者に損害を与えた場合です。

② 運転者と車の所有者または運転者の使用者の責任

運転者と同時に、車両の所有者や運転者の使用者（会社）に

連帯して損害の賠償をする責任

連帯して損害賠償責任を負うとは、被害者は複数の加害者の全員に対して同時に損害賠償の全額を請求することができるということである。

共同不法行為の種類

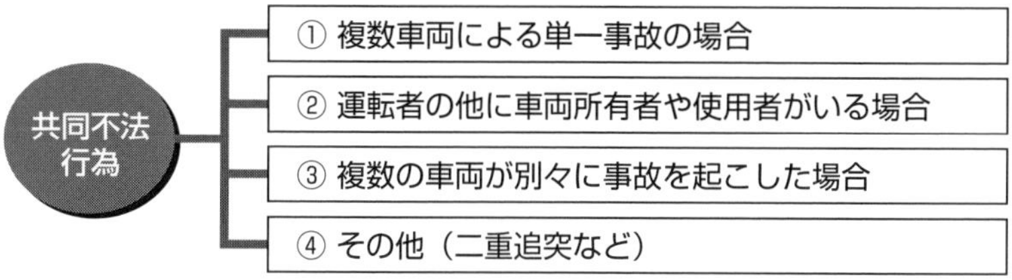

も責任が発生する場合です。

③　複数車両が別々に事故を起こした場合

複数の車両が別々に交通事故を起こした場合です。この場合、複数車両のそれぞれの交通事故が、時間的・場所的に接近していて、ほぼ同一の機会に生じた一個の交通事故として認められるようであれば、共同不法行為が成立します。

④　その他

連鎖的な二重追突、二重衝突、二重轢過（二重にひいた場合）などのように、第一事故の被害者が、第二事故を避けることができなかったと認められる場合などです。

内縁の夫が交通事故で死亡した場合、遺された内縁の妻は加害者に対し損害賠償請求ができるのでしょうか。

内縁関係にある配偶者も、単に婚姻届を出していないからといって、一切法律的保護が受けられないとするのは不公平です。そこで、内縁であっても事実上、婚姻関係と同様の事情にあった者と認められる場合で、終生をともにし、被害者（内縁の夫）から扶養を受けられたはずだということが認められれば、賠償請求を行うことができます。つまり、内縁の妻が婚姻関係と同様の状況にあった者と認められる場合には、事故の加害者に対して、扶養を受ける利益（扶養請求権）の侵害を理由とする損害賠償請求ができます。あわせて慰謝料の請求もできます。
ただし、内縁の夫が交通事故で死亡した際に、内縁の妻とは別に戸籍上の妻（法律上の配偶者）がいる場合は、戸籍上の妻と内縁の夫との夫婦関係が形骸化しており戸籍上の妻が内縁の夫から何ら金銭的扶助を受けていなくても、内縁の妻の扶養請求権侵害による損害賠償額は、相当の減額がなされることがあります。

交通事故での弁護士費用や証明書・診断書の取得費用などの取扱いは、どのようになるのでしょうか。

事故に遭い、加害者と損害賠償金の交渉を行う際、弁護士に依頼する被害者の方も多いと思います。加害者に対して損害賠償請求訴訟を提起し、その訴訟で勝訴すると、弁護士費用も損害額として認められることがあります。その場合、通常は、裁判所に認められた損害賠償額の１割前後を限度として、弁護士費用を請求することができます。
弁護士に支払う費用の内訳としては、着手金、成功報酬の他に、交通費・通信費といった実費などがあります。なお、法テラスでは、経済的に余裕のない人を対象として弁護士費用立替制度の利用を勧めています。また、交通事故に遭い、医者の診察を受けた場合の診断書や、どの程度の治療を受けることが必要になったかを示す証明書を取得するために必要な費用については、原則として加害者に対して請求することが可能です。ただし、明らかに不必要な部分の診療費用や診断書の取得費用を加害者に請求することはできません。

当社は運送会社を営んでいますが、引越し業務の部門については、当社の子会社であるＹ社に請け負わせています。この度、Ｙ社が業務を拡張するにあたって、当社名義でトラックを購入したのですが、そのトラックでＹ社の従業員

子会社の従業員が交通事故を起こした場合の親会社の責任

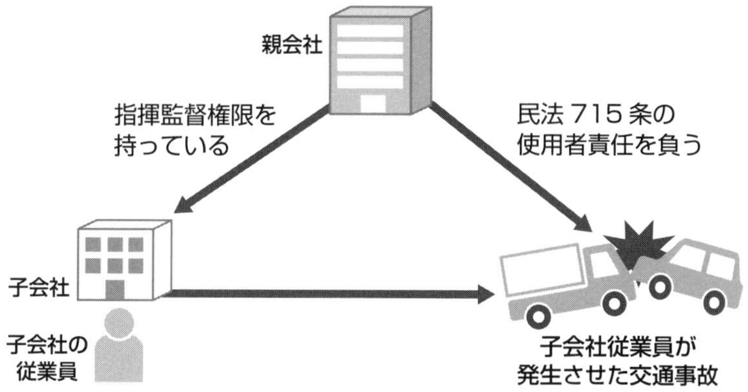

が人身事故を起こしました。トラックの諸費用をはじめとする購入代金や割賦代金は、すべてＹ社が支払っていますが、当社も事故の被害者に対して何らかの責任を負うのでしょうか。

Ｙ社が親会社名義でトラックを購入したということは、対外的にみれば、親会社はＹ社に対して指揮監督権限をもっているものと判断されます。子会社（下請会社）に対して親会社（元請会社）に指揮監督権限があると認められる場合、子会社等の従業員は親会社等の従業員と同様に扱われます。つまり、子会社の従業員が起こした交通事故について、親会社には使用者責任（民法715条）が成立します。したがって、Ｙ社の事故について、親会社は使用者責任に基づき損害賠償責任を負います。

なお、下請会社の従業員に対して間接的に指揮監督権が認められるにすぎない場合であっても、判例は元請会社に使用者責任を認めています。さらに、自賠法３条は運行供用者に損害賠償責任を認めているため、運行利益を得ている元請会社は運行供用者として、下請会社の従業員の起こした事故について損害賠償責任を負います。

親会社の使用者責任

親会社とは子会社を支配している会社であり、具体的にはその会社の議決権の過半数を所有している会社を指す。つまり、親会社とは子会社の行う事業によって直接に利益を受けている会社と言え、その運行利益による責任が生じることになる。

運行供用者にあたるのは誰か

運行供用者も交通事故による損害賠償責任を負う

■ 不法行為責任と自賠法の運行供用者責任

どのような交通事故でも、他人に損害を与えれば、民法上の不法行為にあたる可能性があります。運転者は、故意（わざと）または過失（不注意で）により交通事故を起こし、他人の権利または法律上保護される利益を侵害した場合、不法行為責任として損害賠償責任を負います（民法709条）。

一方、自動車損害賠償保障法（自賠法）は、運行供用者（自動車を自分のために自分の支配の下で使用できる状況にあって、自動車を運行することが自分の利益となる者）が運行によって他人の生命又は侵害を害したときは損害賠償責任を負うとし（運行供用者、自賠法３条）、運転者の他、その他の運行供用者にあたる者にも交通事故による損害賠償責任を負わせています。

一般法と特別法

民法と自賠法のような関係を、一般法と特別法と呼ぶ。不法行為については原則的に一般的である民法が適用されるが、交通事故による不法行為の場合は、自賠法が特別法として優先的に適用されることとなる。こうした法制度によって、交通事故に被害者救済が手厚くなされるよう配慮されている。

運行供用者にあたるか否かが問題になるケースのひとつに、自動車をローン販売によって購入し、ローンの支払いの継続中にこの自動車で交通事故を起こした場合における、自動車の販売会社が挙げられます。自動車の販売会社は、ローン販売の際に代金債権を確保するため、自動車の所有権を留保したにすぎません。販売会社には、運行支配も運行利益も認めることができませんので、販売会社に対して運行供用者責任は発生しないと考えられています。

なお、自動車の販売会社は運転者の使用者でも監督義務者でもありませんので、民法上の不法行為責任（損害賠償責任）を認めることはできません。自動車に構造上の故障があって、それが原因で事故が発生したような場合に、販売会社にも賠償責

運行供用者にあたる者・あたらない者

○ 加害車両の所有者	➡ 運行供用者にあたる
○ レンタカー業者	➡ 運行供用者にあたる
○ 使用貸借の貸主	➡ 運行供用者にあたる
○ 代車提供者	➡ 運行供用者にあたる
○ 車を盗まれてしまった所有者	➡ 原則として運行供用者ではない
○ 無断運転された車の所有者	➡ 原則として運行供用者にあたる
○ 代行運転の依頼者	➡ 運行供用者にあたる
○ リース会社（所有権留保特約付売買の売主）	➡ 運行供用者ではない
○ 自動車修理業者	➡ 原則として運行供用者にあたる
○ 請負人が起こした事故の注文者	➡ 原則として運行供用者ではない

任を問う余地があるにとどまります。

民法と自賠法の関係については、人身事故の場合は、まず自賠法が適用され、自賠法に規定がない事項、自賠法が適用されない事項について、民法が適用されます。

一方、自賠法の対象になるのは人身事故だけで、物損事故に対しては適用されません。そのため、物損事故による損害については、任意保険に加入している場合は任意保険から賠償を受けます。任意保険に加入していない場合は、民法709条の不法行為責任を根拠に、直接加害者本人に損害賠償を請求することになります。

■ 運行供用者が責任を免れるためには

運転者は、通常、運行供用者に該当しますから、人身損害については、自賠法３条による運行供用者責任を負うことになります。

運行供用者が運行供用者責任を免れるためには、①自己および運転者が自動車の運行に関し注意を怠らなかったこと、②被害者または第三者に故意・過失のあったこと、③自動車に構造上の欠陥または機能の障害のなかったこと、の３点をすべて立証しなければなりません。

この立証は困難で、無過失責任に近い責任を加害者側に負わせたものといわれています。なお、運転者が運行供用者にあたらない場合もあります。たとえば、雇われ運転手は運行供用者には該当しません。この場合には、運転手は民法709条の不法行為責任だけを負うことになり、運転手を雇っている会社が運行供用者責任を負います。

無過失責任とは

通常、不法行為とは加害者に故意又は過失がある場合に成立する。しかし一定の特別な状況で被害が生じた場合、加害者にたとえ過失がなかったとしても責任が問われることになる。
つまり加害者がより一層重い責任を負わなければならないということであり、それを免れるのはほぼ不可能である。

店に迎えに来てもらった運転代行業者が事故を起こして、同乗していた私は負傷してしまいました。私が所有する自動車に乗車していての事故ですが、この場合、損害賠償責任はどうなるのでしょうか。

まず、自賠責保険の保険金を請求できるかどうかを考えてみましょう。運転代行業者が、自賠法３条の運行供用者にあたるかどうかという問題です。あなたは自動車の所有者として運転の代行を依頼し、同乗していますから、運行支配と運行利益が認められます。したがって、あなたが運行供用者に該当することは間違いありません。一方、運転代行業者は実際に自動車を運転しており、しかも報酬を得ているので、運行支配も運行利益も認められ、運行供用者に該当します。被害者も加害者も運行供用者である場合は、自動車の運行に対して比較的強度の支配を及ぼしている方が損害賠償責任を負うことになります。本ケースでは、自動車を実際に運転して事故を起こした運転代行業者が責任を負います。よって、あなたは自賠責保険の保険金を請求できます。なお、前述のように、運転代行者に運転を依頼したあなたは運転供用者であることに変わりはありませんので、仮に本ケースの自動車に、あなたの他に第三者も同乗していた場合には、運転代行業者と自動車の所有者であるあなたの

運転代行業者が事故を起こした場合にそれぞれが負う責任

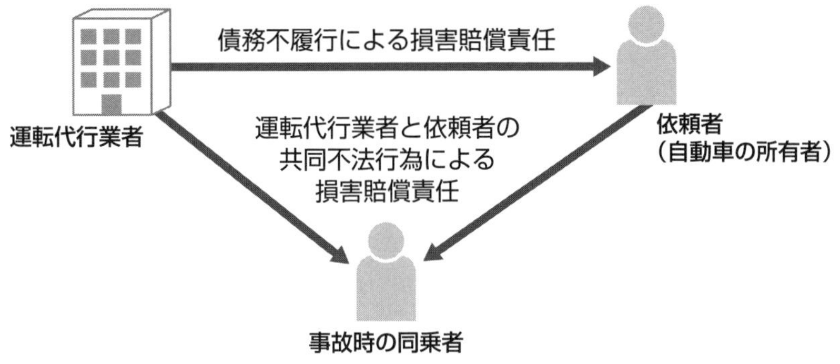

双方が、第三者に対して損害賠償責任を負うことになります。

次に、契約上の損害賠償責任を運転代行業者に対して追及できるかについて考えます。運転代行業者とあなたは運転代行契約を締結していますが、運転代行業者にはそれに付随して安全に運転するという義務があります。その義務に違反して事故を起こしているので、運転代行業者に対してあなたは債務不履行による損害賠償請求ができることになります。

先日、私の６歳の息子が、大学生（18歳）が運転する乗用車にはねられて大ケガをしました。相手の大学生も非は認めていますが、任意保険に入っておらず、親元から離れて下宿生活をしているため、十分な損害賠償ができる資力を有しているとは思えません。車も中古車をアルバイトで貯めたお金で買ったそうです。このままでは、私も子供も泣き寝入りですが、どうすればよいのでしょうか。

自賠法上の運行供用者として、大学生の親に損害賠償を請求する方法が考えられます。しかし、本ケースの場合、加害者は親元から離れて生活しており、乗用車の購入費も自分で負担しています。よって、親が自動車の運行に対して支配を及ぼしていたとはいえず、運行供用者に該当するとはいえません。

次に、民法714条の監督義務者の責任を親に追及する方法が考えられます。しかし、令和４年（2022年）４月１日施行の改正民法により、18歳は未成年ではなく成年と扱われることになったため、18歳の子の親は、民法の監督義務者の責任を負いません。

なお、監督義務者の責任は、加害者本人に自分の行為の結果、何らかの法律的な責任が生ずることを判断するだけの能力がないこと（責任無能力）が条件です。判例によると10歳～11歳程度までの子供が目安です。

さらに、親が指導を怠っているとして親に直接不法行為責任を追及する方法もありますが、親元から離れて生活している大学生なので、それも難しいといえます。そこで、親に損害賠償債務の保証人になってもらうとよいでしょう。

? **自家用車で、左に曲がる長いカーブを走っていると、突然、道路の左側に違法駐車をしているトラックが目に入りました。追突を避けるために、右にハンドルを切ったのですが、反対車線に車体がはみ出てしまい、対向車線を進んできた乗用車と衝突しました。私は負傷しなかったのですが、相手の車の運転手は重傷を負いました。違法駐車していたトラックの運転者に責任はないのでしょうか。**

まず、運行供用者責任における「運行」に自動車の駐車が該当するかが問題となります。自賠法が自動車のもつ危険性に着目して運行供用者に賠償責任を課していることを考慮すると、「運行」の意味は広く自動車の「格納から格納まで」と解釈すべきといえ、自動車の路上駐車も「運行」といえるでしょう。また、被害者の救済という自賠法の目的からすれば、駐車が違法であっても「運行」に含むと考えるべきでしょう。

違法駐車による交通事故

違法な路上駐車車両によって事故が誘発された場合、その車両の運転者にも責任を追及するためには、事故当時その車両が違法駐車されていた事実を証拠とともに主張しなければならない。その前提として、駐車違反している車両の写真を撮ること、警察への説明の際にその旨を具体的に伝えること等が必要となる。

次に、違法駐車と衝突事故との間の因果関係について考えます。駐車しているトラックへの追突を避けるため、必然的に反対車線にはみ出た場合には、因果関係が認められます。具体的には、片側一車線で、トラックを避けて進行車線内にとどまれなかったのであれば、因果関係が認められ、違法駐車していた者は、運行供用者責任に基づく損害賠償責を負います。

大手建設会社の下請会社を経営していますが、同じく下請の運送会社Ａ社から、Ａ社が新規に導入する車両の名義人になってほしいと頼まれました。税金や保険料はＡ社の負担です。Ａ社には同じ現場で建築資材をいっしょに運搬してもらうなど世話になっていて、新規の車両でも運搬を手伝ってくれるというので了承しました。ところが、その車両が人身事故を起こし、被害者から、名義人である私の会社（Ｂ社）にも損害賠償請求がきました。どうすればよいのでしょうか。

Ｂ社は、Ａ社に自社の資材の運搬に協力してもらっていれば、交通事故の責任を負うことがあります。Ｂ社は自己を起こした車の名義人であり、その車を利用して仕事を手伝ってもらっているのであれば、運行供用者に該当するとして損害賠償責任を負う可能性があります。この場合、実質的な支配関係や協同関係があるため、被害者に対して責任を負うことになるのです。名義を貸したＢ社は、同じ現場で資材をいっしょに運搬してもらうなど、Ａ社の世話になっているので、さらに名義を貸した新規の車両でも運搬を手伝ってもらっているといった事情があれば、協同関係が十分に認められるといえるでしょう。そのため、Ｂ社は運行供用者に該当して損害賠償責任を負うことになる可能性が高いといえます。

Ｂ社としては被害者との示談交渉の席にＡ社を交えた上で、損害賠償額や賠償方法などについて交渉すべきでしょう。

? 私は保険会社に勤務しています。外交員をしており、自家用車で通勤して、営業で出かけるときも自家用車を利用しています（このような自家用車の利用を会社は禁止していません）。先日、仕事で遠方まで出かけた際、人身事故を起こしてしまいました。被害者の家族から請求されている治療費や慰謝料が払えないので、会社に支払ってもらいたいと考えています。会社に損害賠償責任があるのでしょうか。

社用車による事故ではなく自家用車による事故ですが、営業で出かけるときも自家用車を利用しており、会社もこれを禁止していないことからすると、実質的に見て会社は運行供用者に該当するとして、会社も損害賠償責任を負う可能性があります。自賠法にいう運行供用者とは、自動車の所有者だけでなく、自分のために自動車を運行の用に供する者のことです。形式的に考えれば、事故を起こした車の所有者は会社ではありませんし、会社がその車を借りているという関係でもありませんから、会社には運行供用者としての責任がないとも考えられます。

しかし、自賠法における運行供用者の該当性の判断は、実質的に運行支配と運行利益が認められるかという事実関係から判断されることになります。したがって、社員個人所有の車であっても、営業のために使用させ、ガソリン代などの経費を会社が負担していたりすると、会社に運行支配と運行利益が認められますので、運行供用者としての責任を負わなければなりません。本ケースでは、自家用車であっても日常的に営業に使用しており、会社はこれを許容しており、事故当時も営業活動の最中であったといえるので、会社は「運行供用者」として損害賠償責任を負うことになるでしょう。

「運行支配」「運行利益」

「運行支配」とは、他人に車を運転させたり、車を貸したりした場合など、加害自動車の運行について実質的にコントロールすることができる地位や権限を持っていることをいう。「運行利益」とは、その自動車の運行によって利益を得ていることをいう。

? 私はタクシー会社を経営しています。先日、会社の手形を銀行へ持ち込むため、友人Bに会社のタクシーを運転させて届けてもらうことにしました。しかし、Bはスピードを出

勤務中に交通事故を起こした場合

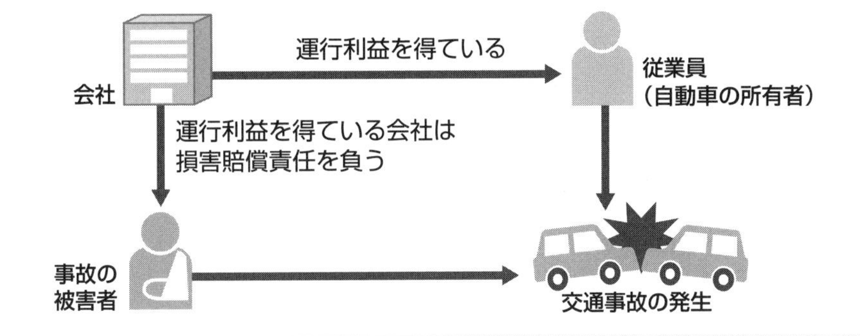

し過ぎて、乗用車と衝突事故を起こしてしまいました。被害者は複雑骨折で入院し、被害者の車は大破してしまいました。Bは従業員ではないのですが、私の会社は損害賠償責任を負うのでしょうか。また、相手の車の修理費はどうなるのでしょうか。

自賠責保険は、運行供用者の人身事故に関して保険金を被害者に対して支給します。交通事故の被害者を保護するために、自賠法にいう運行供用者の定義については幅広く解釈されており、自動車に対して運行支配と運行利益をもっている者という意味に解釈されています。本ケースでは、Bは従業員ではありませんが、会社の手形を銀行へ届けるという目的で会社のタクシーを使用していることから、会社の経営者の支配下にあり、会社の利益のための運転といえます。よって、会社は運行供用者に該当し、損害賠償責任を負います。

これに対し、大破した相手の車の修理費については、自賠責保険は人身事故について賠償する保険なので、物損事故には適用されません。ただし、会社が責任を負わないことになるのではなく、Bは会社の手形を銀行に届けるために会社のタクシーを使用しているため、会社は、修理費についても民法上の使用者責任を負うことになるでしょう。

損害賠償請求権が時効消滅する場合

一定期間が経過すると損害賠償請求ができなくなる

時効の援用
時効の利益を受けるという意思を表示すること。時効は期間が経過しただけでは成立せず、当事者が時効の援用をしてはじめて成立する。

■ 賠償請求にも時効がある

時効とは、一定期間の継続する事実関係（事実状態）をそのまま権利関係として認める制度です。時効には、取得時効と消滅時効があります。取得時効とは、ある状態が一定期間継続した場合に、所有権など対象物に対する権利を取得する制度です。

一方、交通事故における損害賠償請求について問題になるのは「消滅時効」です。たとえば、交通事故の被害者が加害者に損害賠償請求権を行使せず、その状態が一定期間続いた場合に、損害賠償請求権（債権）が消滅したと扱うのが消滅時効です。

交通事故の損害賠償請求権については、主に、不法行為に基づく場合（民法709条）についての消滅時効期間を確認する必要があります。

■ 時効は何年たつと成立するか

民法は、債権については、「権利を行使できる時から10年」が経過したときの他、「権利を行使できることを知った時から５年」が経過したときも時効消滅すると規定しています。つまり、「権利を行使できる時」という客観的起算点だけでなく、「権利を行使できると知った時」という主観的起算点からの時効期間を設けて、法律関係の早期安定化をめざしています。債務不履行による損害賠償請求権の消滅時効期間は、原則としてこれに従います。

一方、交通事故のような不法行為による損害賠償請求権は、①「被害者等が損害および加害者を知った時から３年間」行使

不法行為の損害賠償請求権の消滅時効

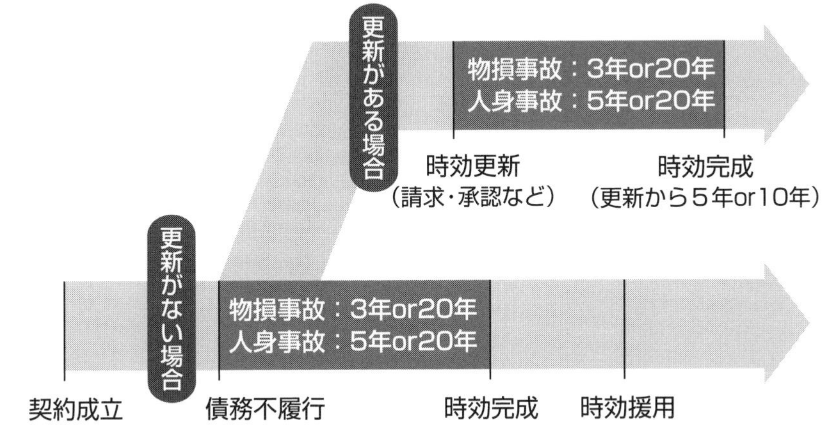

しないとき、または②「不法行為の時から20年間」行使しないときに、時効消滅するのが原則です。

ただし、民法は、人の生命・身体の侵害による損害賠償請求権の消滅時効期間について、例外的に「権利を行使できることを知った時から５年」または「権利を行使できる時から20年」という規定を設けています。人身事故については、この消滅時効期間が適用されます。

消滅時効期間の「権利を行使できる」とは、たとえば、債務不履行による損害賠償請求権であれば、履行期が到来したのに債務の履行がないとき、または債務が履行不能となったときを指します。この時点から損害賠償請求権の行使が可能なので、消滅時効もここから進行します。

一方、不法行為による損害賠償請求権は、被害者側が損害と加害者の双方を知った時から消滅時効が進行します。「加害者を知る」とは、直接の不法行為者を知ることです。

時効の更新

時効の進行を止めて、ゼロから再び時効を進行させるのが時効の更新（中断）である。例として「承認」が挙げられる。承認とは、債務者（加害者）が債務（損害賠償債務）の存在を認めることである。
一方、時効が完成するのを一定期間だけ猶予することを時効の完成猶予（停止）という。例として、裁判外の手段（内容証明郵便の送付など）で相手に請求する「催告」がある。
催告があったときは、その時から6か月を経過するまでの間は、時効は完成しないとされている。

PART2
8

損益相殺など損害賠償額に影響を与える場合

加害者は事故への寄与度に応じた損害を賠償する

■ 損益相殺とは

損益相殺とは、被害者が、加害者の不法行為によって損害を受けながら、一方では同一の原因によって何らかの利益（自賠責保険金など）を受けた場合に、受けた利益分を損害額から控除して損害賠償額を算定するというものです。

損益相殺は、被害者が必要以上の利益を得ることを防ぎ、加害者との間の公平を図るために行われます。たとえば、交通事故で負傷して自賠責保険金の支払いを受け、かつ加害者から損害額の全部の賠償を受けるとすると、損害の補てんが二重にされることになってしまいます。こうした事態を防ぐため、損害賠償額の算定にあたっては、自賠責保険金などの利益分は控除されます。

しかし、被害者が死亡・負傷した場合に支給される任意加入の生命保険金や傷害保険金については、自賠責の保険金とは異なる取扱いが行われており、損益相殺の対象とはなりません。

逸失利益を算定する場合

被害者が死亡したことによる「逸失利益」を算定する場合は、将来的に支出を免れない生活費を差し引くことになる。生活費は不法行為がなくても、誰でもかかる必要経費だからである。

損益相殺の対象とはならない理由

生命保険金や傷害保険金は、以前に払い込んだ保険料の対価としての性質をもつ。そのため、被害者やその遺族が任意保険の生命保険金や傷害保険金を受け取ったとしても、損害賠償請求額から、受け取った生命保険金や傷害保険金の額が控除されることはない。

■ 損害賠償額が減額されることもある

事故発生の時に、被害者が常に心身ともに健康であったとは限りません。身体的または精神的に何らかの病気を患っていることや、特異な身体的特徴や体質をもっていることもあります。このように、交通事故と被害者のもっている特異性とがともに原因となって損害が発生した場合には、入院治療について、通常は１か月で済むところを、２か月もかかったということもあり得ます。そのため、通常は100万円の治療費（損害額）で済

損益相殺の対象になるもの・ならないもの

控除の対象になるもの	● 健康保険・年金など各種社会保険給付 ● 受領済の自賠責保険からの損害賠償額 ● 政府保障事業からの保障金 ● 任意保険からの損害賠償額 ● 所得補償保険金 など
控除の対象にならないもの	● 数万円程度の香典・見舞金 ● 搭乗者傷害保険金 ● 雇用保険による給付金 ● 生命保険金、傷害保険金 ● 生活保護法の公的扶助 など

むところが200万円もかかってしまったという場合も考えられます。この場合、加害者の立場からすると、被害者がたまたま病気や特異な身体的特徴などをもっていたために、通常に比べて100万円も余分に賠償を強いられるのは不公平だといえます。

一方、被害者の立場からすると、事故によって発生した損害の200万円全額について加害者が賠償するのは当然とも思えます。そこで、被害者が被った損害の全額について加害者に賠償責任を負わせるべきか、それとも、被害者のもつ特異性を原因として発生・拡大した損害分については賠償責任を負わないとすべきかが問題となります。

判例は、被害者の心因的要因または身体的疾患を原因として損害が発生または拡大した場合、加害者に損害の全額を賠償させることが不公平であるときは、被害者の特異性に応じた賠償額の減額を認めています。

他方、判例は、疾患に至らない程度の「身体的特徴」を原因として損害が発生または拡大した場合には、原則として賠償額の減額を認めないと判断しています。つまり、この場合、加害者は原則として発生した損害額の全額を賠償することになります。

Column

高齢者の引き起こす交通事故

令和3年度運転免許統計によると、運転免許保有者の数は約8189万人、うち65歳以上は約1157万人となっています。約26%が高齢者という計算です。近年は高齢者自身が加害者となる事故が増加しています。「高速道路を逆走した」「アクセルとブレーキを踏み間違えて人身事故を起こした」など、高齢運転者が起こした想定し難い事故のニュースに見覚えのある人も多いと思います。

年齢を重ねると、視力や聴力といった五感の他、判断力や瞬発力といった運転に必要な能力が衰えてきます。運転中に標識を見落としたり、ブレーキを踏むタイミングが遅れ、とっさの判断ができなくなるといった事態が起こりやすくなります。70歳以上の人を対象に、高齢者講習の受講を免許の更新手続き前に義務付けていますが（75歳以上は認知機能検査も必要）、運転能力の衰えを自覚していない、あるいは自覚はあるが問題はない程度だと思っている人が多いようです。平成20年6月から始まっている運転免許の自主返納支援制度では、運転経歴書を身分証明として使用できるようにするなど、さまざまな取り組みを進めていますが、なかなか返納は進んでいないというのが実情です。

また、高齢者の交通事故の主要な原因になる認知症対策も強化されています。75歳以上の運転者について、信号無視や通行禁止違反など、認知機能の低下が原因で起こる可能性が高い道路交通法への一定の違反行為が行われた場合には、臨時認知機能検査や臨時高齢者講習を受けることが義務付けられています。さらに、免許更新時に認知症の疑いがある人については、医師の診断（臨時適性検査）を受け、診断書の提出が求められています。

PART 3

傷害・死亡・物損事故の損害賠償額の算定方法

PART3
1

傷害事故の積極損害の賠償請求

ケガの治療費用の他に教育費などの請求も認められる

■ 傷害を負った場合に加害者に賠償請求できる損害

交通事故によって傷害を負った被害者が加害者に対して損害賠償として請求できるものは、①ケガの治療費や入院費など（積極損害）、②仕事を休んだために生じた収入減である休業損害や、障害が残ったときの逸失利益（消極損害）、③精神的苦痛に対する慰謝料、④弁護士報酬（裁判で損害として認められた額の１割程度）の４つです。

①の積極損害にはさまざまなものがあります。傷害事故における積極損害として加害者に損害賠償請求ができる治療関係の費用としては、次ページの表のようなものがあります。

■ 積極損害とは認められない損害もある

交通事故で傷害を負った場合、救護費や治療費、入院雑費、入院付添費・通院のための交通費などが積極損害として認められます。

しかし、積極損害として認められるのは交通事故による傷害の治療に必要かつ相当な範囲の費用に限られるため、ケガの治療等において実際にかかった費用であっても、損害賠償請求の対象に含まれないことがあります。

たとえば、過剰な診療や必要以上に丁寧な治療をする「贅沢診療」にかかった費用や通院中に飲んだドリンク剤の費用は、傷害事故の治療に必要かつ相当な範囲の費用とはいえず、積極損害とは認められません。また、入院中の見舞客に対してのお礼や快気祝い、接待費といった費用も、傷害の治療に必要かつ

被害者に過失があった場合

過失相殺が認められる。また、二重に損害が補てんされることを防ぐために被害者が事故によって得た利益（自賠責の保険金など）について損益相殺が行われることもある（46ページ参照）。

その他の費用

治療などのために自分の子供を知人や保育施設に預けるのにかかった委託費用、家事や育児のために家政婦などを雇った費用、治療のために学校を休んで学習に遅れた分を取り戻すための費用、文書料（医師の診断書、交通事故証明書、印鑑証明郵便などを作成するための費用）も積極損害として請求できる場合がある。
また、受けた損害によっては、自宅をバリアフリーに改造する費用も請求が可能である。

傷害事故の積極損害として認められる主な費用

救護費	事故発生直後にかかる費用で、救助捜索費、事故現場での応急処置費用、病院までの救急搬送費など救護に支払った費用。
治療費	診察料・検査料・入院料など症状固定の時までの治療にかかった費用。入院中の食費も含まれる。
入院(特別)室料	その病院の通常の平均的な室料を基準に請求金額を算出。治療の必要性から特別室（個室）を使用した場合には必要経費として特別室料の請求が可能。
入院雑費	洗面具などの日常雑貨品費、乳製品や果物などの栄養補給費、電話代・切手代などの通信費、新聞代・テレビ視聴費などの文化費、家族の通院交通費など。１日につき1400～1600円（自賠責基準では1100円）
入院付添費	看護師などを雇った場合は実費を請求。親族が付き添った場合は、１日に6500円程度（自賠責基準では令和２年４月１日以降に発生した事故の場合は4200円、同年３月31日以前の事故の場合は4100円）。
通院交通費	転院費や退院費も含め、電車、バス、必要なときのタクシー代などの交通費。
通院付添費	１人での通院が困難で、付添いを頼んだ場合の費用。 １日につき3000～4000円（自賠責基準では令和２年４月１日以降に発生した事故の場合は2100円、同年３月31日以前の事故の場合は2050円）。
通院雑費	通院交通費、通院付添費以外に支出した費用。
温泉療養費	治療のため医師の指示で温泉療養を行った場合は請求可。
マッサージなどの費用	医師の指示があったとき、または、医師などが治療上の効果を認めたときは、マッサージ・針灸などの施療費についても請求可。
将来の治療費	将来的に支出が確実な治療費（医師の診断書が必要）。
義肢などの費用	義足や義歯、車椅子などの費用。

相当な範囲の費用とはいえないので、積極損害とは認められません。

交通事故に遭い、入院していたのですが、担当医のA先生は大変誠実な医師で的確に治療とリハビリを行ってくれました。私が当初の診断より早く、2か月で退院できたのもA先生の的確な治療があったからだと思い、リハビリ終了間際に、私はお世話になったお礼にA先生に3万円を包みました。先生に渡したお礼の3万円も加害者に慰謝料の一部として損害賠償請求したいのですが可能でしょうか。

治療を担当した医師への謝礼は、ケガから回復させることが目的の入院でかかった治療費や付添いにかかった費用ではないため、交通事故による傷害の治療に必要かつ相当な範囲の費用ではなく積極損害に含まれず、損害賠償請求の対象とすることはできないのではないかとも考えられます。

しかし、たとえば交通事故によるケガを医師に的確に治療してもらった結果、回復する期間が通常よりも短期で済んだ場合、その分、治療費や通院にかかる交通費などの費用が少なくてすむことになります。そのため、早期の回復と的確な治療との間に相当な因果関係があるといえる場合には、担当医への謝礼も一定の限度で、積極的損害に分類される治療関係の費用として、損害賠償請求の対象に含めることが認められる余地があります。

裁判所においても、医師への謝礼が社会通念上相当な範囲の金額である限り、それを独立の損害として加害者への賠償請求を認めています。社会通念上相当な範囲の金額としては、数千円から数万円程度が妥当であると考えられます。

なお、入院中の見舞客に対してのお礼や快気祝い、接待費などの費用については、傷害の治療に必要かつ相当な範囲の費用とはいえないので、損害賠償請求は認められないとされています。

交通事故における慰謝料請求

認められやすいもの	認められにくいもの
①担当医への謝礼（数千円～数万円程度）	①見舞客への御礼
②先進医療費（医者が不可欠と認めたもの）	②快気祝い
③東洋医学による治療費（医者が不可欠と認めたもの）	③入院中の接待交際費（事故による傷害を負ったことによって必要となった費用とはいえない）

？ 先日、私は交通事故に遭ってしまいました。病院で一通りの検査を受けたのですが、先進医療や東洋医学の治療も受けたいと考えています。この場合、一般的な治療に加え、加害者に対して先進医療や東洋医学の治療費についても加害者に賠償請求することができるのでしょうか。

先進医療や東洋医学の治療費は、医者が治療のためにこれらによる治療を受けることが不可欠だと認めた場合には、交通事故による傷害の治療に必要かつ相当な範囲の費用といえ、積極損害に該当するので、加害者に対してその治療費を損害賠償として請求できます。

しかし、先進医療や東洋医学は、治療方法として確立されていないものやその有用性が不明確なものもあるため、被害者が独断で先進医療を受けてしまうと、治療に必要かつ相当な範囲の費ではないとして、積極損害には該当せず、加害者に対して治療費を請求できない可能性があるので注意が必要です。

東洋医学と交通事故

現在の交通事故における治療の認定は、西洋医学が原則とされており、東洋医学の治療費の請求についてはその必要性や合理性を客観的に証明することが求められる。そのためにも、事前に担当医の指示を受けておくべきである。

加害者が任意保険に加入している場合

任意保険の保険金についても、不要な先進医療や東洋医学の治療費の支払いが拒まれる可能性が高い。保険会社の保険約款などの内容によって保険会社が先進医療や東洋医学のための費用を支払うかどうかが変わってくるため、加害者が加入している保険会社に対して確認をとることも必要である。

休業損害の算定方法

被害者の職業によって算定の仕方が異なる

■ 休業で損害を被ったらどうする

傷害事故によって被害者が治療または療養のために仕事を休むことや不十分な就業を余儀なくされたことによって、症状固定時期までの間に生じた収入の減少のことを、休業損害といいます。休業損害は、消極損害の代表例です。

休業損害における具体的な損害額の算定方法はさまざまです。被害者が会社員の場合は、比較的簡単です。まず事故前の３か月間の給料（総支給額）を合計します。次に合計額を90で割り、１日あたりの収入額を算定します。これに休業した日数を乗じて休業損害額を算定します。一方、自営業者の場合は、前年度の申告所得額を基準にして１日あたりの収入額を算定します。ここでの休業日数には、入院日数だけでなく通院した日数が含まれることもありますが、原則として通院期間の証明には「休業を要する」という内容の医師の診断書が必要になります。

もっとも、減少した収入額について、常にその全額が損害賠償請求できるわけではありません。たとえば、事故当時に被害者が勤務中であったために労災が認定されて、給与の６割が補償された場合は、休業損害として残りの４割しか請求できません。また、入院中・通院中でも勤務先から給与が支給されていた場合は、その分を請求することはできません。

被害者が自営業者の場合は、所得（申告所得額）を得た後に所得税などの税金を支払うので、所得に含まれるはずの税金分まで損害賠償の対象となるのかが問題となります。賠償金は非課税なので、税金分まで賠償するのは被害者に過度に有利にな

休業損害と有給休暇

会社員が交通事故によって治療のための入院等をし、その間に有給休暇を消化した場合であっても、加害者にその間の休業損害を請求することができる。本来何の制限もなく享受できたはずの有給休暇を、事故のために消化せざるを得なくなったという損害が生じているからである。

職業別の休業損害の算定方法

1	会社員	事故前３か月の収入を平均して１日あたりの平均賃金を算定する。季節によって収入の変化がある場合は、１年間の収入を365日で割って、１日あたりの平均賃金を算定する。
2	自営業者（農家なども含む）	前年度の確定申告の所得（申告所得額）を基準にして算定する。年度によって著しく差がある場合には、事故前３年間の平均所得による。
3	主婦や学生など	主婦は賃金センサスの女子労働者の全年齢平均賃金を基準にして算定する。学生の場合も賃金センサスによる。

るおそれがあるからです。特に被害者が高額所得者の場合は、その差が顕著になります。

しかし、賠償金の非課税は、損害の公平な負担のためでなく「交通事故の被害に遭った者を救済する」との考え方に基づくので、税金分は控除されないとするのが判例の立場です（非控除説）。ただし、非控除説を貫くと時として不公平な結果をもたらすことも事実なので、実務上は生活費の控除率を上げるなど、バランスに配慮しています。

なお、有給休暇を利用して入院・通院した場合は、収入が減少していなくても休業損害と認められます。

■ 専業主婦や失業者の休業損害の賠償請求

仕事をしている者は、交通事故に遭って働くことができなくなったために失った収入の額を損害額として、加害者に損害賠償請求ができます。

一方、専業主婦が交通事故に遭った場合、専業主婦は仕事をしていないため、収入を基準として損害額を算定することはできません。しかし、専業主婦の家事労働も社会の中で金銭的に評価することは可能です。そのため、専業主婦が交通事故に遭った場合にも、家事ができなくなったことを理由として、加害者に対して損害賠償請求ができます。具体的には、賃金センサスで定められている、産業計・企業規模計・学歴計の女性労働者全年齢平均の賃金を基準として、専業主婦の損害額を算定します（令和３年の場合、年収385万9400円）。たとえば、交通事故により入院している間は家事ができないので、その期間中の損害額が上記基準を参考に算定されます。

家事従業者

一般的に専業主婦と呼ばれる者を、交通事故においては家事従業者と呼ぶ。これは家事労働に従事する者全般を指し、年齢性別を問わない。たとえば交通事故の被害者が男性の家事従業者であったとしても、休業損害を請求することができる。

また、交通事故に遭った時点で無職であった者についても、労働能力や労働意欲があれば、原則として働けなかったことで失った収入分の損害賠償請求が認められます。逆に、労働意欲がまったくないために仕事に就いていない者は、収入分の損害賠償が認められない可能性が高いといえます。被害者が無職の場合、賃金センサスの産業計・学歴計の平均賃金などを基準に損害額を算定します。

？　私の妻は、歩行者用の通路を通行中、カーブを曲がりきれなかった車にはねられて大ケガをしました、半年間入院し、さらに、リハビリのために退院後半年間も通院しなければなりませんでした。このように入院および通院したことについても、加害者に損害賠償請求をすることができるのでしょうか。

ケガの影響で日常の生活も満足にできないというストレスは、事故に遭った人に影響を及ぼします。これは、金銭賠償に値する精神的苦痛であるということができます。このため、交通事故の被害者は、事故によるケガの治療費や仕事を休むことによって生じる休業損害の他、入院・通院についての精神的苦痛という損害も、慰謝料として加害者に賠償請求できます。

ただし、治療費など医療機関から金額として請求される費用と異なり、精神的苦痛に対する慰謝料は簡単に数値化できるものではありません。請求自体は個々の事情に応じて行うことができますが、ある程度の算定基準が定まっていないと、双方が受け入れられる額を決定するのに時間を要してしまいます。そこで（公財）日弁連交通事故相談センターでは、交通事故による損害賠償額の算定基準を定めています（25ページの「入・通院慰謝料表」を参照）。この算定基準では、通院期間と入院期間の長短に応じて損害賠償の額を算定します。たとえば、半年間入院し、その後半年間リハビリのために通院した場合、算定基準を参考にすると、約180～340万円の損害賠償額を慰謝料として請求できることになります。

私は、ある株式会社で取締役をしています。先日、交通事故に遭ってしまい、会社に出勤できなくなってしまいました。このような場合、働けなくなったことを理由として加害者に対して損害賠償請求ができるのでしょうか。

一般の労働者が交通事故に遭って休業した場合、直近３か月の平均賃金などを基に損害賠償を請求することができます。しかし、取締役など会社の役員が交通事故に遭ってしまった場合、取締役が会社から受け取っていた役員報酬の全額が損害賠償の対象となるわけではありません。

取締役が会社から受け取る役員報酬には、労働提供の対価であると評価できる部分と、会社の利益配当の側面がある部分があります。このうち、損害賠償の対象となるのは、労働提供の対価であると評価できる部分のみです。労働提供の対価であると評価できる部分については、取締役が会社の職務にあたることができない場合には会社から支払いはなされません。そのため、労働提供の対価として支払われている部分については、休業損害として加害者に対して損害賠償請求ができます。

これに対して、利益配当部分については、労働提供の対価として支払われているわけではありません。つまり、取締役が会社を休業しても会社から支払われることが決まっているわけです。したがって、休業による損害賠償の対象とはなりません。

? 私は商店街で店を営んでいる自営業者ですが、税務申告の際に収入を実際よりも少なく申告していました。先日、交通事故に遭ってしまい数週間店を営業できなかったので、加害者にその分の損害賠償請求をしたところ、加害者は私が税務署に申告している分の所得しか損害賠償として支払わないと主張しています。この場合は実際の収入額分の損害賠償を受けることはできないのでしょうか。

交通事故に遭って加害者に損害賠償請求をする場合、自分がどの程度の損害を被ったのかを証明する必要があります。会社員のような給与所得者であれば、月々の給与明細書などを利用することができますが、自営業者の場合はそのような方法が使えないことがあります。そのような場合に利用されるのが、税務関係書類です。税務署に申告した所得額（休業損害を算定する基準となる申告所得額）を示す書類は、被害者が事故に遭わなければどの程度の収入を得ていたはずであったかを示す有力な証拠となります。

ただし、自営業者などの中には、税務申告の際に収入を実際よりも少なく申告している人もいます。被害者としては、得られたはずの実際の収入分（実収入）のすべてを休業損害として賠償請求したいところですが、税務署に収入を過少申告していたとすると、所得額の証明のために税務関係の書類が使えないことになります。他の証拠から税務署に申告した所得額を超える収入を得ていることを証明できれば、その分の損害賠償を受けることができますが、それができなければ実収入の損害賠償を受けることは難しいといえます。

なお、実収入を証明することができた場合には、収入の過少申告が明るみに出ますので、修正申告を求められることになる

確定申告をしていない場合の休業損害

そもそも確定申告をしていない場合、基礎収入を客観的に示すことは困難となる。しかし、休業損害の賠償を請求すること自体は可能である。この場合は、自賠責保険基準か賃金センサスにより算定することになる。

自営業者が交通事故の被害者である場合の損害賠償請求

原則確定申告によって申告した所得額が算定のベースとなる

↓

実際の所得額が税務上の申告額より多い場合

↓

実際の所得額をその他の書類で証明をすることができれば請求可能

↓

ただし確定申告の修正申告をする必要が生じる

でしょう。

? 交通事故の被害者に対して加害者が休業損害の賠償をする場合、被害者が負担する税金分を控除してもらうことはできますか。

被害者が給与所得者ではなく、自営業者などの場合は、所得(申告所得額)を得た後に所得税などの税金を支払うので、その税金分まで賠償の対象となるのか(税金分を控除できるか)が問題となります。賠償金は非課税なので、税金分まで賠償することは、かえって被害者に有利になってしまうからです(特に被害者が高額所得者の場合)。

「損害の公平な負担」という損害賠償制度の趣旨からは、被害者の収入分だけ賠償がなされれば十分なので、税金分は控除すべきとも思われます。しかし、「交通事故の被害にあった者を救済する」という考え方に基づき、税金分を控除しない立場をとるのが判例です(非控除説)。

PART3
3

傷害事故についての慰謝料の算定方法

本人以外の者が慰謝料を請求できる場合もある

■ 精神的な苦痛に対する慰謝料について

交通事故の被害者となった場合、事故による衝撃や外傷などの肉体的苦痛に加え、程度は異なるとしても、一般的にかなりの精神的苦痛を伴います。

この苦痛を精神的損害として金銭に換算し、被害者に補てん（埋め合わせ）しようというのが慰謝料です。死亡事故・傷害事故・後遺症が残る事故など、どんな事故でも精神的苦痛は発生しますが、本項目では傷害事故の際に支払われる慰謝料の金額について説明します。

慰謝料が、被害者の精神的損害に対する埋め合わせという性質をもっている以上、財産的損害と同様に、精神的損害の大きさに比例して、慰謝料の金額も増大するはずです。ただし、精神的損害の場合、治療費や自動車の修理代のように、明確な数値によって被害額が表れるわけではないため、その賠償金額を確定しにくいという問題点があります。そのため、裁判において損害賠償請求を行う場合、被害者側は、慰謝料請求については具体的な金額を明示して請求に及ぶ必要はなく、裁判官がさまざまな事情を考慮してその裁量によって慰謝料の金額を決定することとなっています。

裁判官は、どのような事情を考慮して、慰謝料の金額を決定しているのでしょうか。裁判官が個別の事例ごとに自由に慰謝料の金額を決定することができるとすると、裁判官によって、また事例によって、慰謝料の金額が大きく変わることとなり、公平に欠けてしまうおそれがあります。そこで、慰謝料の金額の算

慰謝料の額の主張

交通事故訴訟においては、被害者は訴状に「○○万円を支払え」と記載し、具体的な金額の請求を主張しなければならない。しかし、交通事故による慰謝料については、被害者が具体的な金額を主張する必要はなく、裁判所がさまざまな事情を考慮して慰謝料の金額を算定してくれる。

慰謝料算定の際に考慮される主な事項

被害者側の事情

- 負傷の程度・場所
- 治療経過
- 資産・収入状況
- 年齢・職業など

加害者側の事情

- 加害行為の程度
- 収入・資産状況
- 年齢・職業など
- 謝罪や見舞いの有無などの被害者に対する態度・姿勢

定にあたっては、被害者側の事情と加害者側の事情という、当事者双方の事情を総合的に考慮して、その金額を決定する方法がとられています。慰謝料の金額を決定する際に考慮される主な事情をまとめると、以下のような内容を挙げることができます。

① **被害者側の事情**

ⓐ 負傷した身体の部位とその程度

ⓑ 入院・通院期間など治癒にいたる経過

ⓒ 被害者の資産や収入・生活状況、被害者の家庭内における立場や扶養の関係

ⓓ 被害者の年齢、性別、学歴、職業、既婚未婚の別、社会的地位など

ⓔ 交通事故についての被害者の過失の有無・程度

② **加害者側の事情**

ⓐ スピード違反、飲酒運転、無免許運転などの加害行為の悪質性の有無・程度

ⓑ 起こした交通事故について、加害者側に何らかの目的や動機がある場合の当該目的・動機

ⓒ 加害者の資産や収入・生活状況など

ⓓ 加害者の年齢、性別、学歴、職業、既婚未婚の別、社会的

地位など

ⓔ　被害者に対する謝罪や見舞いの有無、示談交渉に誠意はあったかなど、加害者の態度や姿勢

これらの事情を総合的に考慮して、裁判官が慰謝料を算定することになります。ただし、さまざまな要素を考慮する必要があるため、裁判所の負担が大きくなることから、訴訟においては被害の態様や被害者の属性に応じた定型的な算定がなされることが多いです。

また、裁判を起こす前に、被害者と加害者との間で示談交渉をする場合においては、被害者と加害者（加害者側の保険会社）との間で慰謝料の算定について見解の相違が生じる可能性が高いといえます。そこで、慰謝料の相場を定めた資料として「入・通院慰謝料表」（25ページ参照）があります。

入・通院慰謝料表

入院と通院の慰謝料を算定する基準を提示している資料で、（公財）日弁連交通事故相談センターの作成によるもの。示談交渉の際の慰謝料の算定の際に参考にするとよい。

■ 自賠責保険や任意保険のケガの慰謝料はどの程度か

示談交渉で、加害者（加害者側の保険会社）が主張する慰謝料の金額は、自賠責基準や任意保険基準によることが通常です。これらの基準は「入・通院慰謝料表」よりかなり低いものであり、以下のようになっています。

①　自賠責保険の慰謝料

自賠責基準では、傷害事故の慰謝料は１日あたり4300円（令和２年４月１日以降に発生した事故の場合。令和２年３月31日以前の事故の場合は4200円）とされています。被害者の負傷の程度や状態、実際に治療に費やした日数などを考慮して、治療期間の範囲内の慰謝料の対象となる日数を決めます。

②　任意保険の慰謝料

以前は「自動車対人賠償保険支払基準」というものが設定されていましたが、保険自由化により廃止されました。現在は、各保険会社が個別に任意保険基準を設定しており、自社の基準によって慰謝料の算定が行われています。任意保険基準は非公

交通事故被害者の家族ができる損害賠償請求

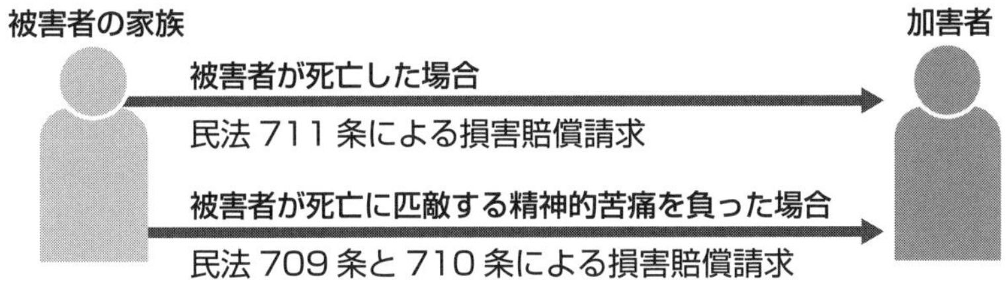

開となっています。

なお、自賠責保険の場合、治療期間が長期化しても１日あたりの慰謝料算定額は変わらないのに対して、任意保険の場合は、治療期間が長期化すると徐々に賠償額を減額するシステムを採用している保険会社が多いようです。

■ 被害者の近親者にも慰謝料請求が認められることがある

交通事故によって被害者が死亡した場合には、遺族が加害者に慰謝料を請求する場面がよく見られます。この請求は法律的には民法711条に根拠があります。同条は、他人の生命を侵害した者は、被害者の父母、配偶者と子に対して損害賠償をしなければならないとしており、被害者の近親者に固有の慰謝料請求権を認めています。

しかし、民法711条は「他人の生命を侵害した者」と規定していますので、死亡事故ではなく傷害事故の場合には近親者に固有の慰謝料請求権は認められないのでしょうか。判例は、「被害者が死亡したときに匹敵するほどの精神的苦痛」を近親者が被ったときは、民法709条・710条に基づき、近親者は自己の権利として慰謝料を請求することができるとしています。たとえば、子が一生回復の見込みがない重度の後遺症を負った場合、両親は自己の権利として、加害者に対し慰謝料を請求することができます。

被害者の家族が慰謝料請求する場合

被害者が重度の後遺障害を負った場合における、被害者の家族による慰謝料請求について、比較的最近の裁判例（横浜地裁判決平成29年4月17日）では、被害者の家族が「被害者の介護を負担しなければならない」という事情が考慮されている。

後遺症を負った場合の損害賠償請求

賠償額は認定された後遺障害等級によって異なる

■ 交通事故の後遺症についても損害賠償請求ができる

交通事故による人損は、命まで失わなかったとしても、一時的な被害にとどまらない場合があります。それは後遺症が残った場合です。

後遺症（後遺障害）とは、傷害を受けた結果、治療が終わって症状固定となった時点で残存する障害をいいます。むち打ち症やしびれが残る状況などが代表的な後遺症です。治療を施せば完治する単なる傷害と異なり、後遺症が残ると今後の社会生活や人生設計に大きな支障をきたします。したがって、後遺症によって生じる損害については、交通事故によって被った傷害についての損害とは別に、加害者に賠償請求ができます。

自賠責保険の保険金額算定においても、傷害と後遺障害を分けて考えることになります。ですから、損害賠償を請求する場合には両者を区別して算定します。後遺症があるとき、または後遺症が残りそうなときは、後遺障害等級の認定が出るまでは示談交渉に入らない方がよいでしょう。後遺障害の程度によって、損害賠償額がさらに高額になる可能性があるからです。

裁判所も、交通事故で負傷した被害者が、加害者に対し損害賠償を求める訴訟を提起して被害者の請求を認める旨の判決を得た場合において、その後に予想外の後遺症が発生して治療費がかかったケースについて、「予想できなかったような後遺症が生じた場合は、当初の損害に対する判決確定後の治療費についても損害賠償を請求できる」という立場をとっています。

後遺症（後遺障害）が残った場合

後遺症（後遺障害）が残ると、労働能力が一部あるいは全部失われ、それにより将来得ることができた利益を逸失することになると判断される。

後遺障害等級認定の手続きの流れ

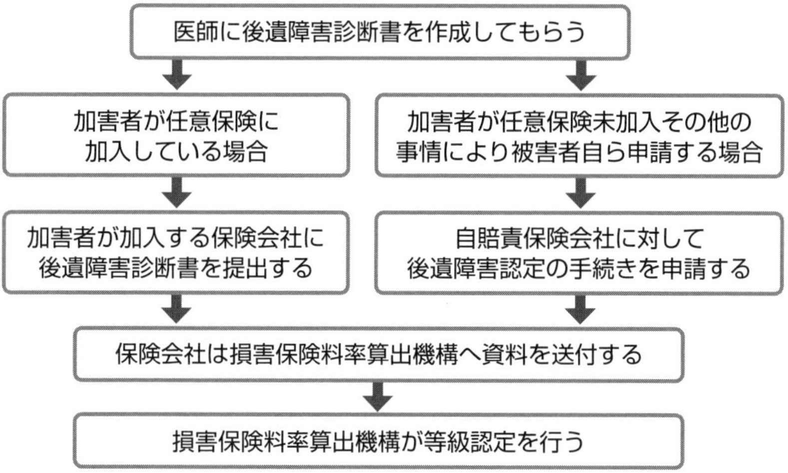

■ 傷害についての損害とは別に損害賠償請求できる

人身事故で身体に受けた損害は、症状が固定するまでの傷害と、症状が固定してこれ以上治療を続けても症状の改善が望めない状態である後遺症（後遺障害）に分けられます。後遺症が残った場合、加害者に対し、積極損害の賠償や逸失利益（後遺障害逸失利益）、慰謝料を請求できます。症状固定後の治療費については、損害賠償請求は原則として認められません。ただし、重度の後遺症が残った場合など、症状固定後も治療を施さないと症状が悪化する可能性がある場合には、症状固定後の治療費についても積極損害として賠償請求をすることが認められます。

逸失利益は、後遺症（後遺障害）が残ったことによって本来獲得できたはずの収入が減少する場合に請求できるものです。むち打ち症が残ったために長時間の労働に耐えられなくなった場合や、両手に強いしびれが残ったために自動車の運転手ができなくなったような場合がこれにあたります。

また、慰謝料は、後遺症（後遺障害）が残ったことから受ける精神的苦痛に対する賠償として請求できるものです。

■ 後遺障害等級の認定はどのような手続きで行われるのか

後遺症（後遺障害）についての損害賠償を請求するためには、被害者の後遺障害が自賠責保険で使用されている「後遺障害等級表」の第何級に該当するのかの認定を受けなければなりません。

等級認定の手続きとしては、まず、症状固定後に医師の診断を受けて「後遺障害診断書」を作成してもらいます。次に、加害者が任意保険に加入している場合には、原則としてその任意保険会社が後遺障害等級認定のための手続きの申請を行います。加害者が加入している保険会社に後遺障害診断書を提出した上で、等級の認定を請求します。提出された後遺障害診断書は、保険会社から損害保険料率算定機構の調査事務所に回されます。そこで「後遺障害別等級表」に照らして、後遺障害の等級の認定がされることになります。

これに対して、加害者が任意保険に加入していない場合や、損害賠償額に争いがあることを理由として任意保険会社が被害者からの請求に応じない場合には、被害者自身が自賠責保険会社に対して後遺障害等級の認定手続きを申請します。

後遺障害等級の認定手続きを経てその結果が出た際、加害者の任意保険会社を通じて申請をしていた場合は、その保険会社を通じて通知されます。

一方、被害者が直接申請していた場合には被害者本人に対して通知されます。通常は、後遺障害等級の認定手続きの請求後１か月程度で結果が通知されますが、後遺症の程度の判定が難しい場合には数か月かかることがあります。

後遺障害等級の認定をするのは

後遺障害等級の認定手続きは、損害保険料率算出機構の自賠責損害調査事務所が行っている。被害者が提出した後遺障害診断書等を元に、後遺障害等級認定の担当者が具体的な等級を決定している。

後遺障害についての慰謝料基準

後遺障害等級	自賠責基準（万円）（※令和2年4月1日改正）	日弁連交通事故相談センター基準
第1級	1,150 ※介護を要する場合は1,650	2,700～3,100
第2級	998 ※介護を要する場合は1,203	2,300～2,700
第3級	861	1,800～2,200
第4級	737	1,500～1,800
第5級	618	1,300～1,500
第6級	512	1,100～1,300
第7級	419	900～1,100
第8級	331	750～870
第9級	249	600～700
第10級	190	480～570
第11級	136	360～430
第12級	94	250～300
第13級	57	160～190
第14級	32	90～120

■ 後遺障害診断書をもらうときの注意点

後遺障害等級の認定は、多くの場合、提出された後遺障害診断書による書面審査だけで行われます。ですから、医師の診断を受けるときは、自分の症状を正確に伝えることが大切です。補充の資料としてレントゲン写真や経過の診断書の提出を要求されることもあります。なお、傷跡を確かめる場合など、調査員が被害者に直接面談してから認定をすることもあります。

後遺障害診断書をもらい症状が固定したと判断された後は、さらに別の後遺症が発症したとしても、新しく発症した後遺症の治療費を加害者に請求することが難しくなります。後遺障害診断書は、被害者にどの程度の後遺症が生じているかを証明するものです。そのため、後遺障害診断書をもらう際には、症状や痛みの程度をしっかりと医者に伝えて、後遺障害診断書にすべての後遺症について記載してもらうことが必要です。

■ 後遺症が残った場合の慰謝料や介護費用の請求

前述のように、後遺症が残った場合、それにより被った精神的苦痛について、加害者に慰謝料を請求できます。慰謝料額の基準については、自賠責基準よりも「日弁連交通事故相談センター基準」を用いる方が高額であるため、被害者に有利です(67ページ表を参照)。さらに、被害者の障害が「重度後遺障害」の場合、近親者（父母・配偶者・子）としての固有の慰謝料を請求できます。重度後遺障害とは、①両眼失明、②そしゃく（咀嚼）と言語の機能（口の機能）の全廃、③その他身体の著しい障害（手や足の欠損など）などのことです。

また、後遺障害等級第1級や第2級のような非常に重い後遺症が残り、将来にわたって介護が必要になる場合には、介護を必要とする期間における介護費用を加害者に請求することができます。介護を必要とする期間は、原則として被害者が亡くなるまでです。

? **私は、数か月前に交通事故に遭い、身体に傷を負ったのですが、病院で治療することで完治しました。しかし、日常的にまた交通事故に遭うのではないかという恐怖心にさいなまれるようになってしまい、車に乗れなくなってしまいました。交通事故によりPTSDを患ったとして、加害者に損害賠償請求ができないのでしょうか。**

PTSDとは、心的外傷後ストレス障害のことをいい、事件や事故により心に傷を負うことで生じるさまざまな疾患のことを

交通事故の被害者が植物状態になってしまった場合

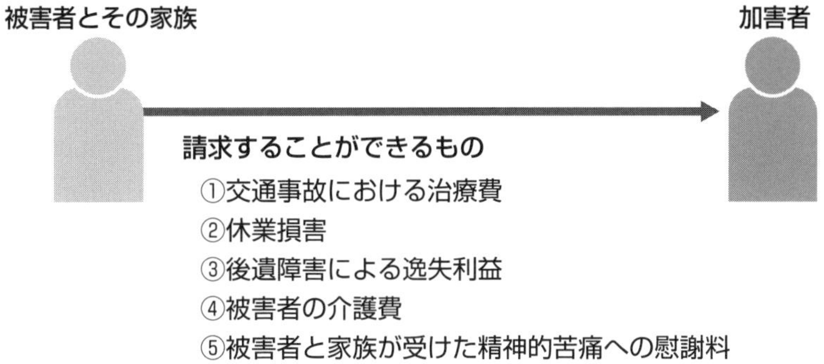

いいます。たとえば、電車に乗っていて事故に遭い、身体のケガが治った後も恐怖心から電車に乗ると目まいや吐き気を起こすようになるといった症状が挙げられます。

このような場合、通勤できなくなり仕事を辞めるなど、日常生活に支障をきたすこともあります。そのため、訴訟においては、被害者にPTSDが残ったと認定して、PTSDについての損害賠償をするよう加害者に命じた判決もみられます。しかし、多くの判決ではPTSDを原因とする損害賠償を否定しています。まず、PTSDにかかっていることを証明することが難しく、多くの訴訟で被害者のPTSDの発症自体が認定されていません。

また、実際にPTSDの発症が裁判所で認定されたとしても、それが被害者の生活にどのような影響を与え、被害者がどの程度の損害を被っているかを証明することも容易ではありません。さらに、PTSDは時間の経過とともに治癒する可能性があり、それを理由に加害者は損害賠償額を低く抑えるように主張します。このように、PTSDを原因とする損害賠償請求には困難が伴うので、専門家のアドバイスをもとに行動することが必要です。

精神障害と交通事故の後遺障害

精神障害としてPTSD以外にも、うつ病や不眠症等も後遺障害として認定される可能性はある。しかしこれらの精神障害が後遺障害として認められるには、事故との因果関係の証明が身体的なケガと比較して難しいと言わざるを得ない。

私の夫は交通事故に遭って、生きてはいるものの自分では動けず声も出せない、いわゆる植物状態となってしまいました。この場合、加害者に対してどのような費用の損害賠償請求が可能でしょうか。

交通事故による外傷の治療は終わっても、身体を動かすことも言葉を発することもできない植物状態となってしまった人は、他の人の手助けがなければ生きられません。そのため、交通事故の被害者が植物状態となってしまった場合には、入院して生活するか、自宅などで家族などに世話をしてもらうかのどちらかになります。入院を選択した場合には加害者に対して入院費を請求できます。被害者の家族などが介護をすることを選択した場合は、その介護のための費用を加害者に対して請求することができます。

また、被害者は植物状態になってしまうことで、働いて収入を得ることができなくなってしまいます。そのため、事故に遭わなければ働いて得ることができたはずの収入分（逸失利益）について、加害者に対して損害賠償請求をすることができます。

さらに、交通事故によって植物状態になってしまった場合、被害者が大きな精神的苦痛を受けていることは言うまでもありません。そのため、植物状態になってしまった被害者は、加害者に対して慰謝料の請求が可能です。

先日、私たち夫婦は交通事故に巻き込まれてしまいました。その事故によって、私も夫も顔に傷を負ったため、加害者に損害賠償を請求しようと思っています。顔に傷を受けた場合、男性よりも女性の方が損害賠償額は高額になると聞いたのですが、本当でしょうか。

かつては、交通事故によって顔や頭に傷を受けた場合など、いわゆる外貌醜状《がいぼうしゅうじょう》について、男女で後遺障害等級に差異が設けられており、男性よりも女性の方が損害賠償額が高額とされていました。

しかし、2011（平成23）年に等級認定表が改正され、現在では、性別に関係なく、外貌醜状には同じ基準が用いられています。そのため、顔に傷を受けた被害者が男性であろうと女性であろうと、顔の傷を理由とする損害賠償請求額は同じものとなります。

そのため、この場合の慰謝料の金額についても、基本的に男女差で差はありません。なお、逸失利益の請求については、一般的に、被害者が男性の場合は「男性の平均賃金」、被害者が女性の場合は「女性の平均賃金」によって算定されることになりますので、男性と女性とではかなりの差がついてしまうことになります。

?　3か月前に交通事故に遭い入院し、治療費や慰謝料などについて加害者から損害賠償の支払いを受け、現在は退院して仕事にも復帰しました。しかし、普段の生活の中で認知障害や感情が不安定になるなど人格の変化があるため、後遺症が残ったとして、加害者にあらためて損害賠償を請求できますか。

事故で頭部を負傷して脳が損傷すると、その結果として物忘れが激しくなる、感情が不安定になるなどの症状が出ることがあります。これを高次脳機能障害といいます。高次脳機能障害は、後遺障害等級の認定を受けることができる可能性が高いため、等級認定を受けた後、高次脳機能障害を治療費などについて、加害者に対して損害賠償請求ができます。なお、高次脳機能障害は自賠責保険の対象となっていますので、手続きを踏めば保険金の給付を受けることができます。

交通事故における高次機能障害

高次機能障害とは、脳外傷や脳血管障害、低酸素脳症などによって発症する脳機能の障害である。交通事故における後遺障害においても、失明や四肢欠損と並んで最も重いとされる障害のひとつである。

PART3
5

傷害・死亡・物損事故の損害賠償額の算定方法

死亡事故の場合に請求できる損害賠償の内容・算定方法

積極損害には死亡までの医療関係費、葬儀などの雑費がある

■ 死亡事故の加害者に賠償請求できるものとは

交通事故がもたらす被害の中でも最も深刻なのが、死亡事故です。死亡事故を起こした加害者に賠償請求しうるのは、①積極損害、②死亡までの休業損害、③逸失利益、④慰謝料です。このうち死亡事故における①積極損害とは、ⓐ死亡までの医療関係費、ⓑ葬儀関係費、ⓒ通院交通費などの雑費です。まずは積極損害の具体的な内容を見ていきましょう。

加害者に賠償請求できる積極損害交通事故が原因で亡くなった経緯は、2つのパターンに分けることができ、遺族が加害者に請求できる損害賠償の内容に違いが生じてきます。

1つは即死の場合で、もう1つは、手術や治療を試みたものの亡くなってしまった場合です。即死の場合、病院で生命活動が本当に停止したか確認することになり、その際かかった費用を積極損害である医療関係費として、加害者に損害賠償請求できます。

一方、入院して治療行為を受けた後に死亡した場合は、死亡に至るまでの傷害に対しての損害賠償額を算定することになります。つまり、治療費（手術代を含む）、入院費、付添看護を受けた場合には付添看護費、入院雑費、通院交通費など実際に支出した費用が、加害者に損害賠償請求できる積極損害にあたります。

交通事故における死亡事故

警察庁の「交通事故統計」における交通事故による死亡とは、「交通事故によって、発生から24時間以内に被害者が死亡した場合」とされている。当然ながら損害賠償においては、被害者が事故によって事故発生から24時間以降に死亡した場合であっても、死亡逸失利益を請求することができる。

■ 葬儀費用も積極損害として加害者に賠償請求できる

葬儀にかかる費用も、積極損害として加害者に対する請求が認められます。葬儀費用に含まれる費用については、まず、病院からの死体運搬費があります。また、火葬費、葬儀業者に支

死亡事故によって生じる損害の分類

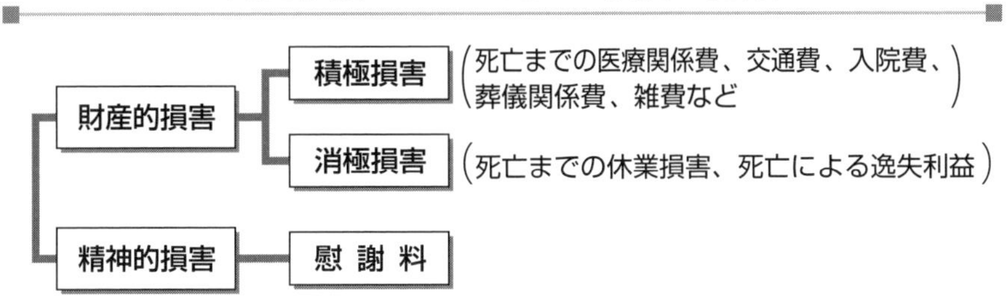

払った費用、自動車代、僧侶へのお布施なども葬儀費用に含まれます。ただし、香典返しは弔問客から受けた贈与へのお返しであり損害にはあたらず、弔問客接待費も損害にはあたらないため、葬儀費用には含まれず、加害者に請求できません。これに対し、初七日や四十九日での読経料、回向料などの法要費や、仏壇購入費、お墓の設置費用についても、葬儀費用に含まれます。

なお、葬儀費用については、裁判基準・弁護士基準によると原則として150万円を限度として加害者に賠償請求できるとされています。実際に支出した金額が150万円より少ない場合は、実際に支出した金額しか請求できません。また、実際に支出した金額が150万円を超える場合であっても、原則として加害者には150万円しか請求できません。

自賠責基準では、令和２年（2020年）４月１日以降の交通事故の場合、葬儀費用として認められるのは100万円であり、それ以前の交通事故の場合、原則として60万円とされ、資料によって60万円を超えることが明らかである場合には、100万円を上限として認められることとなっています。

葬儀費用についての裁判例

裁判例の中には、例外的に150万円を超える葬儀費用の賠償請求を認めたものもあるが、なかなか認められないのが現状である。

■ 死亡事故における逸失利益の算定方法

死亡事故の場合の逸失利益（死亡逸失利益）とは、被害者が事故にあわずに生き続けていた場合に、67歳になるまでの間（就労可能年数）に取得したと推測される利益（収入）のことです。この67歳という年齢は、裁判所や保険会社が一般の人が働いていられる年齢の上限として認めているものです。被害者の推測される収入の証明は、損害賠償請求をする相続人がしなければなりません。そのため、一定の資料を集めることが必要です。

死亡逸失利益は、死亡後の就労可能な期間において得ることができたであろう被害者の収入金額から、支出されたであろう生活費を控除した上で、被害者が就労可能な期間の年数に応じた中間利息の控除を行うことにより算定されます。つまり、「1年当たりの基礎収入 ×（1－生活費控除率）× 就労可能年数に対応するライプニッツ係数（またはホフマン係数）」という計算式によって算定されます。以下で具体的に説明します。

相続人であることの証明

交通事故によって死亡した者の相続人であることを証明する資料としては、戸籍謄本が代表的である。この場合、死亡した者の出生から死亡時までのすべての戸籍謄本が必要となる。

■ 被害者の基礎収入

死亡逸失利益は、被害者の基礎収入を基に算定します。基礎収入とは、原則として、被害者が交通事故以前に得ていた実際の年収のことをいいます。以下のように、被害者の職業によって基礎収入の算定の方法は異なってきます。

① 公務員や会社員の場合

公務員や会社員の場合は、収入が比較的安定しており、かつ客観的な証明も可能であるため、基礎収入の算定は容易です。被害者の勤務先の発行する源泉徴収票や休業損害証明書などで証明することになります。

退職金については、定年まで勤務すれば得られたであろう退職金額との差額を逸失利益として請求できます。ただし、中間利息は控除することになります。定年退職後の収入については、退職時の収入の一定割合（50％～70％）を基礎にして算定したり、67歳までの賃金センサスによって算定します。

② 自営業者や自由業の場合

被害者が自営業者の場合は前年度の申告所得額が基礎収入の

死亡逸失利益の計算式

1年当たりの基礎収入

×

（1－生活費控除率）

×

就労可能年数に対応するライプニッツ係数（またはホフマン係数）

算定の根拠となります。ただし、税務署への申告額以上の実収入があった場合は、相続人が帳簿や領収書などを使ってそれを証明します。この点が給与所得者と違い、難しい点です。

③　農漁業従事者の場合

農漁業従事者も前年度の申告所得額が基礎収入の算定の根拠となるのが原則です。

農業従事者による農業所得の申告は、「収支計算」によって行います。収支計算は、実際の収入金額から必要経費を差し引いて所得を算定する方法です。また、漁業従事者が確定申告をしていない場合などには、帳簿など収入を証明する書類があればそれを証拠としますが、そのような書類がないときは、漁業組合や網元の証明書などによって所得を証明することになります。

④　専業主婦（主夫）や無職の場合

仕事により所得を得ている者であれば、交通事故に遭って働くことができなくなったために失った収入の額を損害額として加害者に損害賠償請求ができます。一方、専業主婦（主夫）は家事労働により取得を得ているわけではないため、交通事故に遭った場合、収入を基準として逸失利益を算定することはできません。

しかし、専業主婦（主夫）の家事労働も社会の中で金銭的に評価することは可能です。そのため、専業主婦（主夫）が交通事故に遭った場合は、家事ができなくなったことを理由として加害者に対して損害賠償請求ができます。具体的には、賃金センサスで定められている、産業計・企業規模計・学歴計の女性労働者全年齢平均賃金を基準として、交通事故によって家事ができなくなった場合の逸失利益を算定します。男性（専業主夫）の場合であっても女性労働者の全年齢平均賃金を基準とします。

なお、交通事故に遭った時点で無職であった者についても、労働能力や労働意欲があれば、原則として失業前の収入額や内定している就職先で得られる収入などを基礎収入として扱い、逸失利益を算定し、損害賠償請求が認められます。逆に、労働意欲がまったくないために無職の者は、逸失利益が認められない可能性が高いといえます。

■ 被害者の生活費控除および就労可能年数による調整

被害者の基礎年収を算定した上で、以下のように調整します。

・被害者の生活費を控除する

被害者が生存していたとしても、生活のために収入の一部を消費しているはずですから、算定した被害者の基礎収入から被害者の生活費を控除する必要があります。

生活費の控除額について、日弁連交通事故相談センターの「民事交通事故訴訟損害賠償額算定基準」（通称「赤い本」と呼ばれます）では、①一家の支柱については30 ～ 40％、②女子（女児、主婦、独身を含む）については30％、③男子（男児、独身を含む）については50％、とされています。

・被害者の就労可能年数を乗じる

年間純利益に就労可能年数を掛けます。就労可能年数とは、被害者が死亡しなければ働けたであろう期間のことです。原則として、死亡時の年齢から67歳までの年数が就労可能年数と扱われます。ただし、被害者の年齢が67歳以上の場合は平均余命の２分の１、67歳に近い場合は「平均余命の２分の１」と「67歳までの年数」のいずれか長い方、18歳未満の場合は18歳から

就労可能年数の根拠

交通事故における死亡逸失利益の算定の基礎となる就労可能年数は67歳までとなっている。この数値は昭和44年当時の日本の平均寿命をその根拠としている。なお、厚生労働省の「簡易生命表（令和３年）」によると、令和３年の日本人の平均寿命は、男性が81.47歳、女性が87.57歳である。

死亡逸失利益の算定における主なポイント

基礎収入金額	給与所得者	事故前の現実の収入額
	事業所得者	事業収入に占める本人の寄与分相当額
	家事従事者	賃金センサスの女子労働者全年齢平均賃金
	幼児・学生など	賃金センサスの男女別全年齢平均賃金
	無職者	男子または女子労働者の全年齢平均賃金
生活費控除率	一家の支柱	被扶養者１人の場合 40% 被扶養者２人以上の場合 30%
	男子（独身、幼児も含む）	50%を収入額より控除
	女子（主婦、独身、幼児含む）	30%を収入額より控除
就労可能年数は 67 歳までの年数	（ただし、67 歳に近い者は 67 歳までの年数と 平均余命の２分の１のうち長い方の年数）	

67歳までの49年間とします。

・中間利息の控除

死亡逸失利益は、将来得られるはずだった収入を損害賠償金として一度に受け取ることになるものであり、将来の利息分（中間利息）を差し引いて計算しなければ、もらいすぎとなってしまい、不公平です。

控除係数には「ホフマン係数」「ライプニッツ係数」といったものがありますが、裁判所はライプニッツ係数による算定方法（死亡年齢に該当する係数を掛ける）により、複利計算で年利３％分（下記のように改正民法の施行前は年利５％分）を利子分として控除することが多いようです。

なお、令和２年（2020年）４月に施行された改正民法では、中間利息は法定利率によるとし、改正前は５％であった法定利率を３％とした上で、３年ごとに市場金利に照らして変動させるという制度を採用しています。

私の娘は、自転車で横断歩道を渡っているときに車にはねられ、すぐにD病院に運ばれました。検査の結果、E医師に軽いねんざと診断され、入院の必要はないと言われたので、その日のうちに帰宅しました。ところが、その夜、娘はけいれんを引き起こし、意識を失ったため、救急車を呼びましたが、病院に着いたときには、死んでいました。司法解剖の結果、頭部の損傷が判明しました。E医師が診断を誤らなければ、娘は助かっていたかもしれないので、事故の加害者とは別にE医師やD病院に対して、損害賠償を請求できますか。

このケースのように、交通事故とその後の医療過誤とが連続して発生して被害者が死亡した場合、民法上の共同不法行為として処理されます。

つまり、本来、損害賠償請求には、加害行為と損害との間に相当因果関係が必要ですが、加害者と、医療ミスを犯した医師・病院とのいずれの行為が決定的に死亡に関与したかが不明であり、相当因果関係が必ずしも認められるとはいえない場合には、被害者を救済するため、共同不法行為として、被害者は交通事故の加害者と医療ミスを犯した医師・病院の双方に対して全額の損害賠償請求をすることができます。したがって、被害者（被害者が亡くなった場合は被害者の遺族）は、被った損害の全額について、交通事故の加害者だけではなく、E医師・D病院に対しても賠償請求ができます。たとえば、事故によって被った損害額が3000万円とすれば、交通事故の加害者に対して3000万円全額の損害賠償を請求することができるとともに、医療ミスをしたE医師に対して、同じように3000万円全額の損害賠償を請求することもできます。さらに、E医師の勤めるD病院に対しても、使用者責任に基づき、3000万円全額について損害賠償を請求することができます。これは被害者を保護する必要があるという観点から、確実に損害賠償を受けることができるようにするためです。ただし、二重・三重に損害賠償を受けられるという意味ではないので、被害者は、加害者・E医師・D病院のいずれかから全額の賠償を受けた場合は、他の者に対してさらに損害賠償を請求することはできません。

? 私には小学生の娘がいたのですが、先日、交通事故に遭って死亡してしまいました。娘は優秀で成績も良く、周囲からも「必ず有名大学に進学できる」と太鼓判を押されていました。そのため、娘が優秀だったことを理由に、加害者に請求する損害賠償の額を増額することは認められますか。

子どもが交通事故によって死亡した場合、親は子どもに代わって（子どもの相続人として）、子どもが順調に成長して働いていれば得られたであろう収入額（これを逸失利益といいます）について、加害者に対して損害賠償請求できます。そこで、仮に交通事故で死亡した子どもが優秀で成績が良く、周囲からも「必ず有名大学に進学できる」と太鼓判を押されていたような場合に、逸失利益の金額が平均賃金よりも高く算定されるのかが問題となります。

死亡時に中学生であった場合に大卒者の平均賃金を基礎とすることを認めた裁判例

大阪高裁平成17年1月25日判決は、交通事故によって死亡した13歳の男子中学生（13歳）について、父親が大卒、母親は短大卒であり、両親は進学塾と予備校の経営者であり、被害者本人の学業成績も優秀であったことなどから、大学進学の可能性が高かったと認め、死亡逸失利益の算定にあたって、男子の大卒者の平均賃金を基礎収入とすることを認めた。

死亡した子どもの成績が優秀だったとしても、その子の進路や将来の収入額などについては、将来にならないとわかりません。被害者が大卒者や大学生でなくても、大学受験間近の高校生であり大学に進学することがほぼ確実だったというような場合であれば、大卒者の平均賃金を基準として損害賠償額を算定することも認められます。しかし、小学生のように、将来どの程度の収入を得るか予想できない年齢の場合には、大卒者の平均賃金ではなく、全労働者の平均賃金をもとにして損害賠償額を算定することになります。

なお、従来は18歳未満の女子の年少者が死亡した場合、男女別の女子労働者の平均賃金で算定する方式が採用されていましたが、近年の裁判例では、男女をあわせた全労働者の平均賃金で算定する方式が採用される傾向にあります。

死亡事故における慰謝料の算定

日弁連基準や自賠責基準によって定額化されている

■ 死亡事故における慰謝料とは

死亡事故における慰謝料（死亡慰謝料）とは、被害者が交通事故により被った精神的苦痛を金銭に見積もり、損害（精神的損害）として算定したものです。死亡についての精神的苦痛について、被害者本人には慰謝料請求権が認められますが、被害者自身は、死亡によってもはや自ら死亡慰謝料を請求することはできません。そのため、この慰謝料請求権は被害者の相続人である遺族が相続し、遺族は加害者に対して被害者本人の慰謝料を請求できることになります。

また、被害者の遺族には、固有の慰謝料請求権も認められています。親や配偶者、子などを交通事故で亡くした遺族は、大きな精神的苦痛を受けるため、その精神的苦痛については、被害者本人が受けた精神的苦痛とは別のものとして、遺族固有の慰謝料を請求できるのです。なお、被害者の遺族であれば誰でも固有の慰謝料を請求できるのではなく、被害者の「近親者」でなければなりません。ここでいう近親者とは、被害者の父母（養父母も含みます）、被害者の配偶者、被害者の子（養子も含みます）です。

胎児が流産した場合の慰謝料

胎児はまだ生まれていないため法律上固有の請求権を持たない。しかし、裁判例は、交通事故によって流産に至った場合、その父親の受けた苦痛について慰謝料請求を認めている。

■ 死亡慰謝料額には相場がある

死亡慰謝料の算定にあたっては、被害者の年齢、収入、社会的地位、家族構成、経済的に家族に与える影響、死亡に至るまでの苦痛の程度などを総合的に考慮します。

しかし、これらの要素も被害者によってまちまちです。算定

死亡事故における慰謝料の算定

交通事故損害額算定基準

・死亡被害者が
　一家の支柱の場合の慰謝料 …………… 2700 万円～ 3100 万円

・死亡被害者が
　一家の支柱に準ずる場合の慰謝料 …… 2400 万円～ 2700 万円

・死亡被害者が
　上記以外の者である場合の慰謝料 …… 2000 万円～ 2500 万円

自賠責基準

・死亡被害者本人の慰謝料 ……… 400 万円（令和2年4月1日以降に発生した事故の場合。令和2年3月31日以前の事故の場合は 350 万円）

・遺族（被害者の父母・配偶者・子）固有の慰謝料
　請求権者1名　………550 万円
　請求権者2名　………650 万円
　請求権者3名　………750 万円
（※死亡被害者に被扶養者がいる場合、200 万円を加算）

に際しては、人によって判断の違いが生じやすく、示談交渉の場でも争いの元になりやすいものです。

そこで、公平かつ迅速な損害賠償を実現するために、死亡慰謝料については、客観的に算定できるように相場があります。たとえば、日弁連交通事故相談センターでは「交通事故損害額算定基準」（通称「青い本」による弁護士基準）を設定し、また、自賠責保険でも「自賠責基準」によって死亡慰謝料の算定基準を設定しており、これらの基準による金額が死亡慰謝料の相場とされています。

なお、示談交渉の際に、相手方が加入している任意保険会社が死亡慰謝料を算定する際には、「任意保険基準」が用いられていますが、この基準は各任意保険会社がそれぞれ独自に設定しているものであり、非公開とされています。

■ 交通事故損害額算定基準による死亡慰謝料

この算定基準で提示されているのは、死亡した被害者１名あたりについての基準額です。死亡した者の年齢、家族構成などにより異なった金額を定めています。なお、この算定基準における慰謝料は、死亡した被害者本人の慰謝料と遺族固有の慰謝料の両方を合計した額です。以下のように、死亡した被害者の家庭における立場によって慰謝料が設定されています。

①　死亡した被害者が一家の支柱の場合

一家の支柱とは「被害者の家庭が主に被害者の収入で生活をしていること」です。慰謝料は2700～3100万円で設定されています。

②　死亡した被害者が一家の支柱に準ずる場合

一家の支柱に準ずる者とは、家事をする主婦、養育が必要な子をもつ母親、独身者でも高齢な父母や幼い弟妹を扶養している者などです。慰謝料は2400～2700万円で設定されています。

③　上記以外の場合

①②のいずれにも該当しない場合です。慰謝料は2000～2500万円で設定されています。

③上記以外の者とは

死亡した者が一家の支柱である者やそれに準ずる者以外であるとは、具体的には高齢者・幼児・独身者等を指す。

■ 自賠責基準による死亡慰謝料

自賠責基準では、死亡した被害者者本人の慰謝料は400万円（令和２年４月１日以降に発生した事故の場合。令和２年３月31日以前の事故の場合は350万円）です。遺族固有の慰謝料は、請求権者の人数ごとに変わってきます。遺族固有の慰謝料の請求権者は、被害者の父母、配偶者、子であり、請求権者が１名の場合は550万円、請求権者が２名の場合は650万円、請求権者が３名の場合は750万円です。なお、死亡被害者に被扶養者が

交通事故の被害者が死亡した場合の慰謝料請求

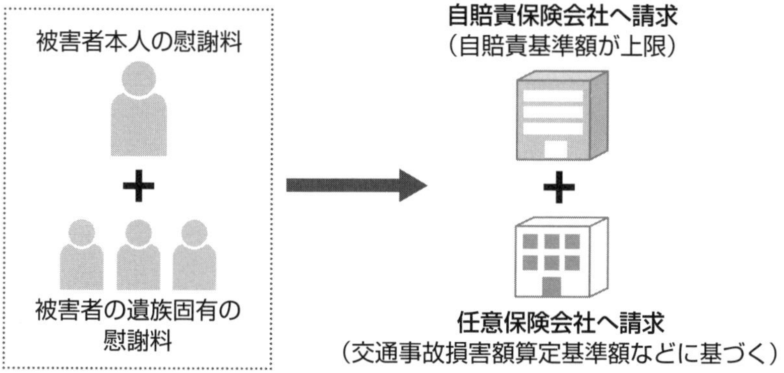

いる場合は、これらの金額に200万円が加算されます。

自賠責基準は交通事故損害額算定基準よりも慰謝料の金額が低く設定されているので、自賠責基準を超える死亡慰謝料の分は、加害者が任意保険もしくは自費で支払わなければなりません。

? 夫が交通事故で死亡しました。損害賠償額はどのくらいになりますか。

損害賠償として請求できるのは、積極損害の他、慰謝料や、ご主人の死亡によって失われた収入つまり死亡逸失利益、弁護士報酬です。慰謝料請求については、「交通事故損害額算定基準」によると、ご主人の死亡によって生じるご主人本人の慰謝料と、残されたご遺族固有の慰謝料とを合算して、2700万円～3100万円程度の請求が可能です（81ページ図参照）。

ご主人の死亡による逸失利益については以下の計算式で算定されます。

死亡逸失利益＝１年当たりの基礎収入×（１－生活費控除率）×就労可能年数に対応するライプニッツ係数

物損事故とは

自賠責保険では物損事故については補償されない

■ 物損事故には自賠責保険は適用されない

物損事故とは、人が死傷せずに物だけが壊れたり傷がついたりする交通事故のことです。

物損事故には自賠責保険の適用がありません。そのため、物損事故の被害者は、状況に応じて、加害者が加入している任意保険である対物賠償保険や、被害者自身が加入している対物賠償保険または車両保険によって保険金（賠償金）のが支払いを受けることになります。加害者が任意保険に加入せずに物損事故を起こした場合には、保険が使えず、被害者への賠償金は加害者が自分で全額を支払うことになります。

物損事故の具体例

加害者の運転する車両が被害者に衝突して物損が生じた場合と、車両が建物や電柱、ガードレールなどに衝突して物損が生じた場合（単独事故・自損事故）がある。

■ 物損事故でも警察への通報義務と危険防止措置義務がある

物損事故においても、人身事故と同様に、関連する車両の運転者（同乗者も含む）には、警察への通報義務と、直ちに運転を停止して道路に生じている危険を防止するなどの必要な措置をする義務（危険防止措置義務）があります。これらの義務を怠った場合には、免許停止の行政処分や懲役または罰金の罰則に処される可能性があるので注意が必要です。

また、物損事故の加害者と連絡先を交換し、被害物を確認することや、保険会社へ連絡することも不可欠です。

■ 物損事故の加害者の責任は民事責任のみ

物損事故の加害者は、基本的には、被害者への損害賠償責任という民事責任のみが問われます。ただし、飲酒運転や無免許運転、当て逃げなどの場合には、免許停止などの行政処分や、罰金・懲役などの刑事処分の対象となることがあります。

■ 慰謝料は発生しない

人身事故の場合、加害者には被害者や被害者の遺族の精神的苦痛に対する慰謝料の賠償義務が生じます。これに対して、物損事故の場合には、慰謝料は発生しません。物損事故では、事故によって大事な物が壊れてしまったとしても、精神的苦痛としての慰謝料は認められず、壊れた物の客観的な価格を基準に損害賠償金が算定されます。

■ 過失相殺による損害賠償額の調整

物損事故の被害者は、もっぱら加害者側に事故の原因があり、被害者の側にはまったく落ち度がない場合は、基本的に、被害者が被った損害額のすべてを加害者に請求できます。しかし、事故について被害者にも落ち度がある場合には、損害を公平に分担するため、過失相殺によって、対物賠償や対人賠償において被害者側の責任割合相当分を損害額から差し引かれることがあります。物損事故で任意保険を利用した場合は等級が下がる物損事故において、対物賠償保険や車両保険を利用した場合、等級が下がってしまいます。等級とは、保険会社による保険料の設定基準であり、「運転者の事故の起こしやすさ」というリスクを1から20までの等級で表したものです。等級の数字が大きいほど保険料は安くなります。無事故のまま任意保険を使わなかった場合、1年ごとに契約の等級が上がり保険料が安くなりますが、物損事故などで任意保険を利用すると次年度から等級が下がり保険料が高くなってしまいます。

物損事故による損害が軽微な場合には、保険を利用せずに自分で修理代や賠償金を支払った方が安く済むこともあるため、保険を利用するかどうかの判断に際しては、保険会社に相談しましょう。

対物賠償保険
自分が加害者となって他人の車や所持品、建物、道路標識などを壊した場合に、修理費や賠償金を補償する保険。

車両保険
交通事故により自車が破損した場合の修理費や買替え費用を補償する保険。加害者も、自車が破損した場合には自分の車両保険を使うことができる。

物損事故と損害賠償

被害車両の評価損や休車損害などについて賠償請求ができる

■ 事故で車両が損壊した場合に損害賠償請求できる項目

物損事故は、交通事故のうち「物だけが壊れる」事故ですので、物損事故としては、車両同士の衝突事故によって車両が損壊した場合の他、家屋の塀や壁、電柱、ガードレールなどへ車両が衝突してこれらを損壊した場合が挙げられます。主に損害賠償の範囲が問題となるのは、車両同士の衝突事故によって車両が損壊するという被害を受けた場合です。そのため、ここでは車両同士の衝突事故によって車両が損壊した場合における損害賠償について説明します。

物損事故によって自分の車両が損壊した被害者は、①被害車両の修理費、②被害車両の買替え費用、③評価損、④代車使用料、⑤休車損害、⑥その他の損害について、加害者に対して賠償請求することができます。以下で詳しく説明します。

ペットが死亡した場合の損害賠償請求

ペットは法律上「物」として扱われる。交通事故によってペットが死亡した場合、物損として飼い主の損害賠償請求を認めた裁判例（東京高裁判決平成16年2月2日）がある。

■ 被害車両の修理費

交通事故により車両が損傷し、被害車両の修理が可能である場合は、被害者は加害者に対して、原則としてその被害車両の修理費について賠償請求をすることができます。

ただし、被害車両の交通事故当時の時価額が修理費よりも低い場合は、その時価額を限度として損害賠償請求が認められるにすぎません。被害車両の時価額とは、原則として被害車両と同一の車種、年式、型、走行距離、使用状態の自動車を中古車市場で取得できる価格です。時価額の認定は、オートガイド自動車価格月報（レッドブック）や中古車価格ガイドブック（イ

交通事故によって車が損壊した場合の損害賠償の請求

修理が可能な場合、原則として修理費用の請求が可能だが、

修理費用 ＞ 被害車両の評価額

被害車両の時価額を上限として請求可能

修理が不可能な場合で

被害車両の買替費用 ＜ 修理費用

のときは、被害車両買替費用を上限として請求可能

※被害車両の買替費用に含まれるもの
①事故当時の被害車両の評価額 ＋ ②車庫証明費用 ＋ ③廃車費用 ＋ ④自動車取得税

エローブック)、インターネット上の中古車販売価格などを参考に算定します。

なお、被害車両の修理が不可能な場合、または修理が著しく困難である場合においても、同様に、被害者が加害者に対して賠償請求することができる金額は被害車両の交通事故当時の時価額となります。

■ 被害車両の買替え費用

被害車両の修理が不可能な場合、または修理が著しく困難である場合は、車両を買い替えるしかありません。そのため、被害者は加害者に対し、この買替え費用を損害として賠償請求することができます。

賠償請求ができる買替え費用には、買替えのために必要となる消費税、自動車取得税、移転登録費用、車庫証明費用、廃車・納車手続きの際のディーラーの手数料の相当額などが含まれます。

■ 評価損

交通事故によって車両が損壊した場合、事故歴や修理歴があることによって車両の価値が下落しうるため、この価値の下落分を「評価損」として損害としてとらえ、加害者に対して賠償請求をすることができます。

評価損は、被害車両の車種、登録年数、走行距離、損傷の部位・程度、修理の程度、当時の車両時価額などを総合的に考慮して算定されます。裁判例では、一般的に修理費の10～30％程度を評価損として算定されることが多いようです。

■ 代車使用料

自家用車における代車の必要性

自家用車においては通勤や通学で日常的に使用している場合は、代車の必要性があると認められやすい。しかしレジャーや娯楽等にしか使用していない場合には、その必要性が認められにくくなる。

物損事故によって車両が損壊したときは、修理をしたり買い替えたりする必要があります。しかし、被害車両の修理の完了や、買い替えた車両の納車には、ある程度の時間がかかります。そのため、被害車両の修理期間中や納車までの間に、被害者がその車を使用できなくなったことによってレンタカーやタクシーなどの代車を利用した場合には、加害者に対し、この代車使用料を損害として賠償請求することができます。ただし、以下の点に注意が必要となります。

① 代車は必要性がなければ損害とは認められない

代車使用料を損害として賠償請求するためには、原則として代車の必要性が認められることを要します。自家用車の場合は、代車の必要性が比較的認められにくいものです。ただし、日常的に通勤のために被害車両を使用していた場合であれば、代車の必要性が認められる可能性が高いといえます。一方、被害車両をドライブやレジャーなどの趣味で使用していたにすぎない場合には、必要性は否定されやすいといえます。

② 代車の使用期間と車種が問題になる

代車が認められる期間は、被害車両を修理する場合は、修理をするのに必要かつ相当な期間であり、買替えをする場合は、

代車使用料と休車損害

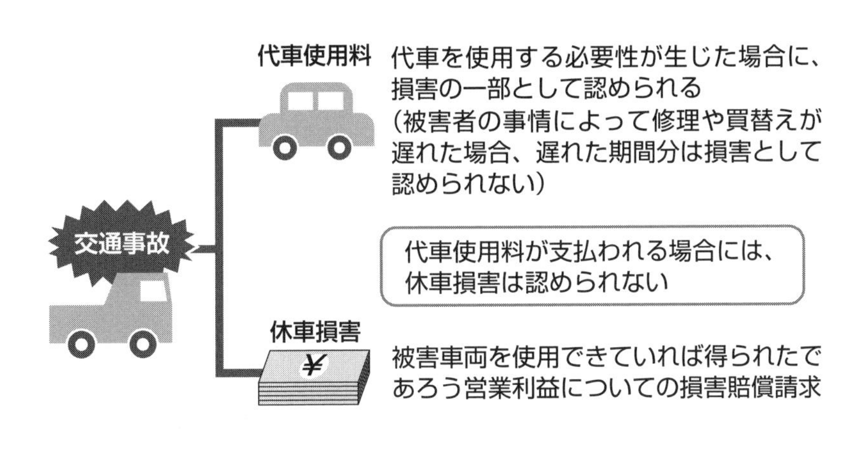

買換えをするのに必要かつ相当な期間です。一般的には、修理の場合は１～２週間程度、買替えの場合は１か月程度が目安となります。また、合理的な理由があれば、多少の期間延長しても必要かつ相当な期間であると認められることもあります。加害者との交渉期間も代車使用期間に含めることを認める裁判例もみられます。ただし、被害者側の事情によって、修理に出すのや買替えをするのが遅れた場合は、その遅れた期間についての代車使用料は損害として認められません。

また、原則として、代車として認められるのは被害車両と同程度の車種です。ただし、裁判例では、被害車両が高級外車の場合でも、国産の高級車の限度でしか代車として認められないとされることが多いようです。

■ 休車損害

休車損害とは、交通事故によって営業用車両が修理や買替えで使用できなくなった場合に、この被害車両を使用できていれば得られたであろう営業利益のことです。タクシー、ハイヤー、バス、営業用貨物トラックなどの緑ナンバーの車両が事故に遭った場合に問題となります。休車損害も、加害者に対して賠償請求をすることができます。ただし、交通事故の日以降も被害に遭った営業用車両を使用する業務があり営業損害が発生しており、その営業用車両の予備として保有している代替車両（遊休車両）がない場合でなければ、休車損害は認められません。

休車損害の算出方法は、まず、被害車両の１日あたりの営業収入を出します。そこから、その車が稼働しないことによって支払いを免れた燃料代、オイル代などの消耗品代などの経費を控除します。その残額に休車期間を乗じて算出します。

■ その他の損害

その他に損害として加害者に賠償請求することができる主な項目として、以下のものが挙げられます。

①　被害車両の引き揚げ費用・レッカー費用

被害車両が事故により自走できず、事故現場から移動させるためにレッカー費用が発生した場合は、この費用を損害として加害者に賠償請求できます。

②　事故によって破損した物

事故を原因として破損した着衣やメガネ、携帯電話、腕時計なども、この費用を損害として加害者に賠償請求できます。ただし、使用済みの物については、賠償請求できるのは時価額となります。

③　被害車両の保管料

被害車両の修理をするか買替えをするかを判断する間、被害車両は修理業者等で保管してもらうことになります。この判断のために必要な期間の車両保管料も、事故との相当因果関係が認められる限度で、損害として加害者に賠償請求できます。

物損では慰謝料請求しにくい

物損事故でも、慰謝料が認められる余地はある。物損で慰謝料が認められるためには、相手方に精神的打撃を加えることを目的とした場合や、その物が被害者にとって特別の価値を有するものである場合など、特別な事情の存在が必要であるとされている。一般的には、交通事故による物損では慰謝料の請求は難しいと考えた方がよい。

物損事故の加害者に損害賠償請求できる項目（車両が損壊した場合）

①	修理費	被害車両が修理可能な場合、修理費の請求が可能。ただし、被害車両の交通事故当時の時価額が上限。
②	車両の買替え費用	被害車両が修理不能（または修理が著しく困難）な場合、買替えのための消費税、自動車取得税、移転登録費用、車庫証明費用などの請求が可能。
③	評価損	被害車両の事故・修理による価値の下落分を損害として、請求が可能。
④	代車使用料	被害車両の修理または買替えが必要なため、代車を使用した場合はその使用料の請求が可能。 ただし、代車の必要性や使用期間、車種が問題となる。
⑤	休車損害	交通事故によって営業用車両が修理や買替えで使用できなくなった場合に、被害車両を使用できていれば得られたであろう営業利益の請求が可能。
⑥	その他の損害	被害車両の引き揚げ費用・レッカー費用、事故によって破損した物、破損した積載物、被害車両の保管料、廃車料、車両処分費用なども請求が可能。

④　破損した積載物

事故を原因として被害車両の積載物が破損した場合、その積載物の交換価値が損害または市場価格を損害として加害者に賠償請求できます。

⑤　廃車料、車両処分費用

被害車両車が修理不可能な場合や修理が著しく困難である場合には、廃車や被害車両の処分にかかる費用も損害として加害者に賠償請求できます。

Column

アルコールチェック義務化

飲酒運転による重大事故は依然として発生しています。最近でも、令和３年６月に千葉県八街市において飲酒運転のトラックが小学生の列に突っ込み、児童２名が死亡、３名が重傷を負うという痛ましい事故が起きました。

このように一向に絶えることのない飲酒運転者による重大事故の対策として、道路交通法施行規則が改正され、令和４年４月１日に施行されました。この改正によって、自動車運行事業者において選任されている「安全運転管理者」に対して、運転前後の運転者の状態を目視等で確認し、運転者の酒気帯びの有無を確認することや、アルコールチェックを行った記録を作成し、１年間保存することが義務付けられました。さらに将来的に、アルコール検知器を使用したチェック等も義務化される予定となっています。

「安全運転管理者」とは、事業用自動車の安全運転と運行に必要な安全指導など行う人を指します。車両を業務で使用しており、1事業所あたり乗車定員が11人以上の自動車１台以上、または白ナンバーの自動車５台以上を使用している事業者であれば、安全運転管理者を選任しなければならないとされています。これらの事業者であれば、今回のアルコールチェック義務化の対象となるというわけです。

事業者や安全運転管理者が上記の義務に違反した場合は、その両者に対して５万円以下の罰金が科されることになります。また、悪質なケースにおいては、事業者免許の停止処分や取消処分等の行政処分が課される可能性もあります。

自動車運行事業を行う者として、飲酒運転の撲滅のために最大限の努力を行うことは、これからの社会において必須となるでしょう。

PART 4

示談交渉と保険金請求

示談とは

示談をする場合には必ず示談書を作成すること

■ 人身事故の約90%で示談が行われている

示談とは、交通事故当事者双方の話し合いによって、事故に関する紛争を処理する方法で、和解契約のことを意味します。たとえば、事故を起こして相手方にケガを負わせてしまった場合、「一定額の損害賠償金（示談金）を支払うことを約束します」といった内容を当事者双方で取り決めることが示談です。

人身事故件数のうち約90％において示談が行われているといわれています。示談では、話し合いによって賠償額を増減したり、賠償金を分割払いにするなど、当事者が納得して柔軟に紛争を解決することができます。裁判で争うよりも費用・時間が節約できることも大きなメリットです。

しかし、口約束では後になって加害者が賠償をしないということもあり得ます。そこで、後日のトラブルを避けるために、成立した示談の内容について書面（示談書）を取り交わしておくことが重要です。

■ 被害者と加害者側の保険会社による示談交渉が一般的

被害者への損害賠償金が、自賠責保険からだけでなく任意保険からも支払われることになる場合、被害者には加害者が加入している任意保険会社との示談交渉という問題が発生します。

本来、示談は当事者である被害者と加害者との間で直接行われるべきものですが、現在の任意保険は、ほとんど示談代行つきの契約になっているので、たいていの場合、事故の加害者は交渉の場に現れません。被害者は加害者が加入している保険会

示談

交通事故の発生により人損・物損が生じると、民事上、加害者には被害者に対する損害賠償責任が発生するが、具体的な損害賠償額の算定にあたっては、被害者と加害者（加害者が加入している保険会社）との間で争いになりがちである。このような民事上の問題を解決する手段には、①示談、②簡易裁判所での調停、③通常訴訟・少額訴訟などの裁判手続きがあるが、交通事故による紛争は、①の示談によって処理されるケースがほとんどである。

示談書

示談の内容を書面化したもの。示談書への本文の記載はワープロでもかまわないが、住所・氏名の記載は自筆で書いてもらうようにするべきである。実印を押印してもらうとなおよい（署名押印）。書面の形式には特に制約はないが、問題となった事項や和解の内容などについて、明確に記載することが大切である。

交通事故の解決方法

①裁判外での和解（示談）

メリット　：費用をかけずに迅速に解決することができる
デメリット：被害者と保険会社には交渉力に大きな差があるため、
　　　　　　被害者が望むような内容で和解（示談）できない場合もある

②裁判

メリット　：過去の事例に基づいた客観的かつ公平な判断がなされやすい
デメリット：弁護士費用や訴訟費用等がかかる
　　　　　　解決までに多くの時間が必要となる

社の担当者との間で、話し合い（示談交渉）をすることになります。

保険会社の担当者は、交通事故における示談交渉のプロです。一方、被害者は、交通事故についての法律はおろか、交渉事との縁も薄いという人が多いようです。交通事故のトラブルについては、いくつかの相談機関が存在します。被害に遭って、ただでさえ辛い状態ですが、示談書にサインする前に、このような相談機関のアドバイスを利用して気持ちを整理した上で、交渉に臨むようにしましょう。

示談交渉の現実

示談交渉は、必ずしも被害者本人が加害者または加害者の加入している任意保険会社と行うとは限らない。被害者が任意保険会社に加入している場合には、被害者側の任意保険会社と加害者側の任意保険会社との間で、示談交渉がなされることもある。

■ 被害者が保険会社との示談交渉で注意すること

被害者が注意すべきことは、いったん示談が成立し、示談書を作成してしまうと、その後に示談時の事実関係と異なる事実が発覚しても、原則として、示談をやり直すことができないということです。そこで、被害者の立場としては、交通事故についてのある程度の法律知識を身につける必要があります。軽いケガならまだよいのですが、後遺症などの障害が残るような大事故の場合、一生後悔することになってしまいます。

では、実際に示談交渉をするにあたって、どんなことに注意すればよいのでしょうか。示談交渉は通常何回にも渡って行われるものです。ですから、示談交渉をした年月日とそのときに話し合われた内容をできるだけ詳しくメモしておくことです。できれば、ボイスレコーダーなどに会話をすべて録音しておきましょう。

次に、話し合いに臨むときは常に平常心を保つように心がけます。結局、最終的には金銭で補償が行われるわけですから、多く払ってもらうのに越したことはありません。冷静に構えて、こちらの言い分をはっきりと相手の保険会社の担当者に対して主張するようにします。

被害者が示談屋や事件屋を立ててきたら

他人の事件に介入してコンサルタント料などと称し、示談金の一部を受け取るような示談屋・事件屋の行為は、弁護士法72条で禁止する「非弁行為」にあたり、２年以下の懲役または300万円以下の罰金に処せられる（同法77条３号）。示談屋・事件屋が直接接触を図ってきたら、加害者側は、毅然とした態度で接触を断り、弁護士または保険会社の担当者に対応を委ねるようにすべきである。

ところで、保険会社の担当者から「これ以上の金額の賠償額は出すことができない」と言われたとしても、それは任意保険会社の内部基準に従っているからにすぎません。真に受ける必要はなく、弁護士に相談するなどして、裁判になった場合はどのくらいの賠償金が算定されるのかを検討しましょう。

どうしても納得できない場合には、示談に応じる必要はありません。この場合は、裁判所に民事訴訟を提起することになります。その前に、各都道府県や市区町村の法律相談を利用したり、（公財）日弁連交通事故相談センターや（公財）交通事故紛争処理センターに示談あっせんを申し立てる方法もあります。

■ 保険会社の提示する賠償金額に納得できない場合

被害者が保険会社の提示する賠償金額に納得できず、示談交渉を拒絶した場合、（公財）交通事故紛争処理センターまたは（公財）日弁連交通事故相談センターによるあっせんで解決を試みる方法があります。

あっせん

弁護士が中立の立場で被害者と加害者の間に入り、示談が成立するように援助をすること。

２つの機関は相談を受け付けているだけでなく、必要に応じてあっせんも行っています。どちらも、弁護士が無料で示談のあっせんをしています。以下、違いを見ていきましょう。

①　電話相談の可否

日弁連交通事故相談センターは基本的には面接相談ですが、１人10分程度での電話相談も受け付けています。交通事故紛争処理センターでは電話相談は実施していません。

②　予約制か先着順か

面接相談は、日弁連交通事故相談センターでも、交通事故紛争処理センターでも実施しています。交通事故紛争処理センターの方はすべて予約制なので、あらかじめ電話予約しなければなりません。一方、日弁連交通事故相談センターは、予約制を採用している場所と、先着順で相談を受け付けている場所があります。

③　相談内容について

両者は中心的に扱う問題の種類に違いがあります。交通事故紛争処理センターは、示談あっせんが中心的業務なので、目的が示談あっせんに定まっている人が利用すべきです。逆に、示談あっせんには至らない、もしくは示談あっせんと直接関係のない単なる法律相談は、日弁連交通事故相談センターを利用した方がよいでしょう。

■ 示談のあっせんと不調に終わった場合の審査

日弁連交通事故相談センターと交通事故紛争処理センターは、示談あっせんがうまくいかなかった場合の手続きにも異同が見られます。まず、審査権限が及ぶ対象について、日弁連交通事故相談センターの審査権限が及ぶのは、加害者側の示談代行をしている組織が特定の共済の場合です。損害保険会社（損保）の場合は審査に持ち込むことができません。一方、交通事故紛争処理センターは日本損害保険協会及び外国損害保険協会に加盟している損保と一部の共済に審査権限が及びます。相談する前提として、加害者の代行をしている組織が損保か共済か調べておくべきでしょう。

示談あっせんが不調となった場合

どちらの機関でも審査と呼ばれる手続きがある。審査とは、示談あっせんが不調となった場合、当事者からの申し出により、専門家によって構成される審査会が判断を行う手続きである。審査結果について被害者が同意しない場合、各センターでの手続きは終了となり、紛争の解決は調停・訴訟に委ねられることになる。
一方、被害者側が同意すれば、相手方の損保・共済は審査意見を尊重することになる。その結果、審査意見に従った示談書が作成されることになる。

PART4
2

示談交渉と保険金請求

加害者として示談交渉にのぞむ場合

誠意を尽くすべきだが、過大な請求には応じない

■ 示談の成立は刑事手続きに影響するか

交通事故による物損や人損は時として刑事問題に発展する場合があります。その場合、主に警察による捜査がなされます。警察の捜査が終了すると、捜査結果が検察官に送られます。ただ、そこで必ず起訴されるわけではなく、さまざまな事情を考慮して、検察官が起訴するかしないかを決定します。その際、示談の成立は、不起訴とする場合の有力な判断材料となるので、加害者は、警察官または検察官の前で示談書を提示するなどして、必ず示談が成立したことを主張しましょう。

交通事故についての刑事責任は厳罰化の傾向にあるので、民事的に示談が成立しているからといって絶対に刑事責任を免れることができるというわけではありません。

しかし、仮に起訴されたとしても、被害者との間に示談が成立している場合には、裁判所の量刑判断（裁判官が実際に言い渡す刑を決定すること）に影響を与え、刑事処分を軽くする方向に働きます。

そのため、交通事故の加害者から、被害者に「できるだけ早く示談をしてほしい」と要求することもあります。加害者の立場としては、少しでも刑事処分を軽減したいでしょうから、すぐに示談交渉を持ちかけていくわけです。ただ、これは加害者側の一方的な都合による要求であり、被害者がまだ入院していたり、損害額がまだ確定していない段階では示談に応じることはできないはずです。このような被害者側の事情も考えておかなければいけません。

被害者の感情が事件に与える影響

人身事故の場合、警察は被害者の供述調書を作成する。その作成の際に「加害者への処罰を求める」等の被害者の供述があると、その旨も記載されるが、こうした被害者の処罰感情は、その後の検察官による起訴するかどうかの判断に影響を及ぼす。

交通事故において加害者となって場合の注意点

①被害者に対して誠意をもって対応すること

損害賠償を速やかに支払う
お見舞い等を行い、被害者の感情をなだめる

➡ 検察官の起訴・不起訴の判断や、刑事裁判における裁判所の量刑判断に影響する

②事故時直後の念書にはサインをしない

内容が不合理なものであれば無効とされることもあるが
その場合は不必要なトラブルを招くこともある

■ 加害者が示談にのぞむ心構え

事故を起こしたとき、示談代行つき自動車保険に加入していれば、被害者との間の示談交渉は保険会社が代行してくれますから、加害者の負担はかなり軽減されます。ただし、その場合でも加害者は被害者へのお見舞いなど、誠意を尽くす必要があります。これを怠ると、被害者の感情が悪化し、示談が難航することがあります。

被害者側からすれば、加害者本人は一向に顔を見せず、保険会社の担当者が賠償額を提示するばかりで話が進まないと感じるケースはよくあります。交通事故では、前述の示談代行（示談交渉）付き自動車保険において、専門知識を有する保険会社の担当者が示談交渉を行うのが一般的ですが、加害者が被害者と直接交渉することも可能です。ただし、保険会社の担当者はマニュアルに従い加害者に不利にならないように徹するでしょうし、被害者にとって実のある交渉は難しいといえます。

そのため、被害者側は、交通事故紛争処理センターなどに対する示談あっせんの申請や弁護士を通じて交渉を行い、なお加害者側の態度に不満があれば、損害賠償請求訴訟を提起するかもしれません。また、加害者の刑事裁判において、被害者が検

察側証人として加害者の不誠実な対応を非難して厳罰を望むと述べるおそれもあります。

一方、示談代行つき自動車保険に加入していない場合には、自分で直接、被害者と示談交渉することになりますが、示談交渉の際に、被害者から過大な額の損害賠償を請求された場合、どのように対応するかについては注意が必要です。

加害者という負い目があるでしょうし、責任を痛感しているからこそ被害者の請求に応じたいと思うのは理解できますが、だからといって不当に過大な請求に応じる義務はありません。被害者が不当に過大な賠償額を支払うように迫るのであれば、弁護士への相談を検討すべきです。また、加害者側から「損害賠償額を確定してほしい」という趣旨の調停の申立てや、交通事故紛争処理センターなどに対する示談あっせんの申請をする方法もあります。

■ 不合理な内容の念書の効力は

加害者の立場になったとき、事故直後の現場で被害者から、「私の全面的過失によるものですから全損害を賠償します」「新車に買い替える費用を負担します」といった書面を要求されることがあります。

裁判になった場合、このような事故直後の気が動転しているときに書いた不合理な内容の書面の効力が認められないこともあります。

しかし、効力が認められないのが原則的であるとはいえ、示談が難航する原因となりますから、このような念書は絶対に書いてはいけません。

? 先日、主人が信号無視の自動車に衝突され、意識不明の重体になってしまいました。医師の診断によれば、意識が戻って回復するまでにはかなりの時間がかかるとのことです。そこで、私が主人の代わりに加害者との示談交渉をしようと思っているのですが、加害者側は、「ご主人本人でないと交渉はできない」などと言っています。意識不明の主人が損害賠償請求に関する示談交渉をすることができるはずもなく、困っています。どうすればよいのでしょうか。

交通事故の示談交渉では、被害者が意識不明などの重体になり、加害者と交渉することができないという事態になることもあります。被害者本人が回復するまで待つことができるのであればよいのですが、被害者の家族にとってはその間にも、入院費用や治療費あるいは生活費が必要になります。そこで、加害者に誠意がある場合には、損害の内金というような形式で一時金を支払ってもらうこともあります。一時金の支払いを受けた場合、残額については、被害者の回復を待って、被害者本人に直接請求や交渉をしてもらってもよいでしょう。

被害者家族が精神的に動転していることに乗じて、加害者側が「本人とでないと示談交渉はできない」などと言って一時金の支払いにも応じない場合には、被害者家族としては、はなはだ困った状態に置かれることになります。

しかし、示談交渉においては、必ずしも加害者と被害者の本人でなければ交渉を行ってはならないという決まりがあるわけではありません。このような場合には、交通事故の当事者である被害者本人に代わって、専門的な知識をもつ第三者（代理人）に交渉してもらうのがよいでしょう。ご主人が加入している自動車保険の保険会社の担当者が交渉を行うことがありますが、特に資格があって交渉しているわけではありません。保険会社が提示する示談金の額が、加害者に請求できる限度額ではありませんので、納得できない場合には弁護士などの専門家に依頼して、加害者側と交渉するとよいでしょう。

被害者が意思能力を喪失した場合

交通事故によって被害者の意識が回復しない状態が長期間に渡る場合、家庭裁判へ後見開始の申立てをして、意識のない本人に代わって法律行為を行える人を選任させることができる。

PART4
3

相談機関

示談交渉と保険金請求

相談費用もかからず、気軽に相談できる

■ 専門の相談員に相談できる

被害者が自分で示談交渉をする場合、法律の知識を十分にもっていないと、自分で示談交渉をする損害賠償の請求の仕方や過失割合などがわからないものです。

特に、相手方（加害者側）が専門知識をもつ保険会社の場合、保険会社から提示された損害賠償額が妥当なのかどうか判断できないことがあります。このような場合、交通事故の問題を扱っているさまざまな相談機関を利用するとよいでしょう。

相談機関においては、弁護士、元警察関係者、元検察関係者（元検察事務官・元検事など）、都道府県の元職員、保険会社関係者といった専門家によるアドバイスを受けることができます。無料相談を受け付けているところも多いので、ぜひ利用してみるとよいでしょう。最終的な判断は自分ですることになりますが、それでも、相談機関は大変利用価値があります。

■ 交通事故に関する主な相談機関

次に、どのような相談機関があるのかを見ていきましょう。

①　（公財）日弁連交通事故相談センター

専門の弁護士に相談することができます。相談料は無料で、全国に相談所が置かれています。

②　（公財）交通事故紛争処理センター

嘱託の弁護士による事故相談、示談あっせんなどを行っています。相談料は無料です。

③　そんぽＡＤＲセンター

相談に行く際の注意事項

①相談機関の選び方
どの相談機関がどのような問題を中心的に扱っているのか調べることが大切である。損害賠償などの法律問題について相談したいときは、日弁連交通事故相談センターの相談所、保険関係の手続きについては、そんぽＡＤＲセンター、その他一般的な相談は、都道府県や市区町村の交通事故相談所がよい。
②電話での確認・予約
予約制になっている場合もあるので、相談に赴く前に必ず電話で相談日時を確認して、必要にあわせて予約を入れておくようにしたい。
③前もって相談内容を整理する
相談時間は30分程度、長くても１時間前後なので、要領よく話が進められるように、前もって相談内容を整理しておきたい。
④必要書類を持参する
事故状況を口頭で説明するのは難しいので、交通事故証明書、医師の診断書、事故現場の写真などの資料がある場合は持参するとよい。

被害者のための機関

機関名	内容
㈱自動車事故対策機構（TEL 03-5276-4451）	重度後遺障害者に対する救護や交通遺児への援護など
㈶交通遺児育英会（TEL 03-3556-0771）	交通遺児などに対する奨学金・入学一時金の貸付（無利子）
㈶交通遺児等育成基金（TEL 0120-16-3611・03-5212-4511）	交通遺児は損害賠償金などの中から、拠出金を同基金に払い込んで加入できる。19歳に達するまで育成給付金を支給する制度
㈠財 道路厚生会（TEL 03-6674-1761）	高速道路での交通事故で亡くなった方の子供で、修学が困難な児童生徒に修学資金の給付を行っている

損害保険に関する一般的な相談に応じる業務や、保険会社に対する苦情について解決するための手続きを実施しています。また、保険会社の利用者と保険会社との間で紛争が生じた場合には、紛争解決のための手続きも実施します。

相談業務、苦情解決手続き、紛争解決手続きは、原則として無料で利用することができます。

④　日本司法支援センター（法テラス）

全国どこでも法によるサービス・情報提供が受けられるように設立された機関です。

法テラス
105ページ欄外参照。

⑤　交通事故相談所

都道府県・市町村に設置されています。示談の仕方、賠償金の算定の仕方、訴訟・調停の活用方法について、専門相談員からアドバイスを受けることができます。交通事故相談所の設置場所は、内閣府ホームページに記載されています。

■ 弁護士選びは慎重にする

事故の加害者と被害者の言い分が異なり、示談交渉がうまく

弁護士の選び方
弁護士にもそれぞれ得意分野と不得意分野がある。その中には交通事故の処理を専門に扱っている弁護士もいる。そういった弁護士を紹介してもらうのがベストである。

まとまらない場合もあります。加害者側の保険会社の担当者が、これ以上被害者と話し合っても先に進まないと思った場合、たいてい、保険会社の顧問弁護士に示談交渉を依頼します。相手が法律の専門家である弁護士を代理人として立ててきた以上、素人が対抗するのはかなり大変なことです。そこで、被害者としても、交通事故に詳しい弁護士に交渉をまかせたいところです。

示談交渉を安心してまかせられるような弁護士を味方につけるためには、依頼者と弁護士との間に強い信頼関係があることが必要です。なお、各県庁所在地にある弁護士会を訪ねて、適切な弁護士を紹介してもらうという方法もあります。

弁護士に示談交渉や損害賠償請求訴訟を依頼するにあたっては、以下の点に注意しましょう。

①　費用の点はハッキリと

弁護士への法律相談料は、相談後に依頼するかどうかにかかわらず必要です。一般的には30分ごとに5,500円（税込）程度かかります。

②　弁護士と緊密なコミュニケーションを築くこと

弁護士に依頼する場合に特に注意して欲しいことは、事件に関することは、不利な点も包み隠さずにすべて伝えるということです。できるだけ資料をそろえて説明文なども用意しておきましょう。協力できることは協力し、弁護士を信頼することが大切です。

③　当事者は自分だという意識をもつこと

依頼した弁護士を信頼する必要があるのはもちろんですが、完全にまかせっきりになってしまい、無関心になってはいけません。弁護士はあくまで代理人であって当事者は自分です。弁護士に対して被害者が自ら示談・訴訟の進行状況を確認し、場合によっては方針の希望を伝えることも大切です。

?　交通事故の被害に遭い、相手の加入する保険会社と示談交渉しています。しかし、事故の際の私の過失を過

弁護士報酬（弁護士費用）

大きく分けて、相談料・着手金・報酬金（成功報酬）・鑑定料・手数料・日当などがある。訴訟を起こす場合は、相談料・着手金・報酬金が重要である。

なお、弁護士報酬について、従来は「弁護士報酬等基準額」という統一基準が存在したが、平成16年３月末に廃止されたため、現在は各弁護士事務所が独自に定めている。各弁護士会が標準的な金額を定めてはいるが、具体的な額となると弁護士によって異なる。

弁護士費用の立替え制度

交通事故の示談交渉や損害賠償請求訴訟のために弁護士を頼みたいが、経済的な理由で頼めないという場合には、日本司法支援センター（法テラス）の立替え制度の利用を検討してみるとよい。立替え制度は、弁護士費用や訴訟費用を立て替えてもらえる法テラスのサービスのひとつである。ただ、立替え制度の利用には条件があり、①被害者（関係者）が弁護士や裁判の費用を負担できないこと、②勝訴の見込みがないとはいえないこと、③援助を受けることが民事法律扶助の目的に適すること、の3つの条件がそろっている場合に限られる。調停や示談などで紛争が解決する見込みがある場合も利用できるので、まず電話で問い合わせてみるとよい。

交通事故の被害者がこころがけるべきこと

弁護士との信頼関係を築くこと

自分にとって不利な点も包み隠さず伝えること
後になって不利な点が明らかになった場合、委任関係が解除されることもある

当事者意識を持つこと

事故の当事者はあくまでも自分であることを忘れないこと
当事者意識をしっかり持つことで、弁護士に適切な希望を伝えることができる

大に評価する一方、後遺症については過少に評価しています。相手方の提示する賠償金額に私としては、とても納得できません。このような場合、適当なところで、保険会社と手を打つべきなのでしょうか。

保険会社の担当者が「もうこれ以上出せない」と申し入れてくることもありますが、それは任意保険会社の内部基準で出せないという場合もあります。弁護士への相談などにより、本当はどうなのか冷静に検討してみなければなりません。特に、保険会社が提示してくる金額は、裁判にまで至った場合に、認められる賠償額より大幅に低額であることも少なくありません。

どうしても納得できない場合には、示談に応じる必要はありません。加害者が加入している強制保険の保険会社に対して直接支払いを請求する被害者請求、各都道府県や市区町村の法律相談所、(公財) 日弁連交通事故相談センターや (公財) 交通事故紛争処理センターへの調停の申立て、裁判所への訴訟の提起などの法的手段を検討することになります。

なお、被害者であっても落ち度(過失)があるようなケースでは、被害者の加入している保険会社と加害者の加入している保険会社との間で示談交渉がなされることもあります。

法テラス

法テラスは法的なトラブルを解決するためのさまざまなサービスを提供しており、無料での法律相談や被害者の支援といった活動をしている。都道府県庁所在地などの大都市や、弁護士や司法書士が少ない地域などに設置されている。

話し合いに臨むとき

常に平常心を保つように心がけたい。
いったん示談が成立し、示談書を作成してしまうと、その後に示談時の事実関係と異なる事実が発覚しても、原則として、示談をやり直すことができない。示談交渉の際には、示談交渉をした年月日とそのときに話し合われた内容をできるだけ詳しくメモしておくとよい。できれば、ボイスレコーダーなどに会話をすべて録音しておくのがよい。

示談交渉を始めるタイミング

通院治療中の示談交渉は時期尚早である

■ 示談の交渉はいつ始めればよいか

交通事故で被害者が損害賠償を請求する場合は、慰謝料を含めて、その金額を具体的に明示しなければなりません。しかし、治療がすべて終わっていない段階では、治療費や仕事を休んだ分の逸失利益などは、まだ計算できません。慰謝料についても、入院期間、通院期間、通院実日数などによって計算されるため、これも請求できません。示談成立後に、後遺症についての治療費を請求しようとしても、原則として認められません。通院治療中の場合には、示談交渉は時期尚早です。

損害額の計算は弁護士会・市区町村役場・保険会社の無料法律相談を利用し、相場を調査しておきましょう。

損害額を加害者に請求するとき

損害額の算定が完了し、加害者に具体的な損害額の賠償を請求する場合には、請求をしたという証拠を残し、加害者に心理的プレッシャーを与えるためにも、内容証明郵便を利用するとよい。

■ 傷害の場合の示談交渉

交通事故で負ったケガが完治し、リハビリの必要もなくなったら、事故による治療費、入通院費、逸失利益などの損害額や慰謝料の額を計算できる状態になります。つまり、この時点ではじめて示談交渉ができるわけです。

ただ、自賠責保険（強制保険）の場合、損害保険会社に対して損害賠償を請求できるのは、原則として事故の時点から２年間に限られます。この時効期間が過ぎてしまうと加害者に対しては損害賠償を請求できますが、保険会社に対する請求はできなくなります。加害者に資力がない場合、実質的に損害賠償が受けられなくなりますので注意しましょう。

加害者が任意保険に加入していれば、普通、保険会社の方か

示談交渉をはじめる時期と注意点

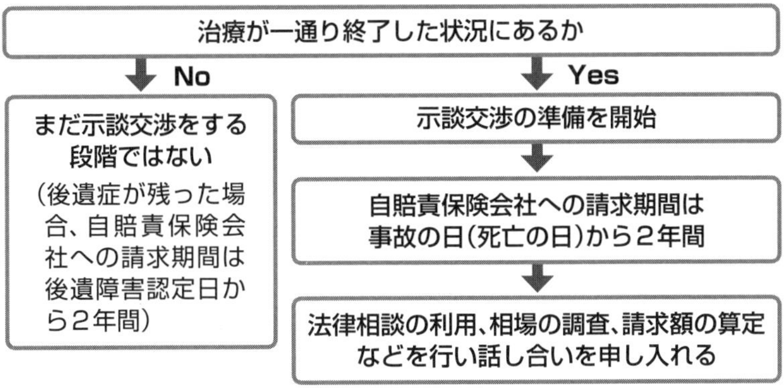

ら示談交渉の開始時期の申入れ（電話など）があります。示談交渉は何回かに渡って行われるものです。数回の交渉を経て、やっと損害賠償額が提示されたからといって、すぐに示談書にサインをしてはいけません。保険会社は自社の保険金支払基準に従った賠償額を示してきますが、これは確定した金額ではなく、一般的に低く設定されているからです。

最初の交渉
具体的な損害賠償額の提示はなく、あいさつや様子うかがいのような感じの場合もある。

■ 死亡事故の場合の示談交渉

死亡事故の場合の示談交渉は、亡くなった被害者の葬儀が終わってからになりますが、四十九日の法要が終わるまでは何かとあわただしいものです。しかし、自賠責保険については、死亡事故の場合も、死亡の日から２年が経過すると時効が成立し、損害保険会社に対して賠償請求できなくなりますから、その前に示談交渉を終える必要があります。

死亡事故の場合、遺族は特に感情的になるものです。しかし、遺された遺族の以後の生活のことを考えると、なるべく早めに損害賠償金を支払ってもらうべきです。

話し合いがまとまらないとき
加害者に誠意がなく、話し合いがうまくまとまらない場合、被害者の遺族から加害者の自賠責保険に対して被害者請求をすることもできる。示談交渉について加害者が何も言ってこない場合、内容証明郵便で交渉の開始を申し入れてみるとよい。

PART4
5

示談交渉前の書類収集

交通事故証明書の申請は自動車安全運転センターにする

■ 交通事故証明書は保険の請求に必要

加害者側との示談交渉を開始するにあたって、交通事故の事実関係を整理し、損害額を算出するための資料が必要です。

まず、交通事故証明書（事故証明書）が必要です。

また、死亡事故の場合、損害賠償を請求できるのは被害者（死亡した者）の相続人になります。自分が被害者の相続人であることを証明するためには、死亡した被害者の除籍謄本と相続人本人の戸籍謄本が必要です。その他、ケガの治療や手術をしたことを証明するため、診断書（死亡事故の場合は死体検案書）、診療報酬明細書（レセプト）、各種の領収書なども必要になります。

必要になる書類

強制保険（自賠責保険）と任意保険で同じような書類が必要になるが、任意保険の場合、保険会社によって必要となる書類が多少異なる。

交通事故証明書

事故発生の経過や原因を確認するための参考とする書類。自動車安全運転センターに交付を申請する。

死亡事故の場合

死亡した被害者の葬儀費用、仏壇購入費、墓碑建立費などが損害として認められることもあるので、これらの明細や領収書も保管しておきたい。

■ 収入を証明するために必要な書類は

交通事故でケガをしたため、会社を休むことになり、その間の給料がもらえない場合は、事故がなければ得ていたはずの給料に相当する金額が損害賠償として認められます。また、死亡事故であれば、死亡した被害者が、事故が起きていなければ生涯もらえたはずの給料や退職金に相当する額を損害額に算入できます。

このように事故がなければ得ていたはずの利益のことを逸失利益といいます。逸失利益の額を求めるときは、その者の過去の収入を証明する書類が必要になります。死亡被害者が会社員や公務員などの給与所得者であれば、源泉徴収票、所得証明、給与明細などで収入を証明することができます。一方、個人事業者（自営業者）の場合は、確定申告書の写し（または控え）や納税証明書に記載された申告所得額によって収入を証明します。

示談前に集めておきたい書類

1　交通事故証明書

請求先は自動車安全運転センター。
いつ、どこで、どんな事故があったかを証明してもらえる書面。

2　診断書と診療報酬明細書

請求先はどちらも治療を受けた病院（有料）。
診断書は傷害の内容を記載した書面。
診療報酬明細書（レセプト）は治療内容の明細書で、入院日数、通院日数、どんな薬を使い、どんな注射をしたか、治療費・入院費などが詳細に書いてある。

3　領収書

治療費、入院費、付添人費用、入院諸雑費（日用雑貨品費、栄養補給費、通信費、交通費など）などの領収書はすべて取っておくとよい。

4　被害者の収入の証明書

給与所得者（会社員・公務員など）は勤務先の給与証明書か源泉徴収票。
自営業者は納税証明書や確定申告書の写しなど。

■ 農業従事者・年少者・主婦の場合の収入は

農業従事者については、確定申告を行っているのであれば、個人事業者と同様に、前年度の確定申告額から所得を算出します。農業所得の計算方法は、収入金額から肥料費・農業費などの必要経費を引いたものを所得金額として扱います。

小中学生や幼児など（18歳未満）の場合、賃金センサスの男女別の平均賃金から生活費として男性・男児は50%、女性・女児は30～40%を控除し、就労可能年数を49年（18歳～67歳の年数で算出された定数）とした上で、ライプニッツ係数に基づいて中間利息を控除します（77ページ参照）。

また、専業主婦の場合も賃金センサスの女子労働者全年齢平均賃金を参考として算出します。

PART4
6

示談書の上手な作成のしかた

示談交渉と保険金請求

文案ができ上がったら弁護士に見てもらうのもよい

■ 示談書には何を書けばよいのか

交通事故の加害者と被害者との間に示談が成立したら、必ず示談書を作成します。

示談書の様式は、法律上特に決まりがありません。ただ、示談も一種の契約ですから、誰が見てもわかるように、整然と客観的に書く必要があります。損害保険会社から保険金請求用の書類一式をもらうと書き込み式の示談書が入っていますから、これを活用してもよいでしょう。

ただ、保険会社の書式は「事故の原因・状況」「示談内容」の欄がせまいことが多く、事故の詳細や示談条件などを記入するには十分といえません。特に加害車両が複数いるような事故の場合、当事者としてすべての加害者が署名押印をする必要がありますが、そのスペースが足りません。その場合は、保険会社の書式に一通り記入し、スペースが足りない欄については、「別紙記載の通り」と注記した上で、別紙に詳しく記載して示談書に添付します。

また、保険会社の書式などを参考にして、独自の示談書を作成するのもよいでしょう。示談は一度成立してしまうと原則としてやり直すことができないので、不安な点は弁護士に相談することが大切です。

では、示談書に書くべき事項と注意点について見ていきましょう。

① 事故当事者の住所・氏名

加害者と被害者の住所・氏名を記入します。運転者と自動車の所有者が異なる場合は、所有者の氏名・住所も記入します。

示談書の有効期限

当事者で取り交わした示談書には、原則的に有効期限等はない。ただし一定の場合に示談書の効力が失われる旨の条項を含めることができる（例：加害者が賠償金の支払いを怠った場合に本示談書は失効する等）。

示談書に書くべきこと

	記載事項	注意点
1	事故が発生した日時	正確に記載する
2	事故が発生した場所	できるだけ詳しく書く
3	加害者の住所・氏名	正確に記載する
4	被害者の住所・氏名	正確に記載する
5	加害車両と被害車両の車種とナンバー	正確に記載する
6	事故の原因と事故発生状況	できるだけ詳しく書く
7	示談が成立した日	正確に記載する
8	署名押印（自署押印）	実印を使用する

当事者が死亡したために相続人が示談した場合や、複数車両による事故のために加害者が複数いる場合は、すべての人の住所と氏名を記入する必要があります。

② 事故が発生した年月日、時間と場所

この記載によって事故を特定します。「令和○○年○月○日、午前（または午後）○時○分ころ」「○○区○町○丁目○番○号先交差点」というように正確に記載します。

③ 加害車両と被害車両の車種とナンバー（車両番号）

事故車両を特定するために、事故車のメーカー、車種（具体的に)、車両番号を記載します。

④ 事故の原因や状況

事故が起きた過程と事故状況をできるだけ詳しく、客観的事実に沿って記載するようにします。自動車安全運転センターが発行する「交通事故証明書」と事実関係が一致していなければなりません。

⑤　示談の内容

加害者と被害者との間でどのような示談が成立したのかを具体的に記載します。支払うべき損害賠償や慰謝料の金額、支払方法（一括なのか分割なのかなど）、支払期限、支払いを怠った場合の遅延損害金、期限の利益喪失約款などを記載しておくべきです。

遅延損害金

支払期限までに支払わなかった場合にペナルティとして課される金額のこと。

期限の利益喪失約

分割払いを何回か怠ったときは残額を一括で支払うこととする旨の取り決め。

遅延損害金の支払条項によって、支払期限に遅れたら、１日あたりいくらかの利息を支払うことになりますから、相手に心理的な圧力をかけ、結果的に支払を促す効果があります。

さらに、連帯保証人をつけることも効果的です。加害者の親などの近親者の中で資力があり、安定した収入がある人に連帯保証人になってもらえれば安心でしょう。

また、示談が終了してから後遺症が出た場合はどうするかも決めておきます。一般的には「示談で決めたもの以外は、今後一切請求しないものとする」といった記載をします。

ただ、この記載があるからといって、以後の加害者の責任が完全に免責されるわけではありません。示談が成立した以上、被害者が加害者に対して示談書以外の事項を一切請求できないとなると、後遺症が出た場合に被害者が救われないことになります。そこで、判例においても、示談当時には予想できなかった後遺症が発生した場合に限っては、前の示談とは別に、改めて損害賠償を請求できるとしています。

なお、後遺症が出るかどうかわからないが、早めに示談をしてしまいたいという場合には、「後遺症が出たときは改めて示談交渉を行うものとする」という記載を入れておくとよいでしょう。

⑥　示談が成立した日

通常は示談書を作成した日と一致します。ただ、示談書を公正証書にする場合などは、示談成立日と示談書作成日が一致しないこともあります。

公正証書

119ページ参照。

⑦　署名押印

示談書には、①の事故当事者の全員が自署して、実印を押すのが最も理想的です（署名押印)。後日、示談の内容で裁判になったときには、自署と押印がしてあれば、本人が自分の意思に基づいて書いたという証拠になります。

PCの文字入力ソフトなどで名前を記載し、横に三文判（認印）を押しただけでは、後日「自分は示談書にサインした覚えはない」と言われた場合、示談書を偽造したものと疑われる可能性もあります。

自署
自分で自分の名前を書くこと。

実印
印鑑登録した印鑑。

■ 示談書に法律的な強制力をつける手段を知っておく

示談書自体には強制執行（裁判所が強制的に財産を取り上げ、または換価し配当すること）を申し立てる効力がありません。示談内容の履行を確実なものにするために、示談書を公正証書にして、執行認諾文言をつけてもらうのがよいでしょう。

執行認諾文言とは、「債務者（加害者）が金銭債務（賠償金）の支払いを怠ったときは、強制執行を受けても文句は言わない」という旨の約束のことです。

なお、示談する上で加害者側に連帯保証人をつけた場合は、その連帯保証人にも公証役場まで同行してもらい、保証人として公正証書にサイン（自署）と実印での押印をしてもらうようにするとよいでしょう。

■ 示談書には誰がサインするのか

加害者の場合、示談書にサインすべき者は当事者全員です。運転者と車の所有者が異なる場合は、両方の人がサインすることが必要です。車がリースの場合は、リース会社も当事者に入りますので、代表者にサイン（法人の場合は会社名・代表者名・会社印が必要です）してもらうようにします。

営業車などの会社の車（会社の名義になっている車）を運転

していて事故を起こした場合は、事故を起こした従業員本人はもちろん、会社の代表者のサインも必要になります。

一方、被害者の場合は、被害を受けた本人がサインをしますが、本人が未成年者の場合は、その法定代理人（両親など）がサインします。死亡事故の場合は、原則として相続人全員のサインが必要になります。

未成年者の両親が離婚している場合

事故の当事者が未成年者である場合、示談書の署名は両親が行うが、両親が離婚している場合は、親権を持つ者のみが署名する。親権は離婚時に必ず定められており、戸籍謄本に記載されている。

なお、死亡事故の被害者に内縁の妻がいるとしても、内縁の妻に相続権はありません。しかし、内縁の夫に扶養してもらう権利を侵害されたことについて、内縁の妻に損害賠償請求が認められることがあります。そのため、内縁の妻がいれば、その人も被害者としてサインする場合もあります。

■ 示談金を分割払いでもらうとき

加害者に金銭的余裕がなく、示談金を一括で支払ってもらえない場合もあるでしょう。

分割で払ってもらう場合に注意することは、示談書に「期限の利益喪失約款」を定めておくことです。期限の利益喪失約款とは、分割による支払いを怠ったときの取り決めのことです。一般的には「２回続けて支払いを怠った場合、○○○○は期限の利益を失い、支払うべき示談金の残額を一時に支払わなければならない」という条項が置かれます。

また、遅延損害金についても決めておいた方がよいでしょう。一般的に違約金としての遅延損害金は、支払いを怠った金額の１割程度です。示談書には、「もし、加害者が支払いを怠ったときには、遅延損害金として年利○○％の割合による利息を付加して支払うものとする」といった記載をします。

書式　死亡事故の示談書

示　談　書

事故発生日時	令和○ 年　○ 月　○ 日　午前 午後　○ 時　○ 分頃
事故発生場所	東京 都道府県　○○区○○町○丁目○番先路上
加害者甲	住所　東京都○○区○○町○丁目○番○号
	氏名　○○○○　　自動車登録番号 ○○○○○○○○○○
被害者妻乙	住所　東京都○○区○○町○丁目○番○号
	氏名　○○○○

事故原因･状況

丙（乙の夫）は横断歩道を横断中、信号を無視して進入してきた甲運転の車両と接触し、全身を強打して死亡した。

示　談　内　容

1．甲は乙に対し、上記の交通事故による損害の賠償として、金○○○○万円の支払義務のあることを認める。

2．上記損害賠償金の内訳は

（1）乙に対する慰謝料　金○○○○万円也

（2）丙の死亡に関連して支出した葬祭費用　金○○○万円也

3．甲は乙に対し、上記損害賠償金額を以下のとおり支払うものとする。

（1）令和○年○月に金○○○○万円を支払う。

（2）残金は令和○年○月から令和○年○月までにおいて分割して支払う。

（3）甲は上記金額を月末までに乙方に送金して支払う。たとえ１回でも期限までに支払われない時は、乙の催告を要せずして甲は期限の利益を失い、残金を一時に乙に支払わなければならないものとする。遅滞後は年15%の遅延損害金を支払うものとする。

4．乙は甲の自賠責保険、その他保険金に関しての請求、受領に協力するものとする。

上記の通り示談が成立しましたので、今後本件に関しては、相互に債権債務がないことを確認し、一切の異議、請求の申立てをしないことを誓約致します。

令和○ 年　○ 月　○ 日

加害者甲　住所　東京都○○区○○町○丁目○番○号

氏名　○○○○ ㊞

被害者妻乙　住所　東京都○○区○○町○丁目○番○号

氏名　○○○○ ㊞

書式　傷害事故の示談書

示　談　書

事故発生日時	令和○ 年 ○ 月 ○ 日 午前 午後 ○ 時 ○ 分頃
事故発生場所	東京 都道府県 ○○区○○町○丁目○番先交差点
当事者甲	住所 東京都○○区○○町○丁目○番○号
	氏名 ○○○○ 自動車登録番号 ○○○○○○○○○○
当事者乙	住所 東京都○○区○○町○丁目○番○号
	氏名 ○○○○

事故原因・状況

甲の運転する加害車両が交差点を右折したところ、横断歩道を横断中の乙をはね、乙に上腕部骨折、左下腿部打撲の傷害を負わせた。

示談内容

1. 甲は乙に対して、本件事故による損害賠償金として、既払金の他に金○○万円の支払い義務があることを確認し、これを令和○年○月○日までに乙の指定する銀行口座に送金して支払う。
2. 1の期限に遅れた場合には、年15%の遅延損害金を支払うものとする。

上記の通り示談が成立しましたので、今後本件に関しては、相互に債権債務がないことを確認し、一切の異議、請求の申立てをしないことを誓約致します。

令和○ 年 ○ 月 ○ 日

当事者甲　住所　東京都○○区○○町○丁目○番○号
氏名　○○○○　㊞

運転者　住所
同　上
氏名　㊞

当事者乙　住所　東京都○○区○○町○丁目○番○号
氏名　○○○○　㊞

書式　物損事故の示談書

示　談　書

事故発生日時	令和○ 年　○ 月　○ 日　午前 午後（午後に丸印）　○ 時　○ 分頃	
事故発生場所	東京 都道府県（都に丸印）　○○区○○町○丁目○番交差点	
当事者甲	住所	東京都○○区○○町○丁目○番○号
	氏名	○○○○　自動車登録番号 ○○○○○○○○○○
当事者乙	住所	東京都○○区○○町○丁目○番○号
	氏名	○○○○　自動車登録番号 ○○○○○○○○○○

事故原因・状況

甲が青信号に従って直進し上記交差点に差し掛かったところ、対向車線から右折してきた乙運転の車両と衝突し、双方の車両につき破損を生じた。

示　談　内　容

1．甲所有の自動車の修繕費見積もり金額は金○○○○円であり、乙所有の修繕費見積もり金額は金○○○○円である。
　なお、見積もり金額につき、事故の過失割合から判断して、甲に２割の負担、乙に８割の負担があるものとする。

2．１に示した負担割合に従って過失相殺を行い、乙は甲に対して令和○年○月○日に金○○○○円を支払うものとする。

3．乙は、上記金額を令和○年○月○日までに、甲方に持参または送金して支払う。なお、期限に遅れた場合には、年15%の遅延損害金を支払うものとする。

上記の通り示談が成立しましたので、今後本件に関しては、相互に債権債務がないことを確認し、一切の異議、請求の申立てをしないことを誓約致します。

令和○ 年　○ 月　○ 日

当事者甲　住所　東京都○○区○○町○丁目○番○号
氏名　○○○○　㊞

当事者乙　住所　東京都○○区○○町○丁目○番○号
氏名　○○○○　㊞

PART4
7

示談と公正証書

示談交渉と保険金請求

被害者と加害者が公証役場に出向いて作成してもらう

■ 保険会社と示談交渉する際のポイント

保険会社と示談交渉を行う場合、事故により得られなかった収入（逸失利益）、過失割合、後遺症などについて意見が対立することがあります。

まず、収入については、確定申告書の所得金額などが主な資料となります。それ以上の収入がある場合、帳簿などによる証明が必要です。過失割合については、保険会社が賠償額の減額の主張をするかもしれません。事故の目撃者の証言や警察の資料等による裏付けが必要です。また、後遺症の軽重・治療期間等については、医師に詳細な診断書を作成してもらいましょう。

■ 保険会社が関与していない示談内容を守らせるには

示談が成立したら、保険金などの請求をすることになります。保険会社への請求は別として、加害者本人から直接支払ってもらう場合には、示談時の一括払いが望ましいでしょう。しかし、加害者に損害賠償金を一括で支払うだけの資力がないこともあります。その場合は、分割払いで支払ってもらうことになります。

分割払いにした場合に問題となるのは、加害者が最後まできちんと賠償金を支払ってくれるかわからないということです。そこで、示談書の作成にあたって、加害者に損害賠償金を確実に支払ってもらうための対策を講じておく必要があります。

まず、示談書には遅延損害金の条項を入れておくようにします。また、期限の利益喪失約款の条項も記載します。次に、連帯保証人をつけることも大切です。

遅延損害金条項を設ける意味

遅延損害金条項によって、支払期限に遅れたら本来の損害賠償金に追加して遅延損害金を支払う義務を負うことになるため、加害者に心理的な圧力をかけ、結果的に支払を促す効果がある。

期限の利益喪失約款

114ページ参照。

公正証書の作成方法

申請前に公正証書の作成について当事者の合意が必要

↓

申請書類を再チェック

・公正証書にしたい文面
・法人の場合には代表者の資格証明書や商業登記事項証明書など
・個人の場合には実印と印鑑証明書など

↓

最寄りの公証役場へ行く

↓

公証人が文書（公正証書）を作成

■ 示談書に法律的な強制力をつける手段を知っておく

示談書は一種の契約書ですから、示談書に記載してある債務（慰謝料の支払義務など）を債務者（加害者）が履行しなかった場合は、債務不履行（支払を怠ること）を理由として、裁判所に訴えを提起することができます。示談書自体には強制執行（裁判所が強制的に財産を取り上げ、または換価して配当すること）を申し立てる効力がないので、必ず裁判上の手続き（勝訴判決）を経た上で、強制執行を行います。

ただ、このような煩雑な手続きを経なくても、債務不履行があった場合に、裁判によらずにいきなり強制執行を申し立てて債務者の財産を差し押さえ、競売にかけて債権を回収できる方法があります。これが公正証書です。特に示談書を執行認諾文言（執行認諾約款）のついた公正証書にすることで、裁判をしなくても強制執行を申し立てることができます。

一括で賠償金を払ってもらえるのであれば、示談書を公正証書にする必要はありませんが、分割払いの場合は、必ず執行認諾文言付きの公正証書にしておくべきです。

連帯保証人

加害者の親などの近親者の中で資力があり、安定した収入がある人に連帯保証人になってもらえれば安心である。

即決和解

当事者間で示談が成立すると、簡易裁判所（通常は加害者の住所を管轄する簡易裁判所）に申し立てて、和解調書を作成してもらうという方法。

公正証書以外の手段

即決和解という手段もある。

事実関係の確認と内容証明郵便

裁判となった場合の証拠とすることができる

■ 内容証明郵便とは

内容証明郵便は、誰が、いつ、どんな内容の郵便を、誰に送ったのか、を郵便局（日本郵便株式会社）が証明してくれる特殊な郵便です。

内容証明郵便を送ることで、直接相手方と顔を合わせることなく、主張内容を伝えることができるという利点があります。その反面、証拠として残るため、強迫的な文言等を用いてしまうと、後になって訴訟に及んだ時に、かえって自分に不利な証拠として用いられることもあるため、文面には注意が必要です。

内容証明郵便の書き方は次ページ図の通りです（サンプル例は次ページ下段参照）。受取人が１人の場合でも、同じ内容の文面を最低３通用意する必要があります（１通を書いて残りの２通はコピーしたもので大丈夫です）。郵便局ではそのうち１通を受取人に送り、１通を郵便局に保管し、もう１通は差出人に返還されます。同じ内容の文面を複数の相手方に送る場合には、「相手方の数＋２通」を用意することになります。

郵便局に提出するのは、内容証明の文書、その文書に記載された差出人・受取人と同一の住所・氏名が書かれた封筒です。窓口で、それぞれの書面に「確かに何日に受け付けました」という内容の証明文と日付の明記されたスタンプが押されます。その後、文書を封筒に入れて再び窓口に差し出します。そして、引き替えに受領証と控え用の文書が交付されますので、大切に保管しておいてください。

内容証明郵便のメリット

内容証明郵便を配達証明付というものにしておけば、郵便物を発信した事実から、その内容、さらに相手に配達された事実まで証明をしてもらえる。裁判になった場合の証拠にもなり、相手方から何らかの反応がある場合もある。
たとえば、加害者に交通事故による損害賠償を請求しているような場合、それまで何度請求してもまともに対応してもらえなかったのに、内容証明郵便を送ったことで、分割払いの申し出があったり、支払延期の申し出があることもある。

内容証明郵便の書き方

用紙	市販されているものもあるが、特に指定はない。 手書き、ワープロ入力のどちらでも可。 B4判、A4判、B5判が使用されている。
文字	日本語のみ。かな(ひらがな、カタカナ)、漢字、数字(漢数字)、かっこ、句読点。 外国語(英字)は不可(固有名詞に限り使用可)
文字数と行数	縦書きの場合　：20字以内×26行以内 横書きの場合①：20字以内×26行以内 横書きの場合②：26字以内×20行以内 横書きの場合③：13字以内×40行以内
料金	文書1枚(440円)＋郵送料(84円)＋書留料(435円)＋配達証明料(差出時320円)＝1279円 文書が1枚増えるごとに260円加算

被害者が運行供用者に損害賠償を請求する文例

交通事故による損害賠償請求書

令和○年一月一五日午前一一時頃、私は東
京都○○区○○一丁目二番三号先交差点の横
断歩道を横断中、貴社従業員・松川竹男氏が
その勤務中に運転する普通乗用車に接触され
たために転倒し、右腕上腕部を骨折しました
。右事故では貴社が運行供用者であるので、
次の損害を賠償するように請求します。

記

一　治療費　金二〇万円
二　通院交通費　金三万円
三　休業損害等逸失利益　金四〇万円
四　傷害慰謝料　金七五万円
合計　金一三八万円

令和○年三月一五日

東京都○○区○○三丁目一番一号
請求人　甲山太郎　印

東京都○○区○○一二三番地
被請求者　株式会社鶴亀商事
代表取締役　乙川次郎　殿

裁判所を利用してトラブルを解決する

調停、少額訴訟、訴訟などがある

■ 民事調停とはどんなものか

話し合いで紛争を解決したいと考えたとき、すぐに思い浮かぶ方法が調停です。調停は、第三者である調停機関が紛争の当事者双方の合意が得られるように説得しながら、和解が成立するために努力する手続きです。簡易裁判所で行われる民事調停は、交通事故に関する紛争を解決する手段としてもよく利用されています。

調停の申立ては、簡易裁判所に申立書を提出して行います。話し合いは、当事者と調停委員がテーブルを囲んで比較的和やかな雰囲気で行われます。主に２人の調停委員が当事者から事情を聞いて、紛争の要点を把握していきます。話し合いがまとまれば、裁判官の立ち会いの下に、調停内容が読み上げられます。調停が成立すると、調停調書には確定判決と同一の効力が与えられていますので、もし相手方が調停内容を履行しない場合は、強制執行に踏み切ることもできます。

強制執行
124ページ参照。

■ 訴訟を起こす場合の訴額や管轄

訴えを提起する裁判所は、簡易裁判所か地方裁判所になります。訴額が140万円以下の場合は簡易裁判所、140万円を超える場合は地方裁判所が、第一審の管轄裁判所になります。この場合の140万円には、利息や遅延損害金は算入しません。つまり、通常は元本の金額になります。

また、訴えを起こす裁判所は、原則として被告の住所地を管轄する裁判所です。被告が会社などの法人であれば、その主たる事務所（本社）または営業所の所在地、いずれもないときは

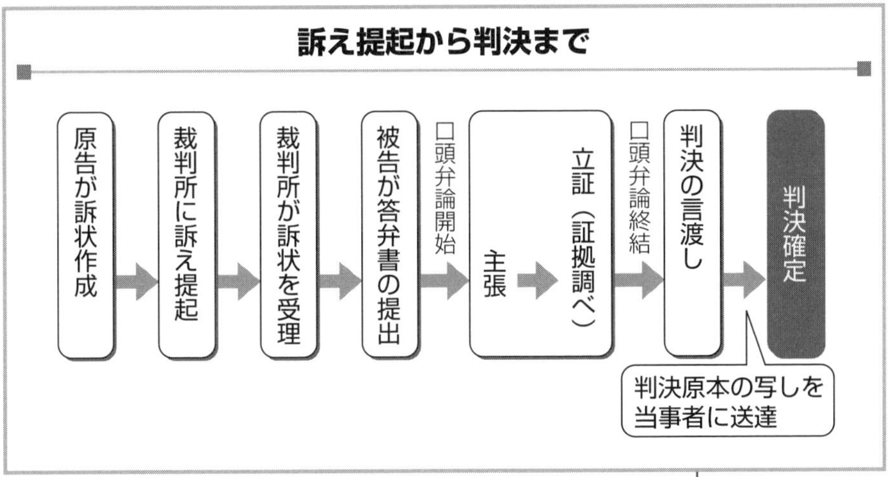

主たる業務担当者の住所地を管轄する裁判所に提起します。交通事故に遭った場合は、不法行為が行われた場所（事故が起こった場所）を管轄する裁判所を選ぶこともできます。

■ 少額訴訟とは

少額訴訟については、裁判所の受付センターや受付窓口に各種の訴状の定型用紙が備えつけられていて、それに適宜必要事項を記載すればよい形になっています。少額訴訟で扱われるのは、60万円以下の金銭支払請求に限られています。少額訴訟では、原則として１回の期日で双方の言い分を聞いたり証拠を調べたりして、直ちに判決が言い渡されます。通常の民事訴訟では、提出できる証拠について制限はありませんが、少額訴訟では証拠はすぐに取り調べができるものに限られています。

■ 通常訴訟について

民事訴訟は、当事者の一方が訴状を裁判所に提出することによって始まります。裁判所は、期日（口頭弁論期日）に裁判所へ出頭するように当事者双方に呼出状を送ります。

口頭弁論期日には、まず、原告が訴状を口頭で陳述します。次に、被告がすでに提出してある答弁書に基づいて、原告の陳述内容を認めるのか、それとも反論するのかを口頭で答えます。実際の陳述は簡略化されていて、原告は「訴状記載の通り陳述します」と述べ、被告は「答弁書記載の通り陳述します」と言って終了するのが普通です。

次に、争点を整理する作業が行われます。原告の請求のうち、被告がどのような点を争い、どのような点は争っていないのかを明確にするのです。そして、事実関係について争いがあれば、どちらの主張が正しいのかを判断するために証拠調べが行われます。証拠調べは裁判官の面前で行われますが、どのような証拠を提出するかは当事者の自由になっています。証拠調べを経て、争いがある事実につき原告・被告のいずれの主張が正しいのかを裁判官が認定し、訴状の内容の当否が判断可能になると、口頭弁論は終結します。

一定の期日が経過すると、裁判所はあらかじめ指定しておいた期日に当事者を呼び出して判決を言い渡します。判決は、原告の請求に対する裁判所の判断です。裁判所が、原告の請求が正しいと判断したときは、原告の請求を認容します。この場合は、訴状の「請求の趣旨」欄に記載された通りの判断、たとえば、「被告は原告に対し金○○を支払え」といった判決を言い渡します。

原告の請求が正しくないと判断したときは、請求棄却（訴えそのものは受け付けるが原告の訴えが正当ではないとするもの）の判断になります。この場合は、「原告の請求を棄却する」という判決を言い渡され、第一審の手続は終了します。

■ 強制執行とは

苦労して手に入れた勝訴判決（確定判決）でも、それだけでは権利の実現も完全ではありません。被告が判決に従って、自主的に判決内容を実現する場合はよいのですが、判決などまっ

強制執行の手続き

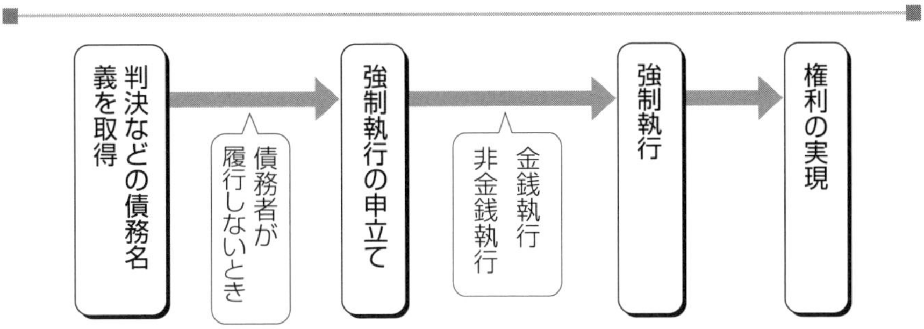

たく意に介さない人もいます。そのような場合には、強制執行をしなければなりません。

強制執行は、国家機関が、権利者の権利内容を強制的に実現してくれる手続きです。たとえば、交通事故の損害賠償請求訴訟に勝訴した原告が強制執行する場合には、判決に基づいて裁判所や執行官などの執行機関が被告の財産を差し押さえ、競売をしてお金に換え、それを原告に渡してくれます。原告は判決内容通りの結果を得られるのです。

強制執行をするには、強制執行の根拠となる債務名義と呼ばれるものを手に入れなければなりません。債務名義は、確定判決が代表的なものですが、それ以外に執行受諾文言（執行認諾文言）付公正証書や調停調書・和解調書・仮執行宣言付支払督促などがあります。次に、債務名義の末尾に「債権者○○は、債務者○○に対し、この債務名義に基づき強制執行することができる。」という「執行文」を付与するよう申し立てます。

そして債務者が通知を確かに受け取ったという送達証明書を手に入れます。送達証明書は、債務者に「こういう内容の強制執行をします」という予告です。

以上、「債務名義・執行文・送達証明書」の３点セットがそろってはじめて強制執行をしてもらう準備ができたことになります。

強制執行をする財産の特定

債務名義に基づいて強制執行をする場合、加害者のどの財産に対して行うかは、被害者が特定しなければならない。たとえば加害者の銀行預金に強制執行を行いたい場合は、どの銀行のどの支店かまでかを特定し、裁判所に申し立てる必要がある。

PART4
10

示談交渉と保険金請求

示談成立後の保険金請求の手続き

自賠責保険で不足する分は任意保険で補てんする

■ 自賠責保険を請求するときの手続き

加害者と被害者との間で示談が成立したら、加害者は被害者に示談金を支払うことになります。一方、交通事故の示談交渉を始めたものの、加害者が言を左右にして、誠実に示談交渉に応じてくれず、なかなか進展しないということもあります。

示談が成立していないうちは、支払われるべき損害額が確定していないわけですから、原則として保険金を請求することはできません。ただ、事故で負ったケガの治療が長引いた場合には、示談成立前であっても、強制保険（自賠責保険）の仮渡金を請求できるケースがあります。

仮渡金
130、140ページ参照。

事故の加害者が加入している自賠責保険に保険金を請求するのは、原則として加害者本人です。加害者本人が成立した示談に基づいて被害者に賠償金を支払い、その支払った分を保険会社に請求するというのが原則です。

しかし、加害者に誠実さがなく示談に立ち会ってもらえない場合や、示談が成立しているのに加害者が示談金を支払わない場合には、被害者の方から加害者の加入している自賠責保険会社に対して直接保険金を請求することもできます。これを被害者請求といいます。

物損事故では自賠責保険から保険金は払われない
自賠責保険は被害者保護の観点から加入が義務付けられている保険であり、人身事故の場合だけしか保険金は支払われない。物損事故では自賠責保険から保険金が出ないことに注意したい。

■ 任意保険を請求するときの手続き

自賠責保険では保険金の支払目的が限定されています。そこで、自賠責保険で足りない部分や支給されない部分の損害額を補てん（埋め合わせ）するために任意保険があります。任意保

強制保険の請求をした後の流れ

1. 保険会社に強制保険（共済）の請求書提出
   ↓
2. 保険会社が書類に不備がないことを確認し、損害保険料率算出機構の調査事務所へ送付
   ↓
3. 請求書類に基づいて損害額などの調査を行う
   ↓
4. 損害保険料率算出機構の調査事務所が保険会社に調査結果を報告する
   ↓
5. 保険会社が支払額を決定し、請求者に保険金を支払う

険に加入するかどうかは自由ですが、自賠責保険の対象外である物損事故に限らず、人身事故があった場合に自賠責保険から支払われる保険金だけで足りるということはまれです。ですから、任意保険は万が一の場合に備えて必ず加入しておくべき保険なのです。

任意保険の請求手続きは、まず自賠責保険から保険金の支給を受けて、自賠責保険で不足する分について、任意保険会社に保険金の支払請求をするのが原則です。ただ、これでは手続きが煩雑になってしまいます。

そこで、任意保険に加入している場合は、いったん任意保険の保険会社（農協の場合もあります）の方で、損害額の全額の支払をします（一括払）。その後、任意保険の保険会社の方で、自賠責保険会社に対して、自賠責保険で支払われるべきだった保険金を請求するようにしています。保険金請求の際に用意する書類は、自賠責保険と任意保険でほぼ同じですが、保険会社によって多少必要書類が異なります。

保険金請求には示談成立が前提

基本的には、任意保険も自賠責保険と同様に、示談が成立していることが保険金を請求する場合の前提となる。

? 1年前に交通事故に遭ったのですが、たいしたケガもなかったので、「示談金以外には加害者に損害賠償を請求しない」という念書を入れて、50万円の示談金を受け取る示談をしました。ところが、それから半年経過したころから、首を自由に動かすことが困難になり、1年経った今ではまったく首がまわらなくなってしまいました。医者の診断では交通事故の後遺症だということです。仕事もできず大変困っているのですが、私はもう損害賠償を請求できないのでしょうか。

一般に、示談書には「加害者が賠償金として○○○円を支払う」「被害者は賠償金以外の請求を一切しない」といった条項を入れる場合が多いようです。これは、加害者が賠償金を支払った後も、被害者から不当な金銭的請求を受け続ける危険を防止するためです。

しかし、被害者としても、交通事故によるケガが治ったと思っていても、何年かした後に後遺症が発症することもあります。「示談当時には後遺症が発症するということをまったく予想できなかった」という場合が絶対にないとは言い切れません。

後遺症が発症したにもかかわらず、示談時に「賠償金以外は一切請求しない」という条項を入れたために、後遺症による損害賠償がまったく行えないとするのでは、被害者にとっては非常に過酷ではないかと考えられます。本ケースのように、示談成立から1年後にまったく首がまわらなくなり、交通事故の後遺症であると医者が診断した場合などは、何らかの救済が必要だといえます。

そこで、示談当時に予測できなかった後遺症が発生した場合には、「被害者は賠償金以外の請求を一切しない」との条項にかかわらず、加害者に対して損害賠償をすることが認められています。ただ、示談当時に取り決めた賠償金に後遺症分の賠償も含まれていると解釈される場合は、後遺症の賠償請求は難しいといえます。

酒酔い運転の自動車にはねられて足に重傷を負い、後遺障害が残らずに治療が終了した後に、示談交渉したところ、加害者が被害総額900万円の損害賠償を支払うとの示談が成立しました。しかし、示談成立の直後、加害者からの支払いが行われる前に、加害者本人が脳梗塞のため急逝してしまったのです（事故との因果関係はないと判断されています）。加害者の遺族は、本人の妻と３人の子供ですが、損害賠償はどうなるのでしょうか。

本ケースのように加害者本人との間で示談が成立している場合、損害賠償額が確定しており、損害賠償請求権が具体的に発生しています。そのため、加害者がその後に死亡したとしても、加害者本人の死亡によって、損害賠償請求権が消滅してしまうわけではありません。加害者本人が死亡した場合、その時点で相続が開始されますが、借金といった債務、つまりマイナスの財産も相続の対象となります。

このことから、損害賠償請求権、つまり加害者にとっての債務も死亡によって相続人に相続されます。それぞれの相続人への請求額については、原則として民法に法定相続分として規定されている比率に従って相続されます。

たとえば、本ケースの場合、示談成立の直後に加害者本人が死亡しても、被害者に支払うべき損害賠償額900万円は確定しています。加害者の相続人は妻と子供３人ですので、法定相続分は妻が２分の１、子供３人が２分の１となります。そして、子供３人で２分の１の法定相続分を等分するので、被害者は、妻に対し450万円、子供３人に対し各150万円ずつの支払いを請求できます。ただ、相続を放棄する者が出てきた場合、その者が相続人ではないとみなして法定相続分を計算しますので、注意してください。

相続放棄ができる期間

相続放棄をするには家庭裁判所に対して申述をしなければならない。この相続放棄の申述ができる期間は、相続人が自分が相続人であることを知った時から原則として３か月以内とされている。そのため、被害者が相続人へ損害賠償請求をするのは加害者の死亡から３か月を経過した後であることが多い。

Column

仮渡金と仮処分

たとえば、交通事故にあい、全身打撲と骨折の重傷を負って入院したというケースで、加害者との損害賠償の交渉は遅々として進まず、入院が長引くにつれて、治療費や生活費などの出費が膨らんで、先行きの生活が不安だという場合には、どうすればよいでしょうか。

示談交渉が長引いているせいで、加害者側から賠償金が受け取れない場合、強制保険（自賠責保険）の仮渡金を請求する方法と、裁判所に対して仮処分を申請する方法が考えられます。

まず、強制保険については、加害者側だけでなく被害者側からも保険会社に対して請求できます（被害者請求）。したがって、まず保険会社に対して仮渡金の請求をすべきです。ただ、強制保険の仮渡金は低額です（傷害を受けた者１人につき５～40万円です）。

そのため、出費がかさんでいる人にとっては、仮払金は不十分かもしれません。そこで、次善の策として、仮処分を利用する方法が考えられます。これは、被害者側から裁判所に対して、損害賠償金の仮払いを求める仮処分命令（仮の地位を定める仮処分）を申し立てる方法です。仮処分命令の申立ては、示談交渉が長引いている場合に、被害者が経済的に困窮している状況に付け込んで、加害者が低額で示談を早期に取りまとめようとすることを防ぐ効果も期待できます。

仮処分命令がなされるための条件は、①被害者が加害者に対して損害賠償の請求訴訟を起こして勝訴する見込みがあること、②現在治療費や生活費に困っていることが一応確からしいと裁判所に認められることです。仮処分命令がなされると、毎月の治療費と最低生活補償費は確保できます。しかし、働いていたら得られたであろう逸失利益や慰謝料までの請求は難しいと思われます。仮処分に関しては手続きが専門的なので、弁護士に相談してみるとよいでしょう。

PART 5

自賠責保険と任意保険のしくみ

PART5
1

自賠責保険とは

自賠責保険によって保険金が支給されるのは人身損害のみ

■ 自賠責保険は強制保険

自動車保険は、強制保険である自動車損害賠償責任保険（自賠責保険）と、加入が強制されていない任意保険（対人賠償保険や対物賠償保険、車両保険など）の２本立てになっています。強制保険は、その名の通り法律で加入が義務付けられている保険です。すべての自動車、二輪自動車（バイク）、エンジンの排気量が125cc以下の原動機付自転車が加入しなければなりません。一方、強制保険でカバーしきれない部分の損害賠償金を補うのが任意保険です。

交通事故の被害者は加害者から損害賠償を受けることになりますが、加害者が十分な資力のない人であった場合、被害者は加害者から損害賠償金の支払いを受けることができません。そこで、強制的に保険に加入させることで、最低限の補償を確保し、被害者の保護を図ろうとする制度が強制保険です。ただし、被害者に強制保険から保険金が支給されるのは、人身事故の場合だけであり、物損事故については、強制保険から保険金の支給はありません。

なお、強制保険については、自賠責保険の代わりに、農協、全労災などの自賠責共済に加入することもできます。

強制保険に加入していない自動車（無保険車）は、公道を走ることができません。これに違反して運転すると、１年以下の懲役または50万円以下の罰金が科されます。強制保険と呼ばれるのはそのためです。

私有地内での交通事故の場合

自賠責保険は原則として公道上での事故を想定しているが、私有地内（スーパーの駐車場等）での事故であっても適用される。この場合は保険会社に対し、交通事故証明書に代えて「人身事故証明書入手不能理由書」を提出する必要がある。

自動車保険の種類

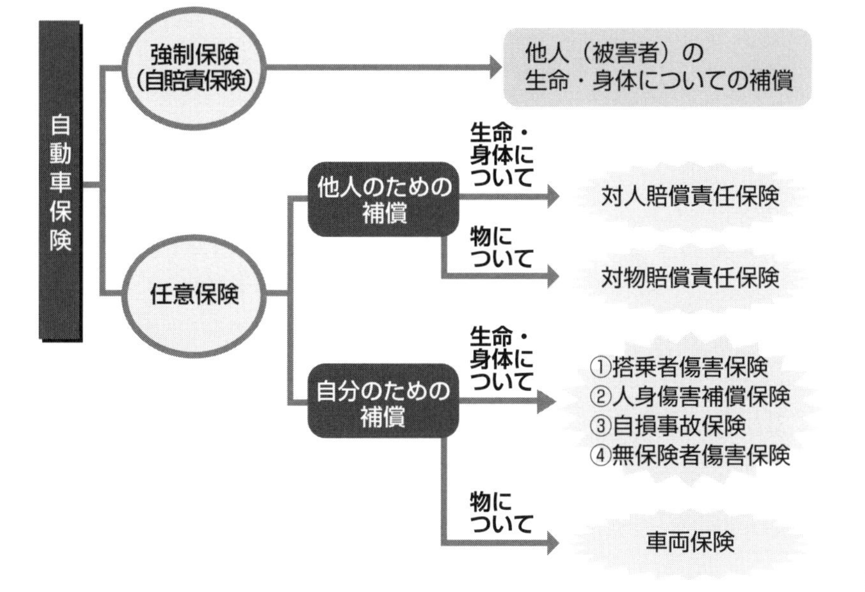

■ 自賠責保険による補償限度額

人身損害については、傷害による損害（死亡に至るまでの傷害による損害も同じ）の場合は被害者１人につき120万円、後遺障害が残った場合は認定された後遺障害等級に応じて、75万円から4000万円、死亡による損害の場合は3000万円が、自賠責保険による補償限度額とされています。

そのため、傷害事故（後遺障害が残らなかった場合）で賠償額が120万円を超える場合は、加害者の自己負担となります。加害者が任意保険に加入していれば、加害者の自己負担分については任意保険から支払われることになります。

■ 運行供用者責任が認められることが必要

自賠責保険は、自動車の運行供用者（自動車の運行についての支配（運行支配）と自動車の運行による利益（運行利益）が認められる者）に対して、自動車損害賠償保障法（自賠法）３条の運行供用者としての責任が認められる場合に支給されます。運転者が運行供用者にあたらない場合には、自賠責保険から保険金は支払われません。

従業員が車両を無断使用した場合の運行供用者責任

従業員が私用のために会社の車両を無断で使用し事故を起こした場合、その車両を常時使用できるように会社が管理していたのであれば、会社に運行供用者としての責任が認められる傾向がある。

たとえば、自動車の所有者が知人に自動車を貸してその知人が交通事故を起こしたという場合、運転をしていない所有者は、事故の直接の加害者ではありませんが運行供用者にあたり、運行供用者責任を負うため、被害者に損害賠償金を支払ったときは、自賠責保険会社に保険金を請求をすることができます。

これに対し、車両を盗んだ者が交通事故を起こした場合、盗難車両の所有者は原則として運行供用者にはあたらず運行供用者責任を負わないため、通常は自賠責保険による保険金は支払われないことになります。

■ 加害者請求と被害者請求

保険会社に自賠責保険の保険金の支払いを請求する方法として、被害者請求と加害者請求の２つがあります。交通事故においては、加害者請求が行われることが多いです。

① 加害者請求

加害者請求とは、交通事故を起こして被害者に損害賠償金を支払った加害者が、自己が加入している自賠責保険会社に対して保険金の支払を請求する方法です。このように、本来は加害者の側が自賠責保険金を請求できる立場にあります。

② 被害者請求

自賠責保険金の請求については加害者請求が原則的な形態ですが、事故の過失割合について当事者間に争いがあるなどの場合には、加害者が被害者に損害賠償金を支払わないことがあります。このような場合、被害者は、加害者の自賠責保険会社に対して損害賠償金の支払いを請求することができます。これを

加害者請求と被害者請求

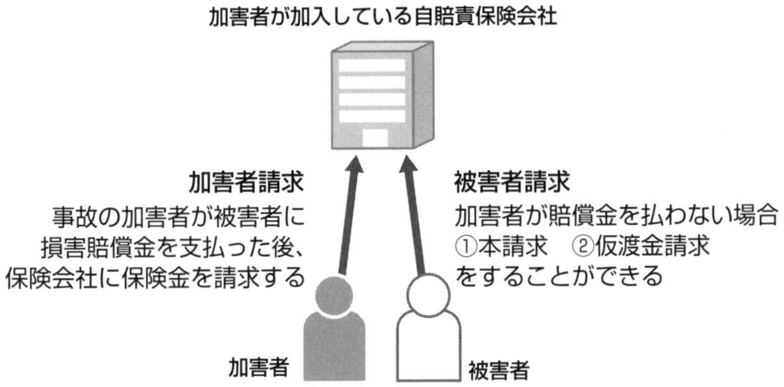

被害者請求といいます。

被害者請求には、本請求、と仮渡金請求と本請求の２つの請求方法があります。本請求は、実際に被った損害額をもとにして請求するものです。しかし、実際に被った損害額の確定には時間がかかります。本請求は、示談や和解の成立や、裁判が確定して損害賠償金額が確定したという段階で行うことができるものであり、交通事故の後すぐに本請求をすれば直ちに賠償金の支払いがなされるというわけではありません。

そこで、被害者保護の観点から設けられたのが、自賠責保険における仮渡金制度です。仮渡金請求は、示談成立前の損害賠償額が確定していない段階で、将来損害賠償として支払われるであろう金額を、被害者が自賠責保険会社に請求できるものです。仮渡金は一定の金額が定められているので損害額の算定をする必要がなく、仮渡金請求をすれば被害者は短期間で金銭を受け取ることができます。

健康保険の活用

必要書類をそろえて全国健康保険協会の支部や健康保険組合に提出する

■ 健康保険を使った方がよい場合もある

交通事故で負傷を負い、病院などで治療を受ける場合、自賠責保険、健康保険、労災保険（業務中または通勤途上の事故に限られる）の３つの保険を使うことが可能です。

加害者が任意保険に加入している場合、医療機関は自賠責保険負担分も含めて、任意保険の保険会社に保険金の支払いを請求するのが一般的です。しかし、加害者が任意保険に加入しておらず、被害者として十分な損害賠償を受けることが期待できない場合、健康保険や労災保険を利用するのが有利です。

交通事故による負傷の場合、健康保険（または国民健康保険）が使えないと思っている人が多いようですが、健康保険は使えますので覚えておきましょう。健康保険を使った方が、結果的に自己負担が少なくてすむ場合もあります。

また、交通事故の後遺症はすぐには症状が表れず、むち打ち症などについては、何年も経ってから自覚症状が出るということもあります。そのため、外見上は何ら変わったところがなくても、交通事故に遭った場合は、必ず医師の診断を受けるようにしましょう。その上で、医師の判断を仰ぎ、健康保険を使うかどうか決めるという方法もあります。

被害者である自分にも過失があり、過失相殺されることが予想されるのであれば、相殺される部分の治療費が最終的には自己負担になるため、健康保険を使うことにより被害者の負担が軽くなります。

自賠責保険では、交通事故による負傷について最高120万円

自己負担できるかどうか

かすり傷程度の軽傷で入院の必要もなく、1回の診察で終わるような場合であれば、健康保険を使わずに自費で支払い、後日、立て替えた診療費を加害者に対して請求するという方法もある。
しかし、入院した場合などは、かなりの治療費がかかるので、自己負担で立て替えておくのは経済的に相当な負担になる。

過失相殺

166ページ参照。

（後遺障害がない場合）まで賠償してもらえますので、一般的には限度額いっぱいまでを治療費にあて、120万円を超える部分の金額について健康保険を使っているようです。

■ 高額療養費制度がある

健康保険（国民健康保険を含む）には、同一の月に支払った医療費が一定額を超えた場合に、申請によってその超えた部分の金額が支給されるという制度があります。これを高額療養費制度といいます。年齢や所得によって基準は異なりますが、70歳未満の人で所得区分が上位所得者にも低所得者にも該当しない人（年収約370～約770万円）の場合には、次の算式で算出された金額を超える部分が戻ってきます。

80,100円＋（医療費－267,000円）×0.01＝自己負担限度額

なお、75歳以上の人は、後期高齢者医療制度という健康保険制度とは別の制度の対象となるため、その内容を確認しておく必要があります。

たとえば、入院治療をして100万円かかったとします。この場合、健康保険の自己負担割合は３割ですから、医療機関の窓口で支払うのは30万円です。この30万円を基準として一定額が高額療養費として戻ってくるわけです。このケースの自己負担限度額は、

80,100円＋（1,000,000円－267,000円）×0.01＝87,430円

となります。よって、窓口で支払った30万円との差額である

300,000円－87,430円＝212,570円

が高額療養費として戻ります。ただし、上位所得者や低所得者については別の計算式になります。

また、世帯で合算して計算することができる場合もあります。さらに、医療機関や請求期間などについて決まりがありますので、詳しく知りたい場合は、全国健康保険協会（協会けんぽ）の都道府県支部や各健康保険組合に確認してみてください。

健康保険を利用する場合の手続き

交通事故による負傷について健康保険を使う場合、①第三者の行為による傷病届、②事故発生状況報告書、③念書、④負傷原因報告書の４つの書類に、⑤交通事故証明書、⑥示談書（示談が成立している場合）⑦同意書を添えて、全国健康保険協会の都道府県支部または各健康保険組合に提出する。これで通常の病気やケガの場合と同じように、医療機関で入院や診療を受けることができる。

労災保険の活用

保険金の支払は負傷または死亡した当時の賃金が基準になる

■ 労災保険を利用する場合とは

労災保険（労働者災害補償保険）とは、労働者が業務上の事由または通勤によって、負傷し、疾病（病気）にかかり、障害を負い、または死亡した場合（労災）に、当該労働者やその遺族に対して必要な給付を行うことを目的とする保険です。

業務上の事由とは、原則として仕事中を指します。通勤とは、労働者が仕事に向かい、または帰宅するために、住居と就業場所（一般的には会社や工場）との間を、合理的な経路を利用し、かつ、合理的な方法で往復することを指します。移動の経路を逸脱し、または移動を中断した場合は、その間およびその後に災害が発生したとしても労災の対象にはなりません。

交通事故で労災を請求する場合、「第三者行為災害届」を労働基準監督署に提出して給付を請求します。

健康保険などと違って、労災保険の保険料は全額事業主が負担しています。

労災保険で支給される保険金（保険給付）は、労働者の負傷・疾病・障害・死亡の当時の賃金が基準となります。たとえば、業務中の事故で負傷して、１か月間入院した場合であれば、１か月分の平均賃金相当額の８割（正確にいうと８割のうち２割の部分は休業特別支給金として支給されます）の保険金が支給されます（休業補償給付）。

また、労働者が労災によって、負傷して後遺症が残った場合は当該労働者に対し、死亡した場合は当該労働者の遺族に対し、年金や一時金が支給されます（障害補償給付・遺族補償給付）。

労災保険の特徴

労災保険はすべての労働者の保護を目的としているため、会社ができたばかりで届出（保険関係成立届）を提出していないときに起きた事故や、事業主が労働保険保険料を滞納している期間（年率14.6％の延滞金が課せられる）に起きた事故でも利用できる。ただ、このような期間に起きた事故については、後日、事業主に対して割増の保険料（労働者が負傷して給付を行った額の40％を限度とする）が請求される（労働者の負担は一切ない）。

労災保険と自賠責保険の補償の調整

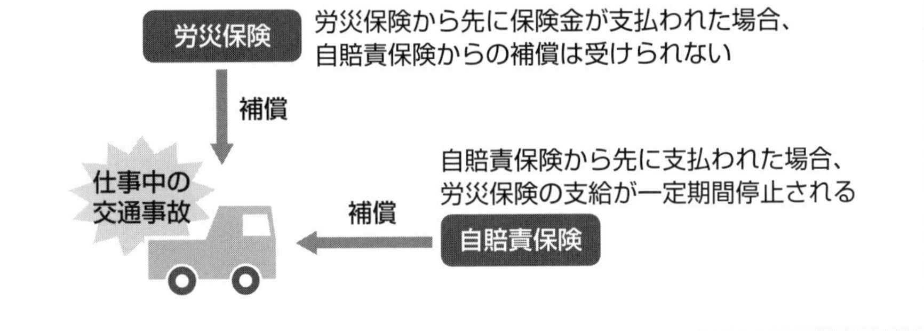

なお、労災保険と自賠責保険の両方が使える場合、同時に利用することはできません。労災保険の保険金が先に支払われた場合（労災先行）は、自賠責保険からの賠償金は受けられないことになっています。逆に、自賠責保険の支給が先であった場合は、労災保険の支給が一定期間（最大で労災発生後３年間）停止されます。損害の補てん（埋め合わせ）を二重に受けることは公平といえないからです。

■ 労災保険が支給される場合

傷害で済んだ場合ですが、労災保険の指定する医師の診察を受ければ治療費は無料（療養補償給付たる療養の給付請求）で、その他の医師の場合は治療費が支給されます（療養補償給付たる療養の費用請求）。仕事を休むことによって収入が減った分については、前述した休業補償給付が支払われます。治療が長引いた場合は、その程度に応じて休業補償給付に代えて傷病補償年金が支払われます。また、後遺症についても、その程度に従って年金または一時金が支給（障害補償給付）されます。不幸なことに、労働者が死亡に至った場合は、遺族に対して年金（遺族補償年金）が支給されます。葬祭料も給付されます。

加害者との関係

労災保険の保険給付があっても加害者の負担が軽減されるわけではない。労災保険の保険給付の分は、後に国から加害者に請求（求償）される。

自賠責保険の被害者請求の方法

本請求と仮渡金請求の方法がある

■ 相手の保険会社を確認する

自賠責保険（強制保険）は、原則として加害者本人が請求しますが、場合によっては被害者から請求が行われる場合もあります。

被害者請求をする際には、まず、加害者の加入している保険会社を調べる必要があります。

加害者が加入している保険会社がわからない場合は、事故証明書（交通事故証明書）で確認します。事故証明書は自動車安全運転センターで発行してもらう証明書で、事故があった事実や状況を公的に証明してくれるものです。事故証明書には、加害者が加入している自賠責保険の損害保険会社名も記載しています。

車検証や保険証券の確認

車検証と自賠責保険の保険証券とをいっしょに車両内に置いている人も多いため、交通事故の現場で加害者の車検証と保険証券を確認することができるケースもある。

交通事故証明書の交付申請書

自動車安全運転センターの窓口や警察署、損害保険会社などに置いてある。必要事項を記載して、自動車安全運転センターの窓口で交付申請をするか、郵送やWebサイトで自動車安全運転センターに交付申請をする。申請の際、交通事故証明書1通につき交付手数料800円が必要（郵送またはWebサイトでの申請の場合は別途、払込手数料が必要）である。

■ 被害者が生命保険などに加入している場合

交通事故の被害者は、加害者に対して損害賠償を請求できますが、自分が加入している保険や共済などから保険金が支給されるものがあれば、そちらの支給手続きもしておくとよいでしょう。生命保険では特約で交通事故でも支給されるものがあります。また、現在では、死亡事故の場合に保険金が上乗せで支給される生命保険が一般的です。

■ 仮渡金を請求する場合

被害者が交通事故で負傷し、長期間に及んで入院しなければならない場合もあり得ます。入院期間中は、通常は仕事を行うことができないでしょうから、収入を得ることはできず、仮に保障されるとしても、生活に十分な金額を受け取ることができ

自賠責保険金の請求のしくみ

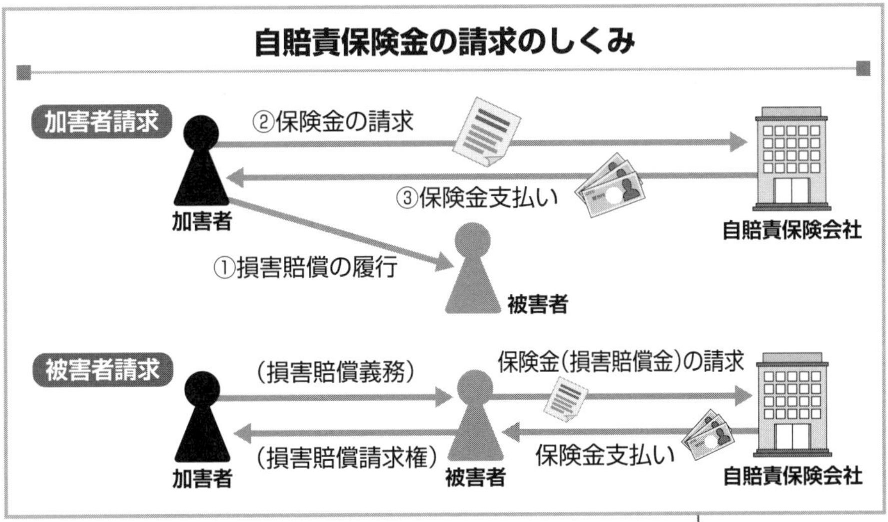

るとはいえません。

そこで、被害者側としては、入院期間中の生活費等について、加害者側に支払いを求めようと考えるのが当然ともいえます。

しかし、加害者が被害者側に対して、交通事故によって発生した損害の賠償を行う場合は、損害額が確定している必要があります。損害額が確定していない状態では、加害者から賠償金の支払いを受けることは期待できず、それまでの間の生活費等については、原則として被害者が賄う術を確保しなければなりません。

そこで、被害者が利用できる制度として、自賠責保険の仮渡金の制度があります。仮渡金の制度を利用すれば、被害者が交通事故で死亡または負傷したという事実さえ確かであれば、具体的な損害額が確定していなくても、一定程度の金額の支給を受けることができます。被害者側の生活費等を賄う手段として、仮渡金の制度が利用されています。

? 交通事故で死亡した夫の財産整理をしていたところ、多額の借金をしていたことが判明しました。私は３人の子供と相談して、相続放棄をすることにしました。しかし、その後に保険会社から連絡があり、受取人を「相続人」とする自損事故死亡保険金と搭乗者死亡保険金の合計3000万円が出るとのことです。相続放棄をしていても保険金は受け取れるのでしょうか。どのように分配するのでしょうか。

死亡保険金とみなし相続財産

死亡保険金（生命保険金）は相続財産ではないが、税制上「みなし相続財産」とされ、相続する際は相続税が課される。ただし、「500万円×法定相続人の数」が非課税の対象となっている。死亡保険金の額が非課税額以下の場合には相続税は課税されない。

死亡事故の場合、死亡保険金は原則として保険金の受取人として指定された者に対して支払われます。この場合、死亡保険金の受取人が死亡した者の相続人で、その者が相続放棄をした場合であっても保険金を受け取ることができます。死亡保険金はそもそも相続財産には含まれず、相続放棄の影響は受けないのです。

?

暴走車の追突により負傷し、ようやく退院したのですが、むち打ち症が出てきたので、後遺障害の認定を請求しました。しかし、自賠責保険と労災保険とで認定された等級が違います。むち打ち症はなかなか治りそうもないので、なるべく高い等級の認定を希望しています。裁判所に訴えて認定してもらうことはできますか。

労災保険は労働基準監督署長が障害等級の認定を行います。これに対して自賠責保険は、損害保険料率算出機構の調査事務所が認定を行います。このように障害等級の認定機関が異なっており、お互いが連絡して調整しているわけでもありません。したがって、障害等級の認定についても、認定結果がまちまちになる可能性はあります。

本ケースのように労災保険の認定を争う場合は、訴訟提起前に各都道府県労働局の労災保険審査官に対して審査請求を行います。この審査請求であなたの主張が認められなかった場合に、訴訟を提起して争うことが可能です（審査請求の後、労働保険審査会への再審査請求を訴訟提起前に行うこともできます）。

次に、自賠責保険の認定を争う場合は、（一財）自賠責保険・

共済紛争処理機構に調停を申請します（費用は無料です）。ここで主張が認められない場合に訴訟を提起します。その場合、保険会社を相手に等級を争うのではなく、加害者を相手に自身の主張する等級に基づいて算定した損害賠償を請求した方が早道です。

Q 飲酒運転の被害にあって負傷し、通院治療しています。加害者も反省してくれていますが、示談交渉はこれからです。このところ出費がかさんでいるので、治療費の捻出に困っています。病院に相談したところ、「加害者の自賠責保険に対して病院から直接請求する」と言ってくれました。最初考えていた自分でする請求よりも簡単でよいのですが、可能なのでしょうか。

治療に時間がかかり、示談が成立していないとなると、被害者は長期にわたって収入を得られず、治療費の支払いに苦労する事態に陥る可能性があります。そのような事態に備えて、自賠責保険の保険金を被害者から直接請求できる制度が設けられています。この制度を使って保険金を請求する場合、治療を担当する病院から診療報酬明細書を発行してもらい、それを添えて保険会社に請求することになります。ただ、入院中で被害者本人が手続きを行える状態ではない場合は、被害者の治療を継続するため、病院が被害者に代わって、直接自賠責保険から治療費の支払いを受けることができます。この場合、まず被害者から病院に保険金請求のための委任状を渡して、その後、病院から保険会社に保険金を請求するという手続きが必要になります。

なお、自賠責保険の傷害に対する保険金は120万円が限度です。つまり、病院から請求される治療費が120万円に至ると、それを超える部分は自賠責保険から保険金が支払われません。120万円を超える分については、加害者が別途任意保険に加入していれば、任意保険から賠償してもらうことになります。その点を十分に確認した上で、病院に委任するようにしてください。

自賠責保険による補償が受けられない場合

政府保障事業によって損害のてん補が受けられる場合もある

■ どのような場合に自賠責保険による補償がされないのか

自賠責保険は、自動車損害賠償保障法（自賠法）に基づく自動車保険制度であり、交通事故の被害者の救済という観点から、法律によって加入が強制されている保険です。しかし、自賠責保険が強制加入であるからといって、一度加入すれば永久に有効となるものではなく、一定期間の経過によって期限切れとなり、更新の手続きが必要となります。自賠責保険が期限切れとなった場合は、更新の手続きを行わない限り、自賠責保険に未加入の状態となります。また、交通事故を起こした車両が盗難車である場合、自賠責保険が期限切れとなっており未加入の状態であることがあります。このように自賠責保険に未加入の車両が交通事故を起こせば、当然ながら、自賠責保険は適用されず、自賠責保険による保険金は支払われないことになります。

次に、ひき逃げ事故のように、加害車両の保有者が不明である場合は、そもそも加害者が確認できないので自賠責保険の請求をすることができないことから、自賠責保険の対象とはなりません。

また、自賠責保険による補償の対象となるのは、自賠法３条による運行供用者責任が成立して損害賠償責任を負う場合であることから、運行供用者責任が成立しない場合には、自賠責保険の対象とはなりません。

さらに、自賠法では、いわゆる「悪意事故」と「重複契約」の場合には自賠責保険は適用されないとされています。

自賠責保険の更新

自賠責保険は、車を購入する時に新規加入し、車検のタイミングの都度、更新するというのが一般的である。車検を依頼した事業者が自賠責保険の更新手続きを行ってくれるのが通常である。

自賠責保険が支払われないケース

- 加害車両について自賠責保険に加入していない場合
- ひき逃げ事故など、加害車両の保有者が不明の場合
- 自賠法３条の運行供用者責任が成立しない場合
- 交通事故による損害が保険契約者または被保険者の悪意によって生じた場合（悪意事故）
- １台の車両について複数の自賠責保険契約・自賠責共済契約が結ばれている場合（重複契約）

※最初に締結した１契約分の自賠責保険金は支払われる。

■ 悪意事故と重複契約

まず、悪意事故とは、交通事故による損害が保険契約者または被保険者の悪意によって生じた場合のことをいいます。積極的に人を車でひこうと考えて人身事故を起こした場合のように、他人の生命や侵害を害する意思や目的が明らかである場合が、ここでいう「悪意」に該当します。

このような悪意事故の場合、保険契約者または被保険者である加害者は、交通事故の損害を被害者に賠償した後に自賠責保険に対して保険金を請求しても、自賠責保険金が支払われることはありません。悪意のある加害者を保護する必要はないからです。しかし、悪意事故における被害者請求を認めないと自賠法の目的である交通事故の被害者の保護が達成されないことから、被害者請求は認められています。

次に、重複契約とは、１台の車両について複数の自賠責保険契約（または自賠責共済契約）が結ばれている場合のことをいいます。このように２つ以上の自賠責保険を重複して契約した場合、重複して補償を受けることはできず、重複分の契約の自

自動車損害賠償保障事業（政府保障事業）による救済

被害者が健康保険や労働者災害補償保険その他の社会保険で救済を受けることができる場合や、被害者が加害者から損害賠償を受けた場合、その分は政府保障事業による救済は行われない。政府保障事業に関する請求できる期間は、原則として被害者の死亡日または事故発生日から３年以内である。

賠責保険金は支払われないことになります。なお、最初に締結した契約の１契約分については自賠責保険金が支払われます。

■ 政府保障事業による損害のてん補とは

政府保障事業（自動車損害賠償保障事業）とは、自賠責保険の対象外である、無保険車による事故やひき逃げ事故の被害者を救済する制度です。法定限度額の範囲内で、健康保険や労災保険等の他の社会保険の給付や本来の損害賠償によっても、被害者の損害のてん補が十分ではない場合に、最終的な救済措置として、政府（国土交通省）がその損害をてん補します。

政府保障事業の損害のてん補を請求することができるのは、交通事故の被害者のみであり、加害者が請求することはできません。健康保険、労災保険などの社会保険による給付額（給付を受けるべき額を含む）がある場合には、その金額は被害者に支払うてん補額から差し引かれます。

また、自賠責保険と異なり、仮渡金の制度はありません。そのため、ケガの治療終了後等に、損害のてん補を一括で請求することになります。

なお、政府は、被害者に損害のてん補額を支払った場合には、その支払金額を限度として、被害者が加害運転者等に対して有する損害賠償請求権を被害者から代位取得し、政府が被害者に代わって、本来の損害賠償責任を負う加害者に対して求償します。

政府保障事業の適用を受けるための要件

①自動車の運行によって生命又は身体を害されたこと
②自動車の保有者が不明のために、運行供用者責任に基づく損害賠償請求ができないこと、又は責任保険（共済）の被保険者（被共済者）以外の者が運行供用者責任を負担する場合であること
③被害者が請求したこと

■ 政府保障事業に対する損害のてん補請求の手続き

政府保障事業への損害のてん補請求は、自賠責保険を扱っている損害保険会社の全国の各支店等の窓口で受け付けています。

政府保障事業のうち、受付、支払、調査の業務は損害保険会社が委託を受けており、さらに、損害保険会社は調査業務を損害保険料率算出機構に再委託しています。審査・決定は国土交通省が行います。

政府保障事業による損害のてん補の流れ

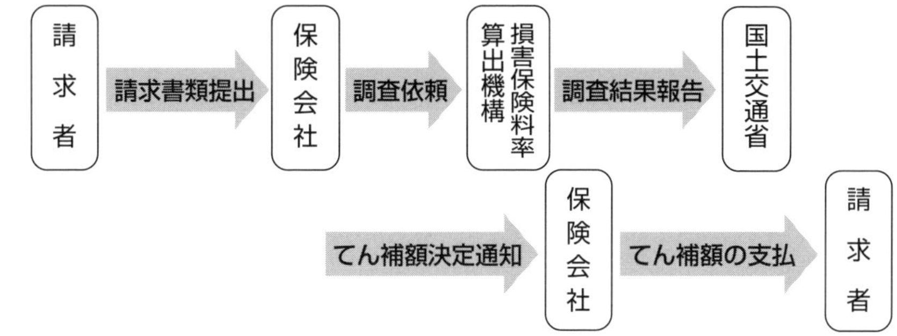

てん補請求の際の必要書類には、主に次のようなものがあります。

① 事故発生時の行動目的
② 損害のてん補請求書
③ 人身傷害補償保険（共済）への請求に関する確認書
④ 交通事故証明書
⑤ 事故発生状況報告書
⑥ 診断書
⑦ 後遺障害診断書・死体検案書または死亡診断書
⑧ 診療報酬明細書
⑨ 通院交通費明細書
⑩ てん補額支払指図書（振込依頼書）

なお、必要書類については、傷害・後遺障害・死亡といった請求区分によって異なりますので、請求先の損害保険会社に確認しましょう。

■ 政府保障事業による損害のてん補の対象とならない場合とは

次のような場合には、政府保障事業の損害てん補の対象とはなりません。

① 被害者と加害者の間で人身事故に関する示談が成立し、当該示談の条項どおりにその内容が履行され、損害賠償金が被害者に支払われている場合

② 自損事故で自身が受傷した場合（交通事故証明書が「車両単独・転倒」事故となっている場合など他車の存在又は他車との因果関係が認められない場合）

③ 被害者の一方的な過失による事故の場合（被害者の100％過失による事故の場合）

④ 健康保険や労災保険等の他法令給付額及び損害賠償責任者支払額の合計額が、法定限度額（自賠責保険（共済）と同じ。具体的には、傷害は120万円、死亡は3,000万円、後遺障害は障害の程度に応じて75万円～4,000万円）を超えている場合

⑤ 被害者の重大な過失による減額、他法令給付額及び損害賠償責任者支払額の合計額が、総損害額を超えている場合

⑥ 後遺障害が残った場合でも、自動車損害賠償保障法に定める等級に達しない又は該当しない場合

⑦ 時効により、政府保障事業に対する被害者の請求権がすでに消滅している場合

⑧ 被害車両の同乗者で被害車両にも過失がある場合等自賠責保険（共済）に請求できる場合

⑨ 複数の自動車事故で、そのうちのいずれかの自動車の自賠責保険（共済）に請求できる場合

⑩ 加害車両が自賠責保険（共済）の対象外車種である農耕作業用小型特殊自動車（小型耕運機等）や軽車両（自転車等）の場合

⑪ 自動車保険（人身傷害補償保険）からすでに損害に対する支払いを受けている場合

⑫ 物の損害（車両の損害等）の場合

? 先日、私の娘が下校途中に車と衝突してケガをする被害に遭いました。娘のケガの治療費等について、加害者に対して損害賠償を請求したいのですが、加害者は娘に車をぶつけた後すぐにその場から逃走したため、加害者の名前もどこにいるのかもわからない状態です。そのため、加害者に対して損害賠償請求をすることができないのですが、娘のケガの治療費等について補償を受けるためにはどうすればよいのでしょうか。

交通事故の加害者が逃走し、加害者が誰かわからない場合には、加害者に損害賠償請求をすることも、自賠責保険から保険金の給付を受けることもできません。

しかし、これでは被害者は金銭的にも精神的にも大変な負担を負うことになります。このような場合に備えて、自賠法には被害者が救済を受けることができるような規定が設けられています。具体的には、加害者がわからず損害賠償を受けられない被害者のため、その損害をてん補するという目的で、国が被害者救済のための事業を運営しているのです。これを政府保障事業といいます。政府保障事業に対する損害のてん補請求は、損害保険会社を通じて行います。

ただし、政府保障事業は、被害者に対する最終的な救済措置であるとの考えの下で行われていることから、健康保険や労災保険その他の社会保険によって給付を受けられる場合は、その分が減額されます。また、被害者に過失があるときは、てん補額が減額されることがあります。さらに、自賠責保険と異なり仮渡金制度がありませんので、ケガの治療終了後に一括で損害のてん補を請求することになります。

なお、政府保障事業に対する請求権は3年間の経過で時効消滅します。そのため、原則として事故発生日（または被害者の死亡日）から3年以内に請求することが必要です。

政府保障事業からの損害てん補の対象とならない場合

自損事故で自身が受傷した場合、被害者の一方的な過失による事故の場合、当事者双方の間で示談が成立して示談内容通りの損害賠償が支払われている場合などについては、政府保障事業からの損害てん補の対象とはならないので、十分に確認した上で請求するべきである。

自賠責保険の請求に必要な書類

事故証明や診断書などは時間がかかるので早めにもらう

■ どんな書類が必要なのか

自賠責保険の保険金を自賠責保険会社に請求するときに提出しなければならない書類と、それぞれの書類の記入上のポイントを見ていきましょう（主な提出書類は「巻末資料３」を参照)。

①　保険金・損害賠償額・仮渡金支払請求書

自動車損害賠償責任保険支払請求書
153ページ参照。

支払請求書の題字の部分は、該当項目（加害者が保険金を請求するのか、被害者が損害賠償額または仮渡金を請求するのか）を○で囲みます。支払請求書で使用する印鑑はすべて実印です。あわせて本人確認のため、印鑑登録証明書の添付が必要です。

請求額の欄は、請求書を出す時点で請求金額がわからないときは、空欄のままでかまいません。

請求者の欄は、加害者請求の場合は加害者、被害者請求の場合は被害者の氏名・住所を記入します。

また、車両の保有者と保険契約者が同じ場合は、保険契約者の欄に氏名・住所を記入します。一方、借りた車両による事故の場合（車両の保有者と保険契約者が違う場合）は、保険契約者と別に、保有者（使用者）の欄に借りた人（事故を起こした本人）の氏名・住所を記入します。

支払指図欄には、保険会社から受け取る保険金、損害賠償額、仮渡金を振り込んでもらう口座を記入します。

②　交通事故証明書

交通事故証明書
154ページ参照。

交通事故証明書は、自動車安全運転センターの窓口で交付申請をするか、郵送またはWebサイトで自動車安全運転センターに交付申請をします。交付申請用紙は、自動車安全運転セン

自賠責保険の請求に際して必要となる主な書類

① 保険金・損害賠償額・仮渡金支払請求書	印鑑登録証明書の添付必要
② 交通事故証明書	自動車安全運転センターに交付申請
③ 事故発生状況報告書	当事者で作成
④ 診療報酬明細書	治療を受けた病院に請求
⑤ 診断書または死体検案書	治療または死亡診断を行った医師に請求
⑥ 休業損害証明書	会社員の場合は勤務先の会社に証明請求 自営業者の場合は市役所等へ所得証明交付請求

ターの窓口や損害保険会社、警察署、交番、農業協同組合などでもらえます。必要事項を記入の上、交通事故証明１通につき発行手数料800円（郵送またはWebサイトでの申請の場合は別途、払込手数料）を支払います。

交付申請書にある事故の種類の欄は、人身事故か物損事故かを○で囲みます。発生日時と発生場所の欄は、この内容で事故を特定しますので、正確に記入する必要があります。

郵送の場合、申請後２週間程度で交通事故証明書が送られてきます。

③　事故発生状況報告書

事故発生状況報告書は、事故における当事者の過失の程度や修正要素を判断するために提出する書類です。交通事故証明書と矛盾が生じないように慎重に記入することが必要です。

自賠責保険会社はこの報告書によって事故に至った経緯を整理し、過失割合を決めます。事故発生状況略図の欄は指定された記号を使って、事故現場の状況を詳しく図示します。

事故発生状況報告書
155ページ参照。

④　診療報酬明細書

事故で負ったケガを治療した病院から受け取ります。被った損害額を算定する根拠となる資料です。治療内容の記入と、病院側の押印があることを確認しましょう。

⑤　医師の診断書または死体検案書（死亡診断書）

病院に申請してケガを治療した医師に記入してもらいます。保険会社指定の診断書用紙がありますので、指定用紙を病院に持参し、該当箇所に記入してくれるよう依頼します。

病院で診断書を受け取ったら、必要項目がすべて記入してあることを確認します。特に入通院日数、治療期間、ケガの症状、障害の有無、付添看護の期間は、保険金の算定に影響しますので要注意です。後遺症が残った場合は、診断書の他に後遺障害診断書を提出します。

被害者が死亡した場合は、死体検案書（死亡診断書）が必要です。診断書と同じように治療（即死の場合は死亡確認）にあたった医師に記入してもらいます。

⑥　休業損害証明書

ケガの治療やその後のリハビリのため、勤務している会社から給与などが支給されない場合、または減額されて支給された場合は、その金額の詳細を勤務先から証明してもらう必要があります。

自営業者などの場合は、前年の確定申告書の控えまたは市区町村役場で所得証明を代替して提出します。

⑦　その他

その他に必要な書類として、通院交通費明細書（用紙は保険会社から入手可能）、付添看護自認書（交通事故でケガをした場合に、近親者などが付き添ったときに必要）、戸籍謄本（被害者が死亡した場合、死亡を証明するために必要）などがあります。

診療報酬明細書を請求できる者

診療報酬明細書は、本人、親権者等の法定代理人、弁護士等の委任を受けた第三者が請求することができる。

書式　保険金・損害賠償額・仮渡金支払請求書

自動車損害賠償責任保険

1. 保険金(加害者請求)
②. 損害賠償額(被害者請求)
3. 仮渡金

（該当番号を○で囲んでください）

支払請求書兼支払指図書

保険会社受付印	

令和○○年 ○ 月 ○ 日

貴社に対し、下記事故に係る（保険金、損害賠償額）を関係書類を添付のうえ請求します。

ついては（保険金、損害賠償額）は下記支払指図のとおりお支払いください。

なお銀行口座振込をもって受領したものとします。

請求者	住所	〒000-0000 東京都○○区○○町○丁目○番○号
	フリガナ	○○ ○○ ○○ ○○
	氏名	○ ○ ○ ○　㊞ 印鑑証明の印
	連絡先（勤め先等）	○○株式会社　（電話）03－0000－0000
	被害者との関係	(本人)・親族（続柄　）・受任者・加害者側・その他（　）

自賠責保険証明書番号		00 － 000000		
保険契約者	フリガナ	○○ ○○ ○○ ○○		
	氏名	○ ○ ○ ○		
	連絡先	電話 03（ 0000 ） 0000		
加害運転者	フリガナ	○○ ○○ ○○ ○○		
	氏名	○ ○ ○ ○		
	連絡先	電話 03（0000）0000	保有者との関係	(本人)・従業員・親族（続柄）（その他）
	職業	会社員	年令 00才	性別 (男)・女
請求額		○○○○○○ 円		

事故年月日		令和○○年 ○ 月 ○ 日		
保有者（所有者・使用者）	住所	〒000-0000 東京都○○区○○町○丁目○番○号		
	フリガナ	○○ ○○ ○○ ○○		
	氏名	○ ○ ○ ○		
	連絡先	電話 03（ 0000 ） 0000		
	契約者との関係	(本人)・譲受人・借受人・その他（　）		
被害者	フリガナ	○○ ○○ ○○ ○○		
	氏名	○ ○ ○ ○		
	連絡先	電話 03（ 0000 ） 0000		
	職業	会社役員	年令 00才	性別 (男)・女

支払指図欄	受取人(請求者に同じ場合は記載不要)	指定金融機関・預金口座	摘要	○○記入欄
	〒□□□-□□□□ 住所 （　） 氏名　Tel	○○ 銀行・信用金庫・信用組合 ○○ 本支店 普通・当座　口座No. 0000000 口座名義（カタカナで記入）○○○○○○○○	全額・治療費・その他	令和　年　月　日 ¥ ㊞
	〒□□□-□□□□ 住所 （　） 氏名　Tel	銀行・信用金庫・信用組合　本支店 普通・当座　口座No. 口座名義（カタカナで記入）	全額・治療費・その他	令和　年　月　日 ¥ ㊞
	〒□□□-□□□□ 住所 （　） 氏名　Tel	銀行・信用金庫・信用組合　本支店 普通・当座　口座No. 口座名義（カタカナで記入）	全額・治療費・その他	令和　年　月　日 ¥ ㊞

書式　交通事故証明書

0 0 0 - 0 0 0 0

交通事故証明書

申請者
住所　東京都○○区○○町○丁目○番○号

氏名　○○　○○　殿

事故照会番号	○○署　第○○○○号	甲・乙　との続柄	本人
発生日時	令和○○年○月○日　午後○○時○○分頃		
発生場所	東京都○○区○○町○丁目○番地付近交差点		

					備考
甲	住所	東京都○○区○○町○丁目○番○号 (TEL 03-0000-0000)			甲・乙以外の当事者の有無 有 (無)（○で囲む）
	フリガナ 氏名	○○《○○○○》　○○《○○○○》	生年月日	明・大・(昭)○○年○月○日 (○○歳)	
	車種	(自)・事　普通乗用自動車	車両番号	○○○○○○○○	
	自賠責保険関係	(有)・無　契約先　○○保険株式会社	証明書番号	○○○○○○	
	事故時の状態	(運転)・同乗(運転者氏名　　　)・歩行・その他			
乙	住所	東京都○○区○○町○丁目○番○号 (TEL 03-0000-0000)			
	フリガナ 氏名	○○《○○○○》　○○《○○○○》	生年月日	明・大・(昭)○○年○月○日 (○○歳)	
	車種	(自)・事　普通乗用自動車	車両番号	○○○○○○○○	
	自賠責保険関係	(有)・無　契約先　○○保険株式会社	証明書番号	○○○○○○	
	事故時の状態	(運転)・同乗(運転者氏名　　　)・歩行・その他			

事故類型	人対車両	車両相互						車両単独				踏切	不明（調査中）
		正面衝突	側面衝突	出会い頭衝突	接触	(追突)	その他	転倒	路外逸脱	衝突	その他		

上記の事項を確認したことを証明します。

なお、この証明は損害の種別とその程度、事故の原因、過失の有無とその程度を明らかにするものではありません。

令和　○○　年　○　月　○　日

自動車安全運転センター　○○事務所長　印

照合記録簿の種別	(人)・物	証明番号		証明書の構成	枚

書式　事故発生状況報告書

事故発生状況報告書

別紙交通事故証明書に補足して下記のとおり報告いたします。

甲(甲車の運転者)	氏名	○○　○○	乙(被害者)	氏名	○○　○○	(運転)・同乗{甲車／甲車以外の車} 歩行・その他

速度	甲車　60　km/h(制限速度　60　km/h)，甲車以外の車　0　km/h(制限速度　60　km/h)

道路状況	見通し　(良い)　悪い	道路幅	甲車側（　12　m)，甲車以外の車側（　12　m)

信号又は標識	信号　(有り)　無し　　一時停止標識　(有り)　無し　　その他標識

事故発生状況を図示して下さい。

事故発生状況略図（道路幅をmで記入して下さい）

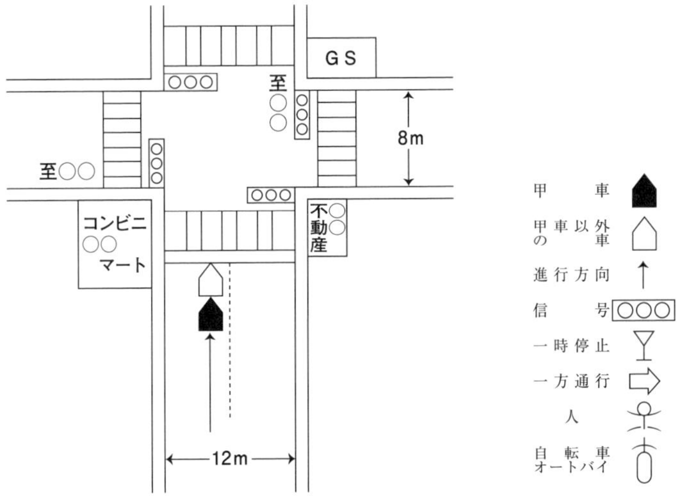

上記図の説明を書いて下さい。

甲は、令和○○年○月○日午後○時○分ごろ、普通乗用自動車（車両番号○○○○○○○○）を運転して、東京都○○区○○町○丁目○番地先の交差点に差し掛かった際、前方不注視により、同交差点を赤信号で停止していた乙が運転する普通乗用自動車（車両番号○○○○○○○○○）に追突し、後部バンパーおよびテールランプの一部を破損させた。

令和○○年　○　月　○　日

甲との関係（　　　　　　）

報告者　乙との関係（　**本人**　）　氏　名　○　○　○　○　㊞

任意保険のしくみ

さまざまな種類の保険が用意されている

■ 任意保険とは

これまで説明してきたように、人身事故の場合には、自賠責保険（強制保険）による補償が受けられます。しかし、損害額が高額であり、自賠責保険による保険金の限度額を超えてしまうようなケースもあります。また、自賠責保険は、自動車の運行によって他人の生命や身体に損害を与えた場合に保険金が支払われるものですので、物損事故の場合や、自分自身の死亡・ケガについては、自賠責保険による補償は受けられません。

このように、自賠責保険のみではカバーできない部分を補うために任意で加入するのが任意保険です。つまり、任意保険は、自賠責保険による保険金の支払限度額を超えてしまった場合にその不足額を補う役割を果たすものです。任意保険が自賠責保険の「上乗せ保険」といわれるのはこのためです。また、自賠責保険と異なり、人身事故に限らず物損事故の場合にも補償を受けることができ、自分自身の死亡・ケガについても、任意保険による補償を受けることができます。

任意保険への加入は義務ではありませんが、あらゆる自動車事故への備えとして多くのドライバーが任意保険に加入しています。

任意保険における示談交渉代行サービス

任意保険では、交通事故の加害者に代わって保険会社が被害者との示談交渉にあたってくれる示談交渉代行つきの自動車保険が多く利用されている。第三者である保険会社が交渉にあたることによって、加害者の負担が軽減される。

■ 任意保険の種類

任意保険は、損害保険会社によって内容や保険料が異なります。代表的な任意保険として、①対人賠償保険、②対物賠償保険、③搭乗者傷害保険、④人身傷害補償保険、⑤自損事故保険、

自賠責保険と任意保険の違い

	任意保険	自賠責保険
加入の仕方	加入は自由（任意）	自賠法によって加入が義務付けられている（強制加入）
補償の範囲	対人、対物、搭乗者、車両損害、無保険車傷害、自損などの補償	対人賠償についてだけ一定額まで補償（死亡の場合3000万円）
補償の意味	自賠責保険でカバーできない部分を補てんする保険	被害者の基本的補償の確保
そ の 他	①被保険者の範囲を限定して、保険料を安くできる（年齢制限や家族限定など） ②自賠責保険に比べて免責事項が多い	①任意保険に比べて免責事項が少ない ②被害者の過失相殺が制限される ③保険金の算定方法が定型化されている

⑥無保険車傷害保険、⑦車両保険、があります。以下、それぞれの保険の内容について説明します。

■ 対人賠償保険は相手方の「人」に対して補償する保険

対人賠償保険は、人身事故を起こして被害者に対して人身損害に対する損害賠償責任を負う場合に、その損害賠償金の支払いを補償するものです。人身事故の場合、自賠責保険によって保険金が支払われますが、事故の相手方が死亡した場合は3,000万円、後遺障害を負った場合は障害の程度により75万円から4,000万円、ケガをした場合は120万円が自賠責保険の補償限度額です。対人賠償保険は、この自賠責保険の補償限度額を超える部分に保険金が支払われるものであり、任意保険におけるメインとなる保険といえます。

たとえば、交通事故の被害者１人が死亡し、損害賠償額が

5,000万円である場合は、自賠責保険からは3,000万円、任意保険からは2,000万円の保険金が支払われることになります。

■ 対物賠償保険は物損事故の場合に補償される保険

対物賠償保険は、物損事故を起こして他人の車や家屋などの財物に損害を与えたことによって損害賠償責任を負う場合に、保険金が支給されるものです。支給される保険金の額については、保険契約の内容により異なります。

対物賠償保険は「他人の財産に与えた損害」の賠償を目的としています。そのため、自宅の車庫入れの際に誤ってガレージのシャッターを壊してしまったなどのケースは、対物賠償保険の対象外です。

自動車事故を起こすと、多くの場合、他人の財物に被害が生じます。物損事故は自賠責保険の対象ではないことを考えると、対物賠償保険への加入は重要だといえます。

傷害保険の種類

傷害保険は、車を運転する自分自身や同乗者の生命・身体に対する損害を補償するものであり、任意保険における代表的な傷害保険として①搭乗者傷害保険、②人身傷害補償保険、③自損事故傷害保険、④無保険車傷害保険の4つの補償が用意されている。

■ 搭乗者傷害保険は事故による搭乗者のケガや死亡に備える保険

搭乗者傷害保険は、被保険自動車の事故によって運転者や同乗者がケガをした場合や死亡した場合に支払われる保険です。契約であらかじめ決められた金額が、入通院日数や後遺障害の程度に応じて支払われるものです。

搭乗者傷害保険の被保険者は、事故に遭った車に搭乗していた者ですので、同乗者だけでなく運転者も含みます。ただし、自損事故保険の場合と同様、暴走族の箱乗りのように、極めて異常かつ危険な方法で搭乗中の者は除かれます。

■ 人身傷害補償保険は過失割合に関係なく補償する保険

人身傷害補償保険（人身傷害保険）は、被保険自動車の事故によって運転者や同乗者がケガをした場合や死亡した場合に支

代表的な任意保険の内容

①対人賠償保険	人身事故を起こして被害者に対して人身損害に対する損害賠償責任を負う場合に、自賠責保険を超える部分に保険金が支払われる
②対物賠償保険	物損事故を起こして他人の車や家屋などの財物に損害を与え、場損害賠償責任を負う場合に、保険金が支払われる
③搭乗者傷害保険	事故に遭った被保険自動車に搭乗していた者（運転者を含む）が死傷した場合に、契約で定められた額の保険金が支払われる
④人身傷害補償保険	事故に遭った被保険自動車に搭乗していた者（運転者を含む）が死傷した場合に、実際にかかった費用や損害額について、被保険者の過失割合に関係なく保険金の限度額の範囲で保険金が支払われる
⑤自損事故保険	電柱への衝突などの単独事故や相手に過失がない事故によって搭乗者が死傷した場合に保険金が支払われる
⑥無保険車傷害保険	無保険車によって起きた交通事故により、被保険者である被害者が死亡または後遺障害を負った場合に保険金が支払われる
⑦車両保険	自分の車の損傷や盗難の場合に保険金が支払われる

払われる保険である点は搭乗者傷害保険と同様ですが、保険金の計算方法や補償の範囲が搭乗者傷害保険とは異なります。人身傷害補償保険では、治療費や休業損害、逸失利益など、実際にかかった費用や損害額について、被保険者の過失割合に関係なく、保険金の限度額の範囲内で補償されます。

■ 自損事故保険は主に単独事故の損害をまかなう保険

自損事故保険とは、車両が電柱やガードレールなどへの衝突や崖からの転落などの単独事故や、相手方に過失がない交通事故において、被保険自動車の運転者や同乗者がケガをした場合や死亡した場合に支払われる保険です。その損害に対して運行供用者責任が成立して損害賠償が支払われる場合には、自損事故保険による保険金は支払われません。

■ 無保険車傷害保険は無保険車による事故被害に適用される

ここでいう「無保険車」とは、自賠責保険に加入していないという意味ではなく、任意保険である対人賠償責任保険に加入していない、または加入しているものの免責によって保険金支払いがなされない場合や金額が低いという場合を意味します。無保険車傷害保険は、保険に加入していない車や、保険に加入していても補償内容が不十分な車との事故によって、運転者や同乗者が後遺障害を負った場合や死亡した場合に保険金が支払われるものです。

相手方である加害者が事故による損害賠償義務を十分に果たせない場合に被保険者を補償する保険であることから、加害者がひき逃げ等により不明である場合にも適用されます。また、相手方である加害者が自賠責保険に加入している場合であっても、無保険車傷害保険が適用される場合があるということになります。

なお、無保険車傷害保険は、一般的に、死亡または後遺障害を負ったときに補償を受けることができるものであって、後遺障害に至らない程度のケガを負ったのみでは補償を受けることができないとされていることに注意しましょう。

■ 車両保険は自分自身の車にかける保険

車両保険は、自分の財産である車を補償する保険であり、自分の車が事故などで損害を被ったときに修理費などを補償するものです。車両保険の補償内容・範囲は保険会社によって異なりますが、車対車の衝突や当て逃げ自損事故、物の落下などによって自分の車が損傷した場合や、車が盗難に遭った場合、い

代表的な任意保険の整理

相手方への補償	対人賠償保険　対物賠償保険
自分や同乗者への補償	搭乗者傷害保険　人身傷害補償保険 自損事故保険　無保険車傷害保険
自分の車の補償	車両保険

たずらによって車が傷つけられた場合、さらに台風による車の水没など自然災害によって車が損害を受けた場合などが主な補償対象となります。

なお、車両保険は、交通事故における自分の過失分に対しても補償してくれます。たとえば、交通事故によって自分の車に50万円の損害が発生し、過失割合が自分40：相手方60」である場合、相手方が対物賠償保険に加入していれば、そこから相手方の過失割合に応じた30万円の補償を受けることができますが、残りの損害額20万円については、自分が加入している車両保険から補償を受けることができ、過失相殺による減額分がカバーされます。

■ 任意保険の請求方法

交通事故で傷害を負った場合、自賠責保険の保険金額は120万円が支払限度額であり、これを超過する分については、加害者が加入している任意保険から保険金の支払いを受けることができます。ただし、加害者側の任意保険に保険金の支払いを請求するためには、損害の額が確定している必要があります。また、自賠責保険と異なり、任意保険には仮渡金（130ページ参照）の制度はありません。

しかし、加害者との示談の成立前など、損害の額が確定していない段階であっても、治療費や通院にかかる交通費、休業損害について、加害者が加入している任意保険会社に支払ってもらえることもあります（内払い）。

内払い

損害額がまだ確定していない段階であっても、加害者が加入する任意保険会社から一定額の賠償金の支払をしてもらえる制度。現在では自賠責保険における内払金支払の制度は廃止されているが、任意保険においては保険会社に内払金を請求することが認められている。

ただし、任意保険会社が常に内払い対応をするとは限りません。内払いを希望する場合は、内払いが可能かどうかを加害者側の任意保険会社に問い合わせてみましょう。

なお、任意保険会社が内払いの支払いを拒絶している場合であっても、裁判所に「金員仮払い仮処分の申立て」をして、裁判所から任意保険会社に対して内払いを支払うよう命じてもらえることもあります。申立て方法などの具体的な手続については、弁護士に相談するとよいでしょう。

任意保険の支払を請求する場合、支払請求書や保険証券などの書類を提出することになります（主な提出書類は255ページ「巻末資料４」を参照）。保険会社によって提出書類が異なることがありますので、あらかじめ確認することが必要です。

■ 任意保険においても被害者請求ができる

任意保険においても、自賠責保険と同様に、加害者が賠償金を支払ってくれない場合、被害者から加害者の加入している保険会社に賠償金の支払いを請求するという被害者請求が認められています。対人事故だけでなく、対物事故についても被害者請求ができます。

ただし、任意保険において被害者請求が認められるためには、保険会社の約款によって次のような事情があることが必要とされることが多いです。

・事故の加害者と被害者の間で示談が成立した場合（裁判の判決が確定した場合または裁判上の和解もしくは調停が成立した場合を含む）

・加害者（または加害者の相続人）が破産した場合または行方

不明である場合
・被害者が、加害者に対して損害賠償請求をしないことを書面で承諾した場合
・保険会社から賠償金の支払いを受けた被害者が、それ以上請求をしない旨の書面を取り交わした場合
・損害の総額が保険金の限度額を超えることが明らかな場合

Q 仕事の帰りに駅まで取引先の関係者が運転する乗用車に乗せてもらうことになりました。しかし、運転者のハンドル操作ミスのためにガードレールに激突し、助手席に乗っていた私は複雑骨折を負いました。ケガの完治後、運転者との間で示談交渉に入りました。運転者は搭乗者傷害保険に入っていたので、そこから被害者である私に保険金が支払われることになるでしょうから安心していたのですが、運転者は、「搭乗者傷害保険の保険金について、「その分は損害賠償額から控除すべきだ」と主張しています。このような控除が認められるものなのでしょうか。

搭乗者傷害保険とは、契約車内に搭乗していたすべての人（正常な乗車位置に搭乗していた人のみ）を対象として適用される保険です。同乗していてケガをした被害者だけでなく、事故を起こした運転者も保険の適用対象になります。

加害者である運転者としては、同乗していた被害者は、運転者が加入している搭乗者傷害保険から保険金を受け取ることができるのだから、その分は、運転者自身が負担しなければならない損害賠償金から差し引かれるべきだと考えるでしょう。

しかし、判例（最判平成7年1月30日）は、搭乗者傷害保険の保険金を損害賠償額から控除することは許されないとしています。搭乗者傷害保険に基づく保険金は、被保険者が被った損害をてん補する性質のものではなく、定額の保険金を給付することによって搭乗者を保護するものであるから、というのがその理由です。

搭乗者傷害保険金の受領と慰謝料の減額

裁判例の多くは、搭乗者傷害保険金を被害者やその遺族が受け取った場合には、加害者が支払うべき「慰謝料」の額を、搭乗者傷害保険金の数割程度について減額しうるという判断をしている。
搭乗者傷害保険金は見舞金としての機能をもっており、被害者やその遺族の精神的苦痛の一部を償う効果があることなどを理由としている。

Column

高齢運転者による交通事故対策の強化

超高齢化社会を迎えた日本では、75歳以上の高齢運転者による交通事故の割合が増加しています。このような状況の中、平成31年４月に池袋で発生した高齢運転者による自動車の暴走死傷事故により、高齢運転者問題への社会的な関心は一気に高まりました。

こうした背景を踏まえ、高齢運転者対策を強化すべく、令和２年に道路交通法が改正され、令和４年５月13日から、以下のような制度が導入されています。

まず、70歳以上の運転者は免許更新時に高齢者講習を受けなければならなくなりました。また、75歳以上の運転者であって、過去３年間にスピード違反や信号無視など一定の違反歴がある場合は、免許更新時に運転技能検査が義務付けられることになり、この検査に合格しなければ免許の更新を受けることができなくなりました。なお、運転技能検査は繰り返し受検することができます。

さらに、「サポートカー」限定免許の制度が新設されました。運転免許を受けている者であれば、何歳であっても本人が申請することによって、衝突被害軽減ブレーキやペダル踏み間違い時加速抑制装置が搭載された普通自動車（サポートカー）限定免許への切り替えが可能となりました。これによって、運転免許の自主返納をためらう高齢運転者でも、安全な自動車運行の実現が促進されることが期待されています。

これらに加えて、政府は、企業の自動車技術改革の支援をし、高齢運転者問題への取り組みの姿勢を示しており、自動車自動運転の法整備も併せて進められています。日本では令和５年（2023年）現在、一定条件下での自動運転が可能ですが、ドイツなどで採用されている運転者の介入が全く必要とされない自動車運転も、いずれは可能になっていくでしょう。

PART 6

ケース別
過失相殺と過失割合

PART6
1

過失相殺

ケース別
過失相殺と過失割合

当事者の間で損害を公平に分担させる制度

■ 過失相殺とは

交通事故では、加害者だけに事故の原因があるという場合だけでなく、被害者にも何らかの落ち度があることも多いです。

そのため、事故によって被害者が被った損害のすべてについて加害者が賠償責任を負うとするのでは、必ずしも公平な結果になるとはいえません。

そこで、民法722条2項は「被害者に過失があったときは、裁判所は、これを考慮して、損害賠償の額を定めることができる」と定め、過失相殺という制度を設けています。過失相殺とは、被害者にも過失があって損害発生や被害拡大の一因になった場合に、損害賠償額の算定にあたって被害者の過失に応じた金額を差し引くことをいいます。

ここで注意すべきなのが、被害者が損害の発生に何らかの原因になった場合だけではなく、損害の拡大に関与した場合にも、過失相殺の対象に含まれるということです。たとえば、歩行者（被害者）が付近に横断歩道があるのにもかかわらず、横断歩道のない車道を渡っていたところ車にひかれたという場合、歩行者をひいた運転者である加害者だけでなく、横断歩道がない場所を渡っていた被害者にも過失があります。このとき、交通事故による歩行者の損害額が100万円であり、事故の発生について、加害者の過失が7割、被害者の過失が3割であるとします。この場合、加害者が被害者に対して負う損害賠償額は、過失相殺によって100万円の7割である70万円に減額されます。過失相殺は人身事故、物損事故を問わずに行われます。

交通事故における過失割合の類型化

交通事故における過失割合は、過去の事故事例を基にして類型化されている。事故が発生した場合、通常その類型を使用して両者の過失割合を算定することになる。

過失相殺の計算例

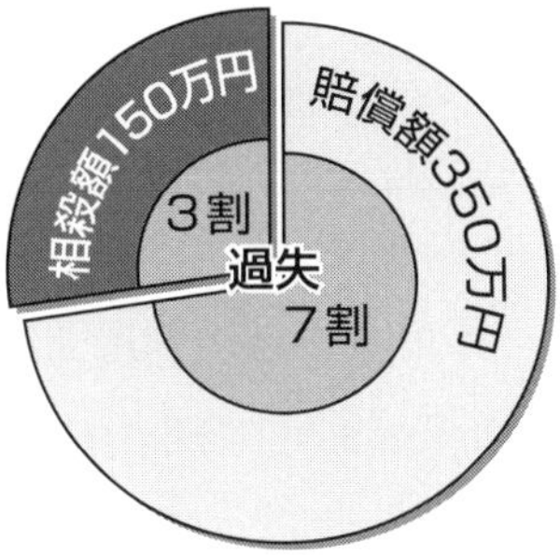

- 全体の損害額が500万円
- 被害者の過失３割（150万円）

過失相殺により加害者が賠償すべき金額
500万円－150万円＝350万円

なお、裁判所が損害額を算定する際には、過失を考慮して過失相殺をするかどうかは裁判官の裁量に委ねられています。また、過失相殺をする場合であっても、損害賠償額の全額を免除することはできません。

■ 減額の対象となる過失とは

交通事故が発生した場合、加害者が一方的に悪いのではなく、被害者にも不注意な点や落ち度（過失）があることがあります。被害者の過失が認められれば、損害賠償額の算定にあたって過失相殺が行われる可能性があります。

過失相殺を行うためには、道路にどのような危険があるかを判断できるなど、被害者に損害の発生を避けるのに必要な注意をする能力があることが必要です。

一方、加害者に関しては、車を運転するのに通常要求される程度の注意を十分に払っていれば事故を避けることができたという場合に過失があるものと判断されます。

また、たとえば、車の運転者が青信号に従って交差点を法定速度の範囲内で進行していたにもかかわらず、交差する車線側の赤信号を無視して交差点に進入してきた車と衝突した場合、道路交通法に従って青信号で運転していた側の過失責任は問われないこともあります。運転者や歩行者は、お互いに道路交通法や交通ルールに従って行動するはずだ、と信頼して行動しており、その信頼が裏切られた結果、交通事故が発生したとしても、過失責任は問われることはないのです。これを信頼の原則といいます。

つまり、運転者は、他の車やバイク、歩行者などが、交通ルールに従っていることを前提に運転すればよいとされています。

■ 被害者側の過失とは

過失相殺は、損害の公平な分担という見地から、加害者の被害者に対する損害賠償責任は、被害者に過失がある部分については免れさせるものです。このような損害の公平な分担の観点から、被害者と密接な関係が認められ被害者と一体をなすとみることができる者の過失（被害者側の過失）が認められる場合には、被害者本人に過失がある場合と同様に、損害賠償額の算定において、賠償額を減額させる事情として考慮され、過失相殺をすることが認められています。

どのような場合に被害者側の過失が肯定されるのかについて、判例は、妻が夫の運転する車に同乗中、加害者が運転する車と衝突事故に遭った場合、妻が加害者に損害賠償を請求しても、夫に過失があればそれを被害者側の過失として考慮して過失相殺することができるとしています。また、幼児が車と衝突した場合において、幼児の監督義務者である父母に、幼児に対する監督について過失があった場合も、被害者側の過失と認められます。これに対し、職場の同僚や単なる恋人関係にある者の過失は、被害者側の過失とは認められません。

ただし、被害者側の過失が認められるかどうかは一概には判断できず、ケースごとに判断することになります。

配偶者に過失がある場合の被害者側の過失

被害者側の過失として考慮できるのは、夫婦の婚姻関係が破たんしていない場合に限られる。内縁関係にある夫婦の場合も、被害者側の過失として考慮することが肯定されている。

■ 過失割合の決定方法

人身事故の示談交渉にあたって、加害者が任意保険に加入している場合は、被害者に対して、加害者の代わりに示談交渉に臨むのは任意保険会社の担当者です。保険会社側は、被害者にも落ち度があるとして、過失相殺を主張することが多いといえます。そのため、多くの場合、過失割合をめぐって被害者側と保険会社側とで争いになります。その後の交渉でお互いが譲歩すれば、過失割合が決定され、示談が成立します。

しかし、お互いに譲歩せず、交渉が平行線をたどった場合は、裁判所に民事訴訟を提起して、裁判所に過失割合を決定してもらうことになります。裁判にあたって、過失割合をどのように配分するかは裁判官の自由な裁量に委ねられており、被害者側の過失割合が０％になることもあります。

なお、民事訴訟においては、裁判所が過失割合を決定するための資料（証拠）を、それぞれの当事者が提出することになります。たとえば、交通事故の刑事事件記録があれば、事故の態様が明らかにされるため、証拠として利用できます。

? タクシー会社に勤めている私の父は、交差点で衝突事故を起こして重傷を負いました。治療の結果、命はとりとめましたが、障害が残り、後遺障害等級２級に認定されました。過失割合は、相手が70％、父が30％でした。父の被害総額は1500万円ですが、労災保険から700万円が支給されるそうです。この場合、損害賠償額の算定にあたって、過失相殺と労災給付金の控除のいずれを先にすべきでしょうか。

労災保険も加害者による損害賠償も、ともに被害者の損害のてん補を目的とするものですが、労災保険の支給を受けるにあたっては加害者との間での示談の成立等は不要であるため、一般に損害賠償よりも先に支給されることが多いといえます。

加害者が支払うべき損害賠償額の計算方法については、２つの考え方があります。1つは、①被害者の総損害額を算定して、②過失相殺を行い、③その残額について労災保険から支給された給付金を差し引いて、最終的な賠償額を算定する方法です。この考え方によると、本ケースでは、被害総額1500万円の70％の1050万円から労災保険金700万円を差し引いた350万円が賠償額ということになります。

もう1つは、①被害総額を算定して、②労災給付金を控除し、③その残額に過失相殺を行って、賠償額を算定する方法です。この考え方によると、本ケースでは、1500万円からまず700万円を控除し、残額の800万円に過失相殺をした560万円が賠償額となります。

判例は、まず被害総額を算定して、過失相殺を行った後に、残額について労災保険から支給された給付金を差し引くという、前者の考え方を採用しています。よって、本ケースでは加害者が負う損害賠償額は350万円となります。

？ 私は、タクシー運転手ですが、交差点で一時停止を怠った乗用車と衝突事故を起こして負傷してしまいました。相手方は自賠責保険と任意保険の双方に加入していたので、各保険会社と示談交渉をしました。交差点に進入する時に、私にも若干の不注意があったので、ある程度の過失相殺はやむを得ないと思っていました。ところが、各保険会社から提示された保険金額を見てみると、自賠責保険と任意保険とでは、過失相殺の割合が異なっています。どういうことなのでしょうか。

自賠責保険は、事故の被害者に最低限必要な救済を受けさせるために、自動車を購入する際に自賠法に基づいて加入が強制される保険です（強制保険）。被害者の損害を完全にてん補しようとするものではなく、一定の金額を補償しようとする制度であり、被害者の保護を目的とするものです。そのため、被害者の過失についても、よほどの重大な過失でなければ過失相殺

過失相殺と労災保険の取扱い

被害総額　1500 万円
過失割合　本人 30%：相手方 70%の場合
労災保険　700 万円

①1500 万円(被害総額)×0.7(相手方の過失割合)＝1050 万円
②1050 万円(①)−700 万円(労災保険)＝350 万円

よって相手方が負う損害賠償額は 350 万円となる

は行われません。

これに対して、任意保険は、加入者が万が一加害者になってしまった時に備えて、自賠責保険ではまかなえない被害者の損害をてん補できるように加入する保険です。任意保険の場合、過失相殺の割合は、被害者と加害者（加害者が加入している保険会社）との示談交渉によって決定され、示談交渉によって話がまとまらなければ民事訴訟を提起して裁判所に決定してもらうことになります。

このように、自賠責保険における過失相殺は、過失相殺を行う場合が限定されていることに加えて、過失相殺の割合の幅もほぼ定率化しています。これに対して、任意保険における過失相殺は、事故の状況に応じて柔軟に過失相殺が行われ、かつ、過失相殺の割合も事案に応じてさまざまであるという特徴があるため、過失相殺の割合が異なるのです。

自賠責保険における重過失相殺

一般的に自賠責保険において過失相殺がなされるのは、被害者の過失割合が７割以上の重過失があった場合とされている。被害者の過失割合が７割未満であれば、基本的に過失相殺による賠償金の減額がなされることはない。

PART6
2

ケース別
過失相殺と過失割合

過失相殺・過失割合をめぐる対立

自賠責保険と任意保険とでは過失相殺の扱いが異なる

■ 交通事故において基本となる過失割合の基準がある

示談交渉において、過失相殺がされるべきかどうか、また、過失相殺がされるとしても過失割合（過失相殺率）をどのように考えるかという点について、被害者と加害者（加害者が加入している保険会社）との主張が食い違って平行線をたどるということがあります。この場合の多くは、交通事故の発生原因等、交通事故の態様について当事者の認識や言い分が対立していることが主な理由です。

このような場合に備えて、被害者は事故の発生原因等、交通事故の態様を具体的に主張できるように、事実関係を明確にしておくべきです。交通事故の刑事事件記録がある場合には、これを活用することが重要です。刑事事件記録には、交通事故の当事者の事故現場での立会いの下で警察が当時の事故状況をまとめた「実況見分調書」や、被害車両・加害車両の写真、供述調書（被害者、加害者、同乗者、目撃者の交通事故に関する供述を記載した書類）、被害者の診断書などが含まれるため、これによって道路の形や幅員、交差点の構造、制限速度、事故当時の天候といった事故現場の客観的状況や、加害車両・被害車両の速度や事故後の停車位置などの、事故の発生状況を把握することができ、事故の態様が明らかにすることができます。

また、177ページ以降に掲載している表の基準を参考に、基本となる過失相殺率や過失割合が具体的にどのようなものなのかについて確認することも重要です。この過失相殺率・過失割合の基準は、典型的な事故のパターンごとに、交通事故に関する訴訟における基本となる過失相殺率・過失割合を列挙したものです。さらにそれを修正するための要素を考慮して、過失相殺率・過失割合が増加または減少する場合があります。

■ 保険会社との交渉における留意点

被害者が加害者側の保険会社の担当者と示談交渉するときの基本的姿勢としては、とにかく毅然とした態度で臨み、安易に妥協しないということです。

担当者が提示する過失割合について納得がいかない場合は、その過失割合の根拠となる事実を必ず問いただすようにしましょう。示された事実に納得ができないのであれば、その事実の根拠となる証拠の提示を求めるべきです。担当者の説明に矛盾点や曖昧な部分があれば、必ず指摘します。また、被害者から積極的に主張すべきことがある場合は、あらかじめ根拠となる証拠や証言を準備しておきましょう。

このような交渉の過程で、必要に応じて担当者に事故状況を記載した書面の提出を求め、事故現場に実地調査に行くなどして、丹念に調査を進めます。被害者としては、少しでも自分に有利に交渉が展開するように、証拠を提出して、それを根拠に主張を展開します。保険会社が過失割合の修正に応じない場合は、保険会社が主張する過失割合に従って損害賠償金が支払われることになります。妥協したくないのであれば、訴訟によって決着を図るとの強い姿勢を見せながら交渉に臨むことが大切です。

減額率

減額率は、過失割合認定基準表（「別冊判例タイムズ38号」などに掲載されている）から過失割合を導き、それに従って減額する。

■ 自動車保険ではどのように過失相殺が行われるのか

自賠責保険と任意保険では、過失相殺の仕方について、異なる点があるのでしょうか。任意保険の場合、ほとんどの事故で過失相殺が行われます。任意保険では重過失（ちょっとした注意で事故を避けられたのにその注意を著しく怠った場合）だけでなく軽過失であっても過失相殺が行われるからです。

これに対して、自賠責保険（強制保険）については、被害者に重大な過失があった場合、具体的には、被害者の過失割合が７割以上である場合に限って過失相殺が行われます。自賠責保険において被害者の重過失が認定されるのは、①信号を無視して道路を横断した場合、②横断が禁止されている場所を横断した場合、③道路上に寝ていた場合、④信号を無視して交差点に進入し衝突した場合、⑤センターラインを越えて衝突した場合などです。さらに、過失相殺による減額率も定型化されており、死亡または後遺障害の場合は、被害者の過失割合に応じて20、30、50％の３段階、傷害の場合は、20％だけです。

一方、任意保険では、過失の程度を問わず、被害者に過失があれば過失相殺が行われることが一般的です。また、任意保険では、緻密な算定の上で減額率が決められます。

過失相殺を行う場合の損害賠償額の計算方法は、まず被害者の総損害額を算定し、この総損害額に被害者の過失割合を掛けてその額を総損害額から控除します。そして、控除後の額から自賠責保険で補てんされた保険金の額を差し引いた残りの額について、被害者は任意保険会社から支払いを受けることができます。自賠責保険によって損害額がすべて補てんされた場合は、任意保険からの支払いはされません。

■ 被害者の事故後の行動によって損害が拡大した場合

過失相殺の制度は、当事者間の損害の公平な分担のために、被害者の過失を考慮して賠償額を決定するものです。そのため、被害者の事故後の行動に問題がある場合、過失相殺によって、損害賠償額が減額されることがあります。たとえば、事故によってケガを負った被害者が、通常であれば通院治療を受けるべきなのに通院治療を受けなかったためにケガが悪化した場合には、事故後の被害者の行動によって損害が拡大したといえるので、過失相殺が行われる可能性があります。

損害の公平な分担

交通事故の被害者の素行不良が原因で治療が長期化した場合やケガなどの症状がさらに悪化した場合、その損害すべてについて加害者が責任を負わなければならないとすると、当事者間の不公平を招くことになる。

過失割合について当事者間で争いが生じる場合

特に交差点での交通事故は、被害者に過失があることが多くみられる。示談交渉では、過失割合で争いが生じることが多々ある。その場合、民事交通訴訟における裁判所による過失相殺率の認定や判断基準を参考にして交渉の決着を試みることが多い。

購入したばかりの乗用車を運転中、交差点で他の車との衝突事故に遭い、全身打撲のケガを負った上に、私が運転していた乗用車が大破してしまいました。示談交渉でも過失相殺は免れないと思っていました。しかし、相手方の保険会社の担当者は、私の傷害に関する過失割合は相手が80で私が20、乗用車の破損に関する過失割合は相手が70で私が30と、異なった数字を提示してきました。同じ事故から発生した損害なのに、異なった過失割合を提示されるのはなぜなのでしょうか。

交通事故においては、被害者の過失がゼロとなるケースは少なく、被害者にも一定の過失が認められるケースが多いです。特に交差点での交通事故は、被害者に過失があるとされるケースがとても多く、場合によっては、過失割合が50：50となることもあります。

示談交渉では、過失割合で意見が対立することが多々あります。その場合、実際の事故と類似する事故についての過去の裁判例を基準に、実際の事故状況に応じて、被害者と加害者の双方の過失割合に修正を加えながら過失割合を決定していきます。また、物損とは異なり、人身に関する損害は、休業による収入の減少（逸失利益）、後遺障害などの生活に関わる損害を伴うため、一般的な傾向として、物損事故よりも人身事故の方が過失割合を被害者有利に判断する傾向があります。

同一事故の物損と人損についての示談交渉は、同時に行われることもありますが、別々に行うことも可能です。あなたの場合、保険会社の担当者が、乗用車の物損についてあなたの過失割合を高くしているのは、以上のような背景によると考えられます。この点を考慮に入れて、示談交渉に臨むとよいでしょう。

保険会社の主張する過失割合に納得がいかないのでしたら、示談は断って裁判に訴えましょう。

PART6
3

ケース別
過失相殺と過失割合

歩行者vs車の事故での過失割合

あらゆるケースにおいて車側の過失責任が重くなっている

■「歩行者」とは何を指すのか

歩行者とは、一般的には歩いている状態の人を指します。しかし、交通事故における「歩行者」には、歩いている状態に限らず、道路でただ立っているだけの人や、泥酔して横たわっている人も含みます。車椅子に乗っている人も歩行者です。

原動機付自転車（原付）や自転車を押して歩いている人も歩行者として扱われます。

■ 過失割合は車と人でどう違うか

歩行者と車の衝突事故では、あらゆるケースで車側が加害者として扱われ、その過失責任が重くなっています。ほとんどのケースで70%以上の責任を車側が負うことになります。これは、無防備な歩行者の方が衝突によって受けるダメージが圧倒的に大きいため、歩行者に対して十分な安全を図るように注意する義務が車側には課されているからです。

たとえば、信号機で交通整理が行われていない横断歩道を歩行者が横断中には、車はいつでも停止できるようにする義務を負います。この義務に違反して事故を起こすと、車側が100%の過失責任を負わされます。

なお、自転車については、他の車との衝突事故では、歩行者と同じく自転車の運転者の受けるダメージの方が大きいので、他の車側の過失責任が重くなる傾向があります。しかし、歩行者との衝突事故では、自転車も「車」に含まれることから、後述する自転車修正はあるものの、自転車側が加害者となり、そ

歩行者の責任が問われるケース

歩行者であったとしても、たとえば歩行者進入禁止の車道に飛び出したりした場合等は、歩行者の責任が重くなる可能性がある。つまり場合によっては、歩行者に責任が問われることがある。

歩行者と四輪車の事故における基本的な過失割合

◆信号機のある横断歩道での事故

事故の基本状況	事故の詳しい状況	過失割合
歩行者と直進車の事故 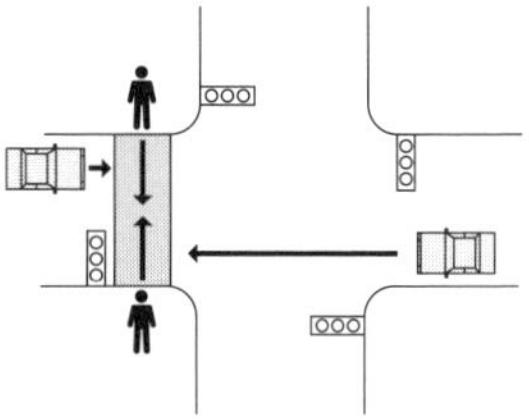	歩行者が青で横断開始、車が赤で進入	歩行者は0% 車は100%
	歩行者が黄で横断開始、車が赤で進入	歩行者は10% 車は90%
	歩行者が赤で横断開始、車が青で進入 （車に安全運転義務違反があることが前提）	歩行者は70% 車は30%
	歩行者が赤で横断開始、車が黄で進入	歩行者は50% 車は50%
	歩行者が赤で横断開始、車が赤で進入	歩行者は20% 車は80%
歩行者と右左折車の事故 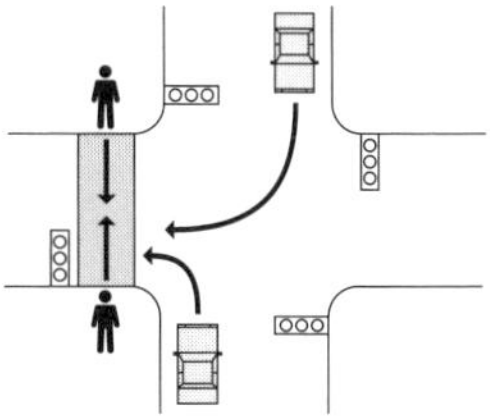	歩行者が青で横断開始、車が青で進入	歩行者は0% 車は100%
	歩行者が黄で横断開始、車が青で進入	歩行者は30% 車は70%
	歩行者が黄で横断開始、車が黄で進入	歩行者は20% 車は80%
	歩行者が赤で横断開始、車が黄で進入	歩行者は30% 車は70%
	歩行者が赤で横断開始、車が赤で進入	歩行者は20% 車は80%

◆横断歩道のない道路での事故

事故の基本状況	事故の詳しい状況	過失割合
通常の道路での事故 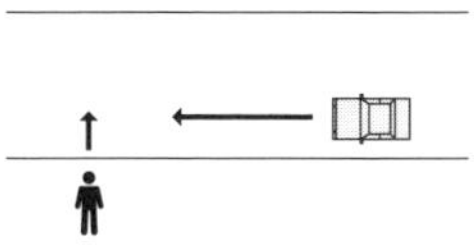	歩行者が通常の道路を横断中、 車が通過	歩行者は20% 車は80%
交差点での事故 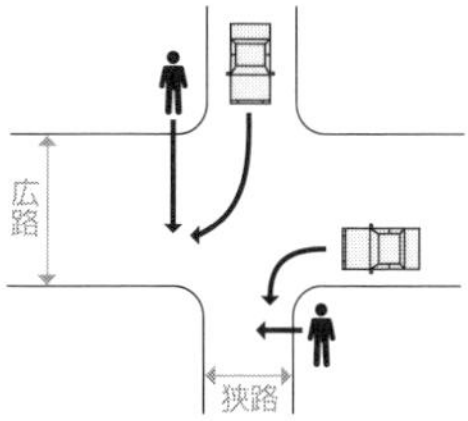	歩行者が狭路を横断中、車が進入	歩行者は10% 車は90%
	歩行者が広路を横断中、右折車が進入	歩行者は10% 車は90%

の過失責任が重くなる傾向が強いといえます。

自転車と歩行者の事故

近年、自転車の危険運転による歩行者との事故が多発している。平成29年（2017年）に発生した、スマホを見ながら自転車を運転し歩行者を死亡させた事故について、裁判所は加害者に禁錮２年執行猶予４年の判決を下した。

■ 要素によって過失割合は増減する

現実に発生した事故現場は、道路の状況により条件が異なります。さらに、歩行者も老若男女の違いがありますし、事故の発生時間やその時間の天候も違いがあります。

以上の諸事情を考慮して、「民事交通訴訟における過失相殺率の認定基準」（別冊判例タイムズ38号）などに掲載されている基本的過失割合を増減します。この基本過失割合に影響を及ぼす事情を修正要素といい、事故の一方当事者にとって過失割合の増える修正要素を加算要素、逆に減る修正要素を減算要素といいます。

なお、自転車については、四輪車やバイクに比べて軽量・低速のため、「四輪車と歩行者」の場合に比べて「自転車と歩行者」の事故の方が、車側（自転車側）の過失相殺率が有利となります（自転車修正）。

■ 歩行者にとっての加算要素

歩行者側の過失割合が増える加算要素として、①夜間、②幹線道路、③車の直前直後の横断などであることが挙げられます。

①　事故発生時が「夜間」の場合

夜間は、道路の状態、光の反射具合、見通しの悪さなどから、車からは歩行者を発見しにくいのが普通です。反対に、四輪車は通常ヘッドライトを点灯しながら走行しているので、歩行者からは早くから車を発見できます。そのため、夜間の交通事故については、歩行者に５％過失割合が増やされます。

ただし、夜間であっても、繁華街で昼間のように明るく見通しがよい場所では、歩行者の加算要素にはなりません。車がヘッドライトを点灯していないときなどは、逆に歩行者の減算要素になります。また、自転車の前照灯は光量が小さいため、

信号機のある横断歩道の直近※の事故における基本的な過失割合

事故の基本状況	事故の詳しい状況	過失割合
車が横断歩道を通過後の事故 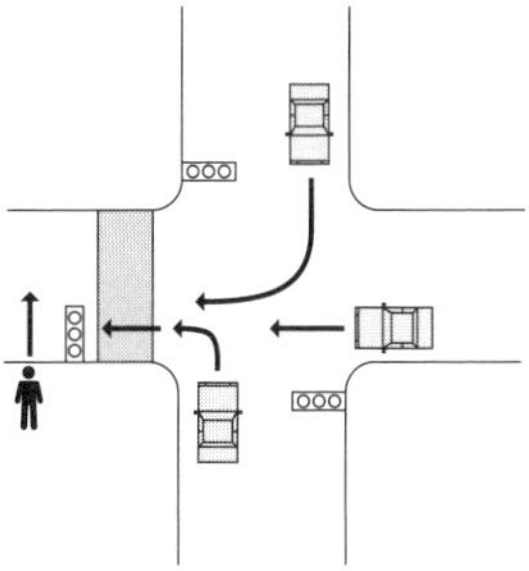	車が赤で直進、 歩行者が青で横断開始	歩行者は5% 車は95%
	車が赤で直進、 歩行者が黄で横断開始	歩行者は15% 車は85%
	車が赤で直進、 歩行者が赤で横断開始	歩行者は25% 車は75%
	車が黄で直進、 歩行者が赤で横断開始	歩行者は50% 車は50%
	車が青で直進、 歩行者が赤で横断開始	歩行者は70% 車は30%
	車が黄で右左折のために交差点に進入、 歩行者が黄で横断開始	歩行者は30% 車は70%
	車が黄で右左折のために交差点に進入、 歩行者が赤で横断開始	歩行者は40% 車は60%
	車が青で右左折のために交差点に進入、 歩行者が青で横断開始	歩行者は10% 車は90%
横断歩道の手前での事故 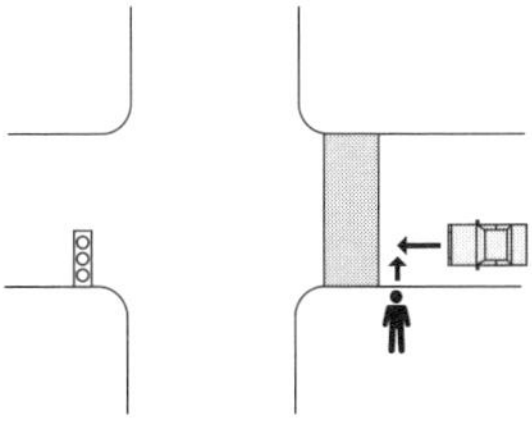	歩行者が青で横断開始、 車が赤で進入	歩行者は10% 車は90%
	歩行者が黄で横断開始、 車が赤で進入	歩行者は20% 車は80%
	歩行者が赤で横断開始、 車が赤で進入	歩行者は30% 車は70%
	歩行者が赤で横断開始、 車が黄で進入	歩行者は50% 車は50%
	歩行者が赤で横断開始、 車が青で進入	歩行者は70% 車は30%

※直近とは、幅員14メートル以上の幹線道路ではおおむね10メートル以内、それ以外の道路ではおおむね5メートル以内を考えればよいとされています。

相手が自転車の場合、歩行者の加算要素とはなりません。

② 事故発生の場所が「幹線道路」である場合

幹線道路では車の通行が頻繁なので、歩行者は特に通行や横断のときに注意しなければなりません。そのため、幹線道路で起こった事故については、歩行者の過失割合が加算されます。具体的には、横断歩道上の事故については５％、横断歩道外の事故については10％加算されます。ただし、自転車との事故については、両者とも同じ方法による通行が考えられるため、歩行者の加算要素に該当しません。

幹線道路とは

一般的に、車道幅員がおおむね14メートル以上（片側２車線以上）の道路で、車道と歩道の区別があり、車両が高速で走行し、通行量の多い国道や一部の都道府県道を指す。

③ 歩行者が直前直後を横断した場合

車の直前直後を横断することは禁止されています。また、斜め横断をしたり、横断中に急に立ち止まったり後戻りしたときも、歩行者にとっての加算要素になります。

■ 歩行者にとっての減算要素

歩行者側の過失割合が減る減算要素として、以下のものがあります。

① 事故の発生場所が「住宅・商店街」である場合

住宅街は人の居住空間なので、車はより注意する義務があります。また、商店街では人通りが多いので、車はより注意して走行しなければなりません。そのため、これらの場所での事故については、歩行者の減算要素に該当します。なお、朝夕の通勤者が多い場所でも、同じく歩行者の過失割合が減ります。

② 歩行者が「児童・高齢者」「幼児・身体障害者等」である場合

歩行者が児童や高齢者などの場合は、車に対する危険を見通して注意し、車との衝突を避ける能力が落ちるので、歩行者の過失割合が減ります。児童とは６歳以上13歳未満の者を指し、幼児とは６歳未満の者を指し、高齢者とはおおむね65歳以上の者を指します。

③　歩行者が「集団横断・通行」していた場合

集団登下校中のように、歩行者が集団で道路を横断していた場合は、車から見て歩行者を発見しやすいので、歩行者の過失割合が減ります。

④　車の方に「著しい過失」「重過失」がある場合

車に著しい過失や重過失が認められると、その程度に応じて歩行者の過失割合が減ります。たとえば、酒気帯び運転、携帯電話を操作しながらの運転は「著しい過失」として過失割合が10%ほど減ります。

また、酒酔い運転、おおむね時速30km以上のスピード違反、居眠り運転（自転車の場合は時速15kmを大幅に超える速度、傘差し、携帯電話操作などによる運転）は「重過失」として過失割合が20%ほど減ります（自転車の場合は自転車修正が行われることから20%減に限られません）。

⑤　「歩道と車道の区別がない道路」で事故が発生した場合

歩行者にとって生活道路であれば、車が注意すべきなので、歩行者の過失割合が５～10%減ります。

運送会社を経営しています。当社の運転手が勤務中、運送用の車でバックしていたときに車道上で落書き遊びをしていた９歳の子供をひいてしまい、重傷を負わせてしまいました。当社の車にはバックする時には、「バックします」との音声を連続して発する機能がついているのですが、子供は遊びに夢中で気づかなかったようです。また、歩道と車道ははっきり分かれていたようです。任意保険には加入していますが、過失割合はどうなるのでしょうか。

本ケースは後退車と歩行者との衝突事故ですが、この場合の基本的過失割合は「運転手：子供＝95対５」となります（別冊判例タイムズ38号「民事交通訴訟における過失相殺率認定基準」による）。

被害者の落ち度としては、歩車道の区別のある道路で車道にいたこと、車には音声機能がついていて警笛を鳴らしていたのと同様に考えることができること、が挙げられます。これらの事情によって、あわせて20%ほど被害者の過失割合が加算されます。特に過失相殺の判定で重要なのは、警笛や音声機能によりバックに関する合図を出していたか否かです。

もっとも、道路交通法上、バックする際は後方確認が義務付けられているにもかかわらず、本ケースでは運転手が後方を確認しないままバックしているようです。また、いくら後方不確認だとしても、ゆっくりした速さでバックすべきでした。被害者が9歳の児童であることも不利益な材料となります。これらの事情によって、あわせて25%ほど加害者側の過失割合が加算されます。結局、計算上の加害者の過失割合が100%となるため、過失相殺は認められず、加害者側が100%の損害賠償責任を負うことになりそうです。

また、場合によっては事故が起こった状況が重要視される場合があり、たとえば、事故現場が住宅街であるような場合には、加害者にとってさらに不利な要素になります。

? **先日、会社から車で帰宅途中、泥酔した男がいきなり私の車の前に飛び出し、接触してしまいました。幸い制限速度以下で徐行運転をしていたため、相手の男は軽傷ですみましたが、その男は私が悪いのだから損害賠償を請求するといっています。私は損害賠償に応じなければなりませんか。**

道路に飛び出してきた相手の男に非があるようにも思えますが、運転者であるあなたが100%免責されるのは難しいでしょう。ただし、過失相殺が行われて、賠償額が減らされる余地は十分にあります。最終的には、示談や裁判で決められた過失割合で損害賠償に応じることになります。

車対車の事故の場合、相手の非常識で予期できないような運

バック走行と子どもの交通事故

①基本の過失割合	
運転手 95%	子ども5%
②トラックが警笛を鳴らしていたことによる修正	
運転手 75%(−20%)	子ども 25%(+20%)
③運転手の後方不注意＋子どもが9歳であることによる修正	
運転手 100%(+25%)	子ども0%(−25%)

転（信号無視、大幅なスピード違反など）の結果として、事故が発生してしまったのであれば、交通ルールを守っていた側の運転者は過失責任が否定されることもあります（信頼の原則）。

しかし、人対車の場合、相手（人）が非常識な行動をとったために事故が発生したとしても、交通弱者である歩行者を救済する見地から、車側の過失責任が100％免責されることはほぼありません。また、人対車の事故で車側の責任がまったくないとした場合、自賠責保険からの保険金は出ないので、ケガをした相手（人）が救われません。少々、不合理な結論に思えるかもしれませんが、前提として「自動車は人の生命を奪いかねない危険な道具である」という考えが念頭に置かれています。そのため、運転者に対しては、常に前方を注意する義務や適切な制動操作等を行う義務が課せられています。

ただし、人対車の事故であっても、被害者の行動があまりにも異常で、車両の運転者が相当の注意を払っていても避けることは不可能であったと判断されれば、100％免責されることもあります。実際の判例でも、加害者が100％免責されたケースがいくつかあります。

車の運転手が100%免責された判例

新潟地裁長岡支部判決平成29年12月27日では、夜間に片側3車線の国道に飛び出した歩行者と走行中の自動車の事故において、車側を全面的に免責した。

車同士の事故と過失割合

課せられている義務は双方の車とも基本的に同じである

車同士の事故で修正される場合

車同士の事故であっても、過失割合が修正されることがある。たとえば大型トラックと乗用車の衝突事故の場合、トラックの大きさが事故発生の危険性を大きくしたと判断されるときは、過失割合が大きくなることがある。

■ 車同士の事故にはさまざまな態様がある

車同士の事故では、状況しだいで加害者と被害者とが簡単に入れ替わります。車同士の事故の態様はさまざまなものがあり、過失割合も一般的に、個別具体的に決定されます。そのため、基本的過失割合も個別のケースによって細かく場合分けをしています。

さらに、基本的過失割合を修正する修正要素には、すべてのケースに共通するものとして「著しい過失」と「重過失」があります。著しい過失の例としては、著しい左右前方の不注視、酒気帯び運転、時速15km以上30km未満のスピード違反などがあります。重過失の例としては、無免許運転、酒酔い運転、時速30km以上のスピード違反、居眠り運転などがあります。

■ 交差点における直進車同士の事故

まず、信号機が「ある」交差点では、車が交差点に進入したときの信号によって基本的過失割合が決まります。双方ともに赤であれば、過失割合が50%となります。一方、黄色信号と赤信号であれば、直進車の優先程度に差が生じるため、前者の過失割合を20%と考えます。

次に、信号機が「ない」交差点では、優先道路または幅員の明らかに広い道路から進入してきた車が有利になります。それ以外の道路では、左から進入してきた車が優先するという「左方優先の原則」や、一方通行違反の有無が大きく影響します。

交通事故における過失割合の修正要素

著しい過失 （過失割合が 10%程度加算される）	重過失 （過失割合が 20%程度加算される）
①左右前方の不注視 ②酒気帯び運転 ③15km ～ 29km のスピード違反	①無免許運転 ②酒酔い運転 ③30km 以上のスピード違反 ④居眠り運転

■ 交差点における直進車と右左折車の事故

直進車対右折車といっても、同じ道路を対向方向から進入してきた場合（右直事故）と、同じ方向からきた車同士でその一方が他方の左方から進入してきた場合（左直事故）とでは、状況はかなり異なります。各ケースでは、他のさまざまな要素を加味して過失割合を決めています。

また、直進車と左折車の事故は、交差している道路からの左折車と直進車との事故を意味しますが、優先道路や幅員が明らかに広い道路を直進している場合を除いて、直進車も徐行をしなければなりません。そのため、徐行や減速をしているかという点も考慮して、基本的過失割合が決められています。

直進車優先の原則

道路交通法上、交差点で右折をする車は、その交差点を直進する車の進行を妨害してはいけない。これを「直進車優先の原則」という。

■ 交差点における右左折車同士の事故

交差点で右折する場合には、徐行しつつ他の進入車両に注意すべき義務が課せられています。そのため、右折車同士の事故については、徐行や右折する際に通常の減速をしているかを判断要素として、基本的過失割合が決められています。

一方、左折車と対抗右折車との事故の場合、交差点の優先関係は、右折車は直進車及び左折車より劣後の関係にあります。このため、基本的過失割合は対抗右折車の方が重くなります。

この基本的過失割合から、大型車かどうか、徐行・大回り・左折方法違反の有無、過失の有無といった事情を考慮して、実際の過失割合を判断します。

■ 交差点における右左折車と後続直進（追越）車との事故

この場合の事故については、「交差点で右左折しようとする車は、交差点の30m手前から合図を出し、その方向にできる限り寄せなければならない」という義務があることを前提として考えます。状況別に各種の事情を加味して、基本的過失割合を決めています。なお、右左折しようとする先行車があらかじめ右左折しようとする側に寄っている場合と、寄っていない場合では、基本過失割合が異なります。

■ Ｔ字型交差点における事故

Ｔ字型交差点における事故については、直進路と突き当たり路の間での優先の別、幅員の違い、一時停止の有無などによって、基本的過失割合が10～20％程度ずつ異なってきます。ただし、運転慣行上、突き当たり路から進入する車は徐行するものといえますし、十字交差点と異なり対向車線に注意する必要はありません。そこで、突き当たり路から進入する車の方が、直進路から進入してくる車よりも、注意すべき義務は高くなっています。

■ 道路外出入車と直進車との事故

基本的過失割合が決められてはいますが、いくつかの修正要素を加味して責任が増減します。道路外出入車が徐行をしているか、合図を出しているか、車の頭を出して待機していたか、すでに右左折を終了していたかなどが主な修正要素となります。

道路外出入車とは

道路の外にある駐車場･ガソリンスタンド･工事現場などと道路との間を出入りする車のこと。

■ 対向車同士の事故

対向車同士の事故では、反対車線にはみ出した方が100％の過失責任を負うのが原則です。しかし、幅員が狭い道路やセンターラインが引かれていない道路では、はみ出していない車の方にも、一定の前方不注視責任が問われることがあります。前方不注視の程度によって10～20％の修正が加えられます。

なお、一方の車が道路の外に出ようとして右折するケース（道路外出入車の事故）、道路外から反対の道路外へ出ようとして横断したケース、Ｕターンして反対車線にはみ出たケース（転回車の事故）は、ここには含まれないので注意してください。

■ 同一方向に進行する車両同士の事故

同一方向に進行する車同士の事故には、以下の３パターンがあります。

① 追越車と被追越車との場合

基本的過失割合は、追越車の責任の方が圧倒的に高くなっています。追越禁止の道路とは、標識などによって追越禁止が指定されている道路の他、上り坂の頂上付近、急な下り坂、曲がり角付近、交差点、踏切、トンネルなどの道路です。また、追越の危険な道路とは、雨のためスリップしやすい道路、見通しの悪い道路、歩行者の多い道路、凹凸の激しい道路、狭い道路などです。

② 進路変更車と後続直進車の場合

進路変更車が合図を出すなどの義務を守っていることを前提に、基本的過失割合を決めています。そのため、事故の発生した場所が進路変更禁止の場所であったり、進路変更の合図を出していなかったりすると、過失割合が修正されます。

③ 追突事故の場合

追突事故のケースでは、原則として、追突した車の方に100％の過失責任があります。走行している車には、事故を防ぐために前方を注視する義務、車間距離を十分に保つ義務が課されているからです。ただし、追突された車がやむを得ない理由もなく急ブレーキをかけた場合は、過失割合が修正されます。

緊急停車(急ブレーキ)をした車への衝突

走行中の車が急ブレーキを踏んだことにより停車したところへ、後方から車が衝突した場合、基本的には衝突した車の過失が10と判断される。車道を運転する者には、走行中の他の車が緊急停車する可能性があることを予測する義務があるためである。

■ 転回車と直進車との事故

直進車と転回車（Uターン車）との事故については、同一方向に進行する車両同士の事故とは考えずに、別個のケースとして考えています。転回車の場合は、課されている注意義務が異なるためです。直進車と転回車の事故は、大きく転回（Uターン）が途中である場合と、転回が終了している場合に分けられます。ただし、他の車の正常な交通を妨害するおそれがあるときは、転回は禁止されています。そのため、いずれにしても転回車の方が基本的過失割合は高くなっています。

■ 駐停車車両に対する追突事故

イメージとしては、道路に駐停車している四輪車に後ろから走行してきた四輪車が追突してきた場合です。

駐停車車両に対する追突事故についての過失割合の基準は、原則として、追突車両が100%の過失責任を負います。ただし、駐停車車両について、駐停車禁止場所への駐車、非常点滅灯の不灯火といった過失が存在する場合には、追突車両の過失割合が10～20%減少します。

■ 一方が緊急車両

道路交通法上、運転消防用自動車や救急用自動車など、緊急用務のための自動車を緊急自動車（緊急車両）といいます。一方が緊急車両である場合は、通常の車両同士の事故と違った検討が行われます。青信号で直進進入した車や、優先道路を通行して進入した車など、本来は優先する場面においても、緊急車両の通行がさらに優先されます。よって、基本的過失割合は、緊急車両以外の車の過失が多くなる傾向があります。

? 私は運送会社に勤務しており、ダンプカーを運転しています。先日、工事現場近くの交差点に進入したとき、急ぐあまり徐行しないまま右折したところへ、前方から、かなりのスピードで乗用車が進んできて衝突事故を起こしました。このような場合、過失割合はどうなるのでしょうか。

交通事故の場所が交差点の場合、過失割合の算定は非常に複雑となります。まず、車両が交差点で右折する場合、直進車や左折車がいるときは、それらの車両の進行妨害をしてはならない、と道路交通法は規定しています（直進車優先の原則・左方優先の原則）。よって、右折車が交差点で事故を起こした場合、この規定に違反していることから、過失割合の算定で右折車は不利益に扱われます。

たとえば、同一道路で対向方向から交差点に進入してきた車同士の事故の場合、双方ともに青信号で交差点に進入していたとしても、交差点で右折する車は直進車・左折車の進行を妨害してはならないので、右折車には80％の過失割合があります。つまり、基本的過失割合は右折車対直進車で80対20となります。

この基本過失割合に修正要素を加えます。あなたのような右折車の場合、道路交通法上、交差点の中心の直近の内側を徐行しなければなりません。しかし、徐行していないのでマイナス要素となり、10％加算されます。さらに、事故になった場合の危険性から、ダンプカーなどの大型車は５％加算されます。結局、15％加算になります。

これに対し、相手方（直進車）はスピード違反のようなので、その点はあなたにとって過失割合の減算要素となります。そして、相手方はかなりのスピードということで、具体的にどれの程度の制限速度違反かは不明ですが、仮に15㎞以上とすると10％、30㎞以上とすると20％、あなたの過失割合が減ります。

私は個人タクシーの運転手ですが、交通事故を起こしました。交差点で信号待ちをしていましたが、急いでいたこともあり、交差道路の信号が黄色に変わったので、赤信号になった時に（青信号になる前に）発進しました。ところが、交差道路から乗用車が猛スピードで交差点に進入し、乗客は無事でしたが、私は負傷し、車も損傷しました。交差点進入時、相手は黄信号で私は赤信号だったのですが、この場合の過失割合はどうなるのでしょうか。相手は、20㎞の制限速度違反は認めており、進入直後に黄信号は赤に変わっていたそうです。

相手方は、黄信号で交差点に進入していますが、あなたも信号無視をしています。そこで、いずれの過失割合が大きいのかということですが、赤信号での進行は黄信号に比べて交差点に進入することの危険性ははるかに高く、進行が許されません。ですから、黄信号無視と赤信号無視の直進車両同士が衝突事故を起こした場合の過失割合は、黄信号無視の車対赤信号無視の車で20対80と差がついています。

もっとも、信号が黄色の場合についても赤の場合と同様に、車に停止すべき義務があります。なお、交差点に進入する直前で信号が黄色に変わった場合には、安全に停止できないことから、青信号で交差点に進入した場合と同様に扱われています。

ただし、これは基本的過失割合であるため、双方の修正要素を考慮して実際の過失相殺を行います。相手方の進入直後に信号は黄色から赤に変わっています。同じ黄色の信号無視でも、直後に赤信号に変わる状況は極めて危険なので、マイナスの修正要素として、相手方の過失割合が10％加算されます（あなたの過失割合が10％減ります）。また、20㎞の制限速度違反の点についても、相手方の過失割合が10％加算されます。

以上から、あなたと相手方との最終的な過失割合は40対60となることが予想されます。

乗客が負傷した場合

このケースで乗客がケガをした場合、タクシーの運転手と事故の相手方が共同で乗客にケガを負わせたことになる。その場合、運転手（厳密には運転手を雇用している会社）と相手方は連帯して乗客に損害賠償責任を負う。

四輪車と四輪車の事故における基本的な過失割合

◆交差点における直進車同士の事故①

事故の基本状況	事故の詳しい状況	過失割合
信号機のある交差点での事故 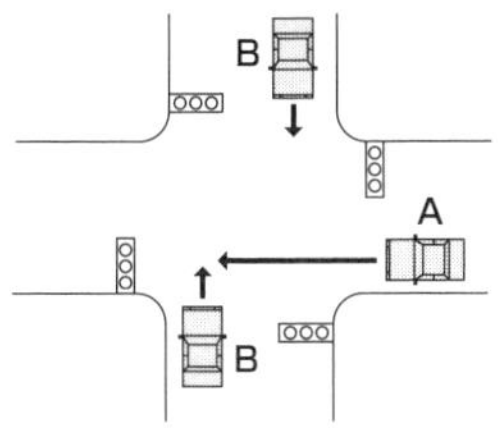	A車が青、B車が赤で進入	Aは0% Bは100%
	A車が黄、B車が赤で進入	Aは20% Bは80%
	A車が赤、B車が赤で進入	Aは50% Bは50%
信号機のない交差点での事故（同幅員の交差点） 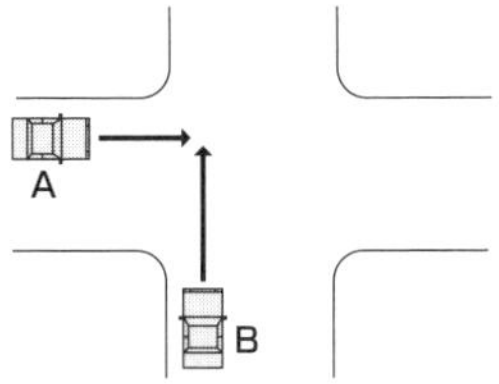	左方車A、右方車Bが同程度の速度	Aは40% Bは60%
	左方車Aは減速をせず、右方車Bは減速	Aは60% Bは40%
	左方車Aは減速、右方車Bは減速せず	Aは20% Bは80%

◆交差点における直進車同士の事故②

事故の基本状況	事故の詳しい状況	過失割合
一方が明らかに広い道路での事故 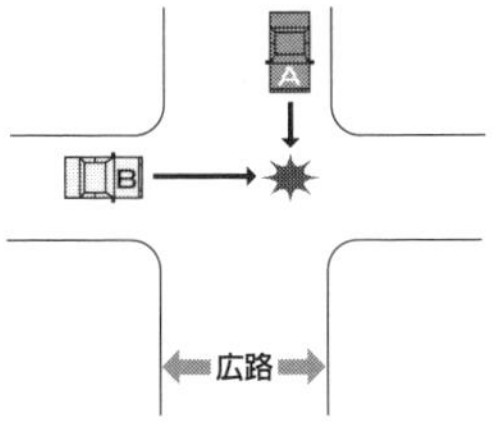	広路車Aと狭路車Bが同程度の速度で進入	Aは30% Bは70%
	広路車Aと狭路車Bが同程度の速度で進入（見通しのよい交差点）	Aは20% Bは80%
	広路車Aは減速せず、狭路車Bは減速して進入	Aは40% Bは60%
	広路車Aは減速、狭路車Bは減速せずに進入	Aは20% Bは80%
一時停止規制がない直進車と一時停止義務違反車の事故 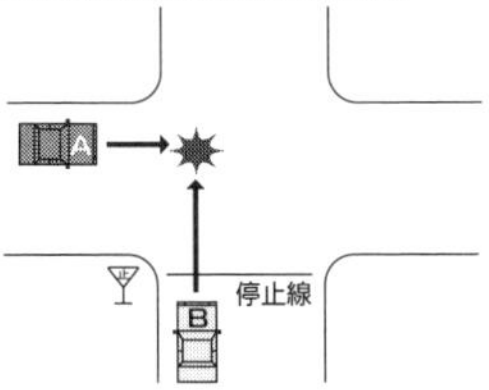	AとBが同程度の速度	Aは20% Bは80%
	Aが減速せず、Bは減速	Aは30% Bは70%
	Aが減速、Bは減速せず	Aは10% Bは90%
	Aが徐行、Bは減速せず	Aは0% Bは100%
	Bが一時停止し、Aを確認後に進入	Aは40% Bは60%

◆交差点における右折車と直進車の事故（右直事故）

事故の基本状況	事故の詳しい状況	過失割合
信号機のある交差点での事故 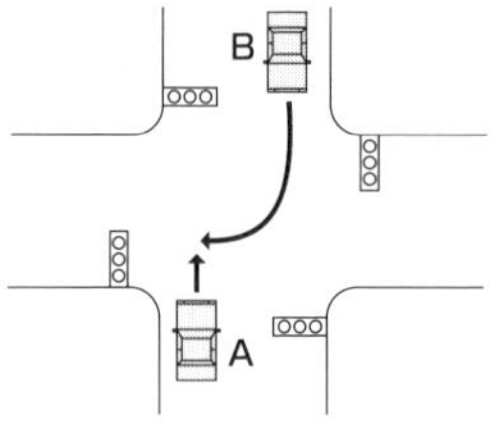	直進車A、右折車Bが共に青で進入	Aは20% Bは80%
	直進車Aが黄、右折車Bが青で進入後、黄で右折	Aは70% Bは30%
	直進車A、右折車Bが共に黄で進入	Aは40% Bは60%
	直進車A、右折車Bが共に赤で進入	Aは50% Bは50%
	直進車Aが赤で進入、右折車Bが青で進入後、赤で右折	Aは90% Bは10%
	直進車Aが赤で進入、右折車Bが黄で進入後、赤で右折	Aは70% Bは30%
	直進車Aが赤で進入、右折車Bが青矢印による右折可の信号で進入	Aは100% Bは0%
信号機のない交差点での事故	Aが直進、Bが右折	Aは20% Bは80%

◆直進車と右左折車の事故

事故の基本状況	事故の詳しい状況	過失割合
T字型交差点での事故 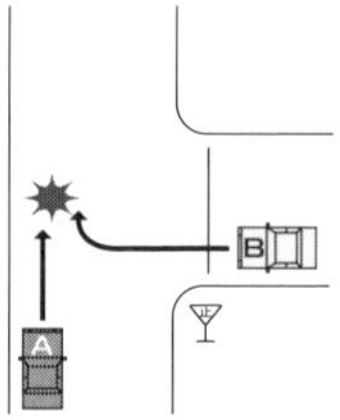	（同幅員の交差点で） 直進車Aと右左折車B	Aは30% Bは70%
	（一方が明らかに広い道路で） 広路直進車Aと右左折車B	Aは20% Bは80%
	（一方が優先道路である場合の） 直進車（優先車）Aと右左折車B	Aは10% Bは90%
	（右左折車側に一時停止規制がある場合の）直進車Aと右左折車B	Aは15% Bは85%
直進車Aと道路外出入車Bとの事故 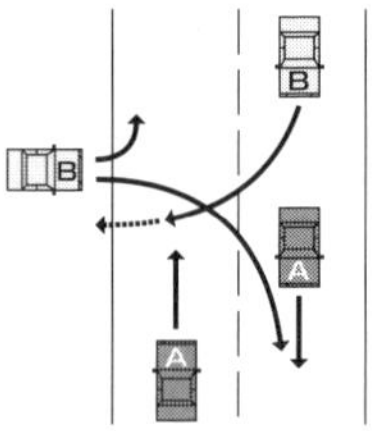	路外からの車両Bが道路を横切って右方に進入	Aは20% Bは80%
	路外からの車両Bが左方に進入	Aは20% Bは80%
	車両Bが道路を右折して路外に出る	Aは10% Bは90%

◆対向車同士の事故

事故の基本状況	事故の詳しい状況	過失割合
センターラインあり 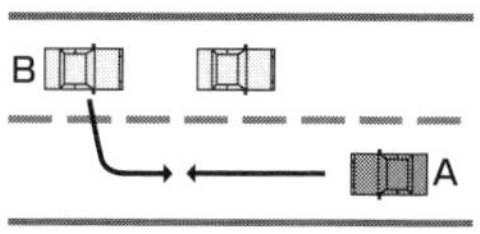	自車線内を走行するＡとセンターラインをオーバーしたＢが衝突	Ａは0% Ｂは100%
センターラインなし 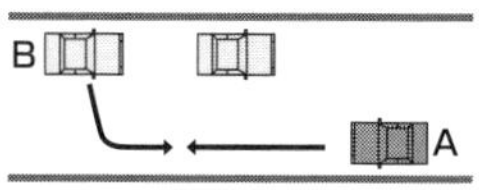	あまり広くない道路の左側を走行するＡと前方不注視により道路中央をわずかに超えたＢが衝突	Ａは20% Ｂは80%

◆同一方向に進行する車同士の事故

事故の基本状況	事故の詳しい状況	過失割合
進路変更 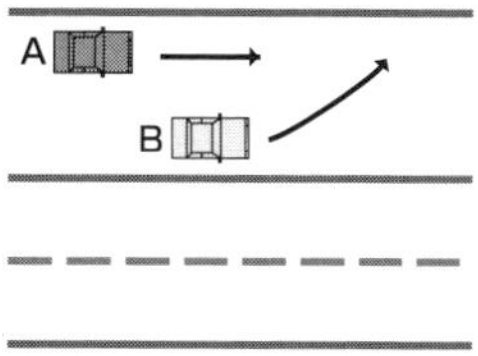	進路変更したＢに後続車Ａが衝突	Ａは30% Ｂは70%
追　突 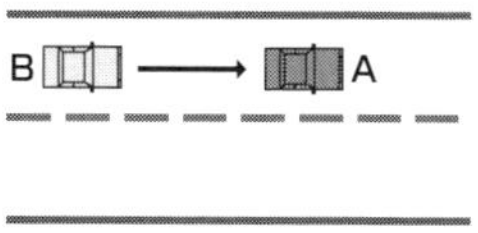	やむを得ない理由もなく急ブレーキをかけたＡにＢが追突	Ａは30% Ｂは70%
	制動灯（ブレーキ・ランプ）に故障があるＡにＢが追突	Ａは40～50% Ｂは50～60%

バイクvs車の事故と過失割合

四輪車側の過失割合の方が大きくなっている

■ 単車（バイク）と四輪車の言葉の意味

想定されるケースは、車同士の事故とほぼ同じです。

たとえば、幹線道路上であるか、信号の有無、見通しがきくかどうかなどで分類された交差点の事故、右折禁止や減速が規定された道路などでの事故が挙げられます。交差点の場合は、信号無視の程度もケース別に取り上げています。

■ 単車と車での過失割合

単車の運転者は物理的に身体が防護されている状態ではないため、単車と四輪車の事故が発生した場合、単車側が衝突により発生する人身損害が拡大する可能性があります。

そのため、歩行者と車の事故の場合と同じく、単車側を保護するために、四輪車側の過失割合の方が重くなるように修正されています（単車修正）。たとえば、信号機によって交通整理が行われている交差点で、単車が青信号に従って直進し、四輪車が赤信号を無視して直進した場合、四輪車の過失責任が100％と扱われます。もし単車側が安全確認を怠った場合や、容易に回避できるにもかかわらずその措置をとらなかった場合でも、単車側に５％過失割合が加算されるにとどまります。

また、単車が黄信号で交差点に進入し、四輪車が赤信号を無視して交差点に進入した場合でも、直前で信号が変わったために単車が安全に停止できなかったときは、青信号進入したものとして扱われます。赤信号に変わる直前であっても、単車の過失割合が10％加算されるのみです。

また、単車の場合は、危険を感じてもそれを回避するための措置をとりにくいことから、衝突のケースによってはその点も加味して基本的過失割合が決定されます。特に速いスピードで走行している場合は、この傾向が強いといえます。

■ 修正要素とは

交通事故が起こる場合に通常見られる過失（注意義務に対する違反）については、基本的過失割合に織り込み済みです。具体的には、左右前方に対する安全確認を怠ったままの走行や、信号待ち後の安全確認を怠った発進、危険発見後に通常期待される衝突回避のための措置を怠った場合などがこれにあたります。

しかし、さらなる注意義務違反がある場合は、基本的過失割合に対して修正が行われます。過失の程度に応じて①著しい過失、②重過失に分類され、５～20％の過失割合の増減がなされることになります。

①　著しい過失

時速15km以上30km未満のスピード違反、著しいハンドル操作の誤り行為、携帯電話の通話・通信行為、酒気帯び運転、単車が改造された場合などがあります。また、単車の場合は、運転者・便乗者がヘルメットを着用せずに走行した場合が挙げられます。

②　重過失

重過失は、著しい過失に比べてさらに悪質で、故意に限りなく近いといえる行為が含まれます。たとえば、無免許運転、居眠り運転、時速30km以上の著しいスピード違反、薬物・疾病を原因とする運転、酒酔い運転などが挙げられます。また、単車の場合は、危険な態勢での運転やヘルメットを着用せずに高速道路を運転していた場合などがあります。

なお、著しい過失と重過失以外にも、事故現場の具体的な状況によって修正が行われます。

バイク事故における天気の影響

原則的に天気は自然の事象であるため、事故の過失割合に影響を与えることはない。しかしバイクの運転手が大雨であるにもかかわらずスピード出して走行し、事故の危険性を高めた等の事情があれば、過失割合に影響を与えることがある。

単車と四輪車の事故における基本的な過失割合

◆交差点での直進車同士の出会い頭の事故

<table>
<tr><th>事故の基本状況</th><th>事故の詳しい状況</th><th>過失割合</th></tr>
<tr><td rowspan="5">信号機のある交差点での事故
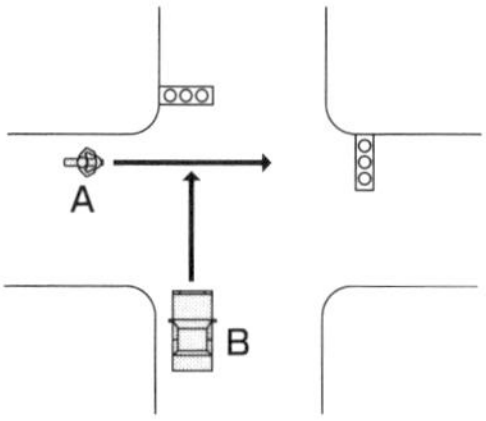
</td><td>単車Aが青、四輪車Bが赤で進入</td><td>Aは0%
Bは100%</td></tr>
<tr><td>単車Aが赤、四輪車Bが青で進入</td><td>Aは100%
Bは0%</td></tr>
<tr><td>単車Aが黄、四輪車Bが赤で進入</td><td>Aは10%
Bは90%</td></tr>
<tr><td>単車Aが赤、四輪車Bが黄で進入</td><td>Aは70%
Bは30%</td></tr>
<tr><td>単車Aが赤、四輪車Bも赤で進入</td><td>Aは40%
Bは60%</td></tr>
<tr><td rowspan="5">信号機のない交差点での事故
（同幅員の交差点）
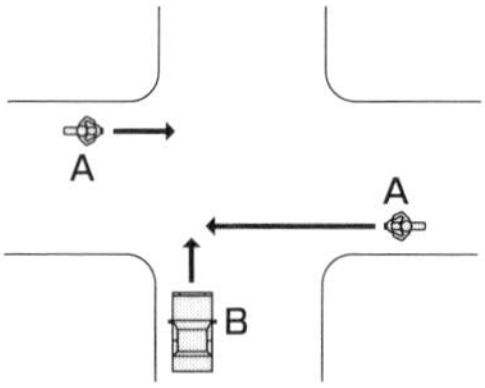
</td><td>左からくる単車Aと四輪車Bが、同程度の速度</td><td>Aは30%
Bは70%</td></tr>
<tr><td>左からくる単車Aは減速し、四輪車Bは減速せず</td><td>Aは15%
Bは85%</td></tr>
<tr><td>左からくる単車Aは減速せず、四輪車Bは減速</td><td>Aは45%
Bは55%</td></tr>
<tr><td>右からくる単車Aは減速し、四輪車Bは減速せず</td><td>Aは35%
Bは65%</td></tr>
<tr><td>右からくる単車Aは減速せず、四輪車Bは減速</td><td>Aは60%
Bは40%</td></tr>
</table>

◆同一道路を対向方向から進入した右折車と直進車との事故（右直事故）

<table>
<tr><th>事故の基本状況</th><th>事故の詳しい状況</th><th>過失割合</th></tr>
<tr><td rowspan="5">信号機のある交差点での事故
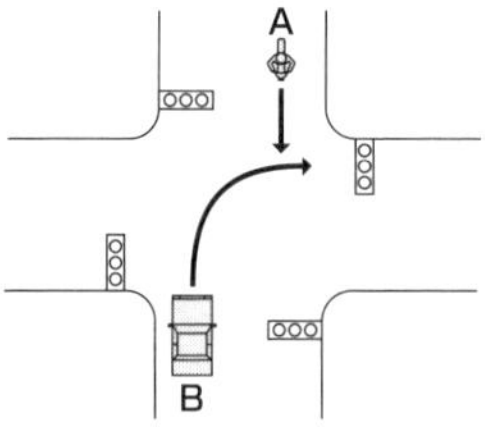
</td><td>単車Aは青で直進、四輪車Bは青で右折</td><td>Aは15%
Bは85%</td></tr>
<tr><td>単車Aは黄で直進、四輪車Bは青で交差点に進入後、黄で右折</td><td>Aは60%
Bは40%</td></tr>
<tr><td>単車Aは黄で直進、四輪車Bは黄で右折</td><td>Aは30%
Bは70%</td></tr>
<tr><td>単車Aは赤で直進、四輪車Bは赤で右折</td><td>Aは40%
Bは60%</td></tr>
<tr><td>単車Aは赤で直進、四輪車Bは青で交差点に進入後、赤で右折</td><td>Aは80%
Bは20%</td></tr>
<tr><td rowspan="5">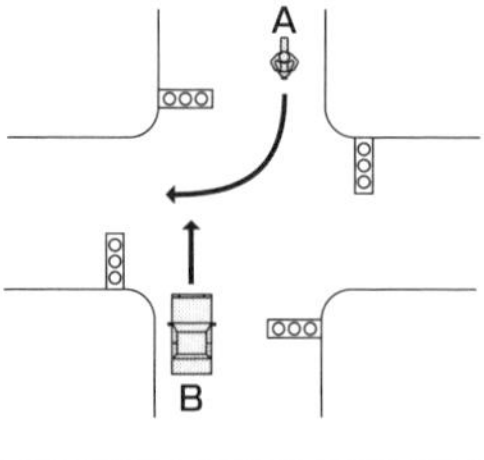
</td><td>単車Aは青で右折、四輪車Bは青で直進</td><td>Aは70%
Bは30%</td></tr>
<tr><td>単車Aは青で交差点に進入後、黄で右折、四輪車Bは黄で直進</td><td>Aは25%
Bは75%</td></tr>
<tr><td>単車Aは黄で右折、四輪車Bは黄で直進</td><td>Aは40%
Bは60%</td></tr>
<tr><td>単車Aは赤で右折、四輪車Bは赤で直進</td><td>Aは40%
Bは60%</td></tr>
<tr><td>単車Aは青で交差点に進入後、赤で右折、四輪車Bは赤で直進</td><td>Aは10%
Bは90%</td></tr>
</table>

◆直進車と道路外出入車の事故

事故の基本状況	事故の詳しい状況	過失割合
直進する単車と路外の四輪車の事故 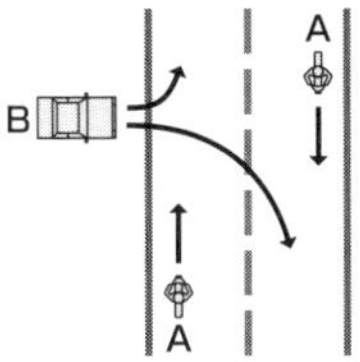	路外車Bが道路に進入	Aは10% Bは90%
	路外車Bが一方車線を横切って 他車線に進入	Aは10% Bは90%
直進する四輪車と路外の単車の事故 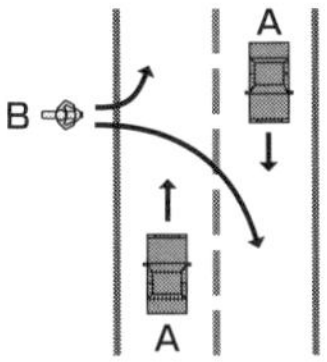	路外車Bが道路に進入	Aは30% Bは70%
	路外車Bが一方車線を横切って 他車線に進入	Aは30% Bは70%

◆同一方向に進行する車同士の事故

事故の基本状況	事故の詳しい状況	過失割合
四輪車の進路変更 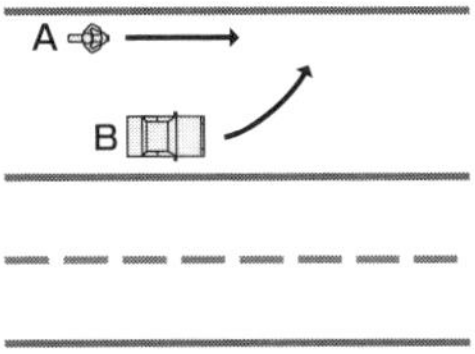	進路変更した四輪車Bと 後続の単車Aが衝突	Aは20% Bは80%
単車の進路変更 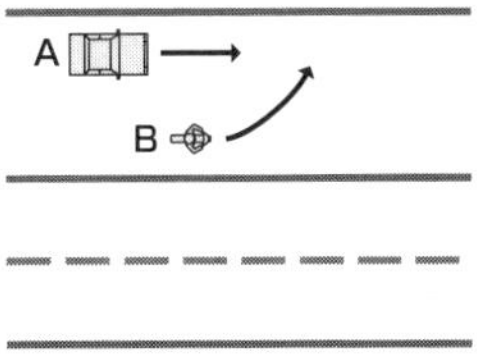	進路変更した単車Bと 後続の四輪車Aが衝突	Aは40% Bは60%

自転車vs車の事故と過失割合

自転車は歩行者と単車の間に位置付けられている

増加する自転車の交通事故

自転車が関与する交通事故は全国で年々増加している。そのため自治体によっては、自転車であっても任意保険に加入することを義務付けているところもある。

■ 自転車の基本的過失割合の考え方

自転車の運転者の身体は物理的に防護されていません。そのため、衝突による人身損害は、明らかに自転車側の方が拡大しやすいものになりますので、基本的過失割合を決めるときには、自転車側を保護するための修正が行われています。ただ、オートバイと違って自転車は、免許がなくても誰でも乗ることができるので、保護修正は、オートバイの場合に比べて自転車側により有利になっています。

■ 自転車と四輪車の事故の修正要素

自転車と四輪車の事故の場合でも、事故が起きるときには通常見受けられる過失（注意義務に対する違反）は、すでに基本的過失割合に含めて考えられています。しかし、それを超える過失がある場合や、ケースによって起こり得る注意義務違反については、加算要素や減算要素として過失割合の修正に使用されます。そして、自転車は歩行者に近づけて考えるので、歩行者と四輪車の事故の場合と似ている修正要素が見られます。

たとえば、時速10㎞以下である場合や、自転車を押して歩いている場合は、歩行者対四輪車と同視されます。ただし、自転車が通常の速度以上（時速30㎞程度以上）で走行している場合は、オートバイと四輪車の事故に近づけて考えます。

■ 自転車の加算要素

① 「夜間」の事故

夜間では、四輪車はヘッドライトを点灯しています。そのため、自転車の方から四輪車は比較的容易に発見できます。反対に自転車が暗い交差道路から進入してきたときなどは、四輪車から自転車の発見が困難になるため、この場合は自転車側に５％の過失割合が加算されます。

②　「著しい過失」「重過失」

夜間でライトをつけない走行、脇見運転、２人乗り、酒気帯び運転などの場合は「著しい過失」として、自転車側の過失割合が５～10％増えます。また、明らかな猛スピードでの交差点への進入、ブレーキをかけないまま坂道を下る行為、片手運転、酒酔い運転、ブレーキの故障などがあると「重過失」として、自転車側の過失割合が10～20％増えます。

③　右側通行

自転車は、道路の左側を通行しなければなりませんので、自転車が右側通行をして、四輪車から見て左側から進入した場合、自転車側の過失割合が５％加算されます。

■ 車の加算要素

①　自転車の運転者が「児童等・高齢者」である場合

児童等、高齢者はより保護の要請があるので、四輪車側の過失割合が10％増えます。

②　「著しい過失」

四輪車側の著しい過失としては、危険発見後の著しい運転ミス、時速15㎞以上30㎞未満のスピード違反、著しい前方不注視、酒気帯び運転などがあります。状況と程度に応じて、四輪車側に５～20％の過失割合の加算があります。

③　「重過失」

四輪車側の重過失としては、時速30㎞以上のスピード違反、酒酔い運転、無免許運転などがあります。状況と程度に応じて、四輪車側に過失割合が10～20％加算されます。

高速道路上の事故と過失割合

通常の道路とは運転者に課されている義務が異なる

■ 通常と異なる取扱いがなされる

高速道路における事故では、過失割合を決定する際に考慮すべき要素が高速道路以外の道路と根本的に異なっています。

もちろん、高速道路でも安全な運転が要求されています。しかし、もともと高速道路は車が速いスピードで移動することを目的として設置されています。そのために、道路交通法などによって通常の道路を走行する車に課されている義務とは異なる義務が運転者に課されています。高速道路での事故については、この義務を前提にして基本的過失割合が決められています。具体的には、以下の各義務が課されています。

① 最低限のスピードを維持して走行することが義務とされています。

② 一方方向への高速走行を円滑にするために、道路を横断したり、Uターンやバックをすることは禁止されています。

③ 本線車道を走行している車があるときは、その円滑な高速走行を妨げないために、本線車道に進入しようとしている車は、本線車道を走行している車を優先させなければなりません。

④ 本線車道に進入するときは、加速車線を利用して十分に加速してから進入する義務があります。また、本線車道から出るときは、減速車線を利用して安全な速度まで減速する義務があります。

⑤ 高速道路では原則として信号もなく、安全にすべての車が走行できるように、駐停車が禁止されています。

⑥ 高速道路では駐停車が禁止されているので、走行中に車に

高速道路とは

交通事故における高速道路とは、「○○高速道路」とつくものは自動車専用の有料道路のことを指す。これらの道では歩行者、自転車や125ｃｃ以下のバイクは進入することが禁止されている。

自転車と四輪車の事故・高速道路上の事故における基本的な過失割合

◆交差点における自転車と四輪車の事故

事故の基本状況	事故の詳しい状況	過失割合
信号機のない交差点での事故 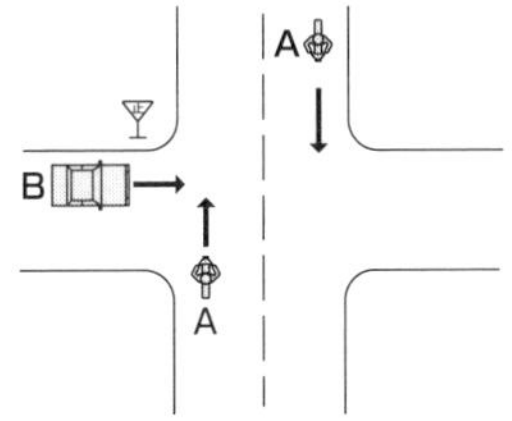 	（一方が明らかに広い道路） 自転車A広路、四輪車B狭路	Aは10% Bは90%
	（一方が優先道路） 自転車A優先道路、四輪車B非優先側	Aは10% Bは90%
	（一方に一時停止の標識あり） 自転車A規制なし、 四輪車B一時停止規制	Aは10% Bは90%
信号機のない交差点での事故 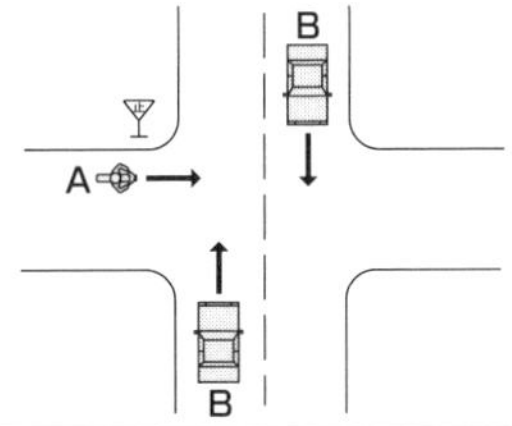 	（一方が明らかに広い道路） 自転車A狭路、四輪車B広路	Aは30% Bは70%
	（一方が優先道路） 自転車A非優先側、四輪車B優先道路	Aは50% Bは50%
	（一方に一時停止の標識あり） 自転車A一時停止規制、 四輪車B規制なし	Aは40% Bは60%

◆高速道路における同方向直進車同士の事故

事故の基本状況	事故の詳しい状況	過失割合
直進車Aと加速車線からの 進入車Bの事故 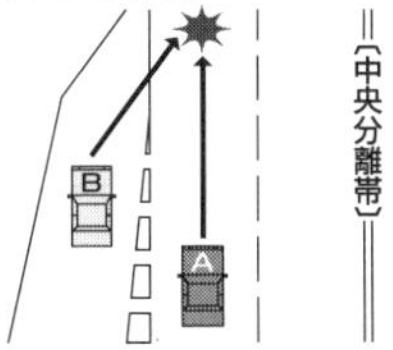 	AB共に四輪車の場合	Aは30% Bは70%
	Aが単車、Bが四輪車の場合	Aは20% Bは80%
	Aが四輪車、Bが単車の場合	Aは40% Bは60%
高速道路上の車線変更を伴う 割込み事故 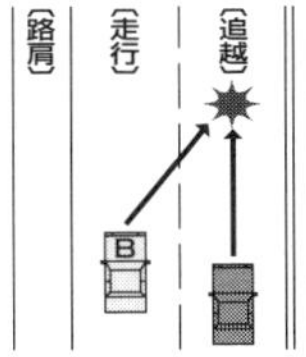 	AB共に四輪車の場合	Aは20% Bは80%
	Aが単車、Bが四輪車の場合	Aは10% Bは90%
	Aが四輪車、Bが単車の場合	Aは30% Bは70%

トラブルが起きて駐停車を余儀なくされないように、事前に整備・点検をしておく義務があります。
⑦　やむを得ず高速道路上で停車したときでも、後方から走行してくる車の追突を予防しなければなりません。そのため、車に停止表示の機材を設置する義務があります。
⑧　本線車道で運転ができなくなったときは、早急に退避しなければなりません。

■ 高速道路での修正要素

高速道路では前述の各種の義務を前提にして基本的過失割合が決められています。重大な事故が生じやすい高速道路では、法に従わない場合の過失割合は、一般道路よりも重く評価されます。

たとえば、高速道路において本線車道を直進している車（A車）と、進入路から本線車道に進入する車（B車）との衝突という場合には、A車の過失割合は30%、B車の過失割合は70%と扱われます。なお、進入車（B車）は、加速車線で十分に加速しないなど不適切な合流方法をとった場合に、過失割合が10～20%増えます。また、直進車は、急加速をした場合に、過失割合が10～20%増えます。

しかし、高速道路でも事故現場の状況に応じて修正要素があり、それによって過失割合が増減します。高速道路特有の修正要素としては、進路変更区域での進路変更、他の走行車両の動静に対する著しい不注視、分岐点や出入口付近での事故、追突事故での視界不良などがあります。

■ その他気をつけること

高速道路に特有の事故というのもあります。たとえば、高速道路に設置されている路肩などでの追突、横転車両による事故、落下した積荷による事故などです。

高速道路は本来、人が歩行している場所ではないので、通常の道路での歩行者と車の事故のような歩行者保護を目的とした過失割合の修正はありません。ただ、単車（バイク）と車の事故では、単車に対する保護の修正がなされて過失割合が決められています。

? 先日、高速道路を走行中に所要を思い出し、携帯電話をかけるために路側帯にトレーラーを停車させていました。ところが、後方からバイクに乗った大学生が路側帯を走行してきて、私のトレーラーの後部に衝突してしまいました。この場合、過失割合はどのようになるのでしょうか。

前提として、四輪車が過失なく本線車道上に駐停車していたところ、退避可能であったにもかかわらずバイクから衝突を受けた場合、退避等を怠った点で四輪車にも過失が認められるため、バイク（相手）対四輪車（あなた）の過失割合は70対30になっています。しかし、高速道路では原則として、駐停車が禁止されています。あなたがトレーラーを停車させていたのは、路側帯ですが、路側帯といえども駐停車禁止に変わりはありません。まれに駐停車している車両を見かけますが、それは、車両故障、運転手の急病・眠気覚ましといった緊急の場合であって、道路交通法もこのような場合に限って駐停車を認めています。あなたの場合、停車の理由は携帯電話をかけるためであり、緊急性は認められず、道路交通法に違反します。そこで、過失割合の算定にあたって不利益に考慮されます。

ただし、相手の大学生は路側帯を走行していたわけですが、路側帯は走行が禁止されています。しかも高速道路における追越し方法としては不適切です。また、停止車両を避け切れなかったという点で、速度違反もあります。類似の事件において、トレーラーに衝突した被害者に85％の過失相殺を認めた判例がありますので、バイク（相手）対四輪車（あなた）の過失割合は85対15程度になることが予想されます。

路側帯に停車する際の注意点

高速道路の路側帯は原則として駐停車禁止場所である。そのため緊急であったとしても、停車の際には路側帯からはみ出さないこと、数メートル手前に発煙筒を置く等をしなければ、事故の際に有過失と判断される可能性があることに注意しなければならない。

PART6
8

ケース別
過失相殺と過失割合

自転車vs人の事故と過失割合

自転車事故であっても過失相殺は行われる

■ 自転車の特殊性を考慮する

自転車と人との衝突など自転車が事故を起こした場合、加害者は被害者に損害賠償責任を負いますが、被害者にも落ち度がある場合には過失相殺されて賠償額は減額されます。

たとえば、自転車は赤信号の場合に所定の停止位置を越えて進行できません。歩行者が青信号で横断歩道を渡る権利を侵害しますし、仮に黄信号になっていても横断歩道を妨げられません。このケースで事故が発生した場合、自転車の過失割合が100%になります。

> **自転車の過失割合**
> 交差点だけでなく、直線道路の横断歩道でもあてはまる。

もっとも、歩行者用信号が赤信号の場合、歩行者は横断できません。しかし、自転車も赤信号における停止義務を怠っている場合、自転車の過失は非常に大きく判断され、自転車対歩行者の過失割合は75対25となります。この点、自転車が起こす事故は自動車が起こす事故とは異なる特殊性があるので、過失相殺の際もそれを考慮する必要があります。

また、一般的に、交通事故の被害者が交通法規に反する行動をとっていた場合には、被害者側に落ち度があるとみなされて過失相殺されます。

しかし、自転車事故に関しては、道路交通法などの規制が必ずしも周知徹底されておらず、自転車の運転者や歩行者が状況に応じて行動しているという実情があります。そのため、自転車事故が起こった場合には、道路交通法などの交通法規を被害者が守っていたかという点以外の要素も考慮して、被害者の過失の有無や程度を判断します。

自転車と歩行者との交通事故における当事者の過失

自転車側の過失	歩行者側の過失
①横断歩道内での停止 ②信号無視 ③酒気帯び・酒酔い運転 ④スマホ等のながら運転	①事故を回避する義務を怠っていた 例：スマホを見ながら歩いていた ②自転車の前に飛び出した ③すれ違う際の不注意

自転車と歩行者の力関係には比較的に大きな差はないので
自動車と歩行者の場合に比べて過失相殺がなされやすい

また、自転車は自動車と比べれば危険性が低い乗り物です。自転車が走行する速度も歩行者とほどんど変わらない場合もあります。そのため、自動車が事故を起こした場合と比較すると、被害者の落ち度がより考慮されて損害賠償額が減少する可能性が高いといえます。

■ どのような不注意が過失となるのか

どのような事情が被害者の過失として考慮されるのかについては、まず、歩行者が、自転車との衝突を回避するために必要な周囲の安全確認を怠っていた場合には、被害者である歩行者にも落ち度があることになります。

また、歩行者が、自転車から見通すことができないような場所から飛び出してしまい、その結果事故を起こしてしまった場合にも、歩行者に落ち度があることになります。

さらに、歩行者と自転車がすれ違おうとする際に、歩行者の側が自転車との間隔を空けるような配慮をせずに事故が起こった場合にも、歩行者に過失があるといえます。

危険な物を使用して何か事故を起こした場合の考え方

一般的に、加害者が危険な物を使用して何か事故を起こした場合には、被害者に落ち度があったとしても加害者の責任を大きく減らすべきではないと考えられている。危険な物を使用している以上は、それ相応の注意を払うべきだからである。自動車対歩行者で事故が起こった場合は、明らかに自動車の方が歩行者よりも危険な存在なので、この考え方を用いることができる。

Column

電動キックボードの規制緩和

電動キックボードとは、電動式モーター付きのキックボードのことであり、道路交通法上の「車両」に該当します。モーターの出力が0.60キロワット以下の場合は原動機付自転車に、0.60キロワットを超える場合はその出力に応じて普通自動二輪車等に該当します。

公道で「車両」である電動キックボードを走行させるためには、運転免許の取得が必要とされ、ヘルメットの着用義務や自賠責保険への加入、ナンバープレートの装着等の交通ルールに従う必要があります。しかし、電動キックボードは歩行者や自転車並みの速度でしか走行できないにもかかわらず、一般的な原動機付自転車等と同様に扱い、車道を走行させることはかえって危険であるという指摘もありました。

このように、電動キックボードについては、最高速度や車体の大きさに着目して車両の区分を定め、それに応じた交通ルールを定めることが適当であると考えられることから、電動キックボードの規制を大幅に緩和する改正道路交通法が令和４年４月に成立し、令和６年４月までには施行されることになりました。

この改正により、「特定小型原動機付自転車」という車両の枠が新設されました。一定の規格内の電動キックボードはこの特定小型原動機付自転車とされ、運転免許がなくても公道を走行することができるようになりました。また、一定の条件を満たせば、車道ではなく自転車道、路側帯や歩道での通行もできるようにもなり、ヘルメットの着用義務も努力義務へと緩和されます。ただし、特定小型原動機付自転車を公道で運転できるのは16歳以上です。そのため、16齢未満の者が電動キックボードを公道で運転すると道路交通法違反となり、10万円以下の罰金や６か月以下の懲役刑が科される可能性があることに注意が必要です。

PART 7

自転車の交通ルールと賠償・保険制度のしくみ

PART7
1

自転車の交通ルールと賠償・保険制度のしくみ

自転車事故とは

自転車事故には自賠法の適用がない

■ 自転車事故の状況

近年は自転車の運転者が起こす事故も問題となっています。運動不足の解消やエコのために自転車を利用する人が増え、またスマートフォンなどを利用したり、音楽を聴きながら自転車に乗るなどの危険な乗り方をするケースもあります。また自転車であっても、酒気帯び運転や酒酔い運転の規制対象となりますが、バイクや自動車に比べて違反に対する抵抗感がいまだに少ないことも否めません。

警察庁の統計「平成29年中の交通事故の発生状況」によると、自転車乗車中の交通事故は約９万件発生しており、内訳としては自動車との事故が最も多く発生していますが、対二輪車の事故、自転車相互間の事故、歩行者との事故も比較的多く発生しています。

特に歩行者との事故では、自転車が加害者になるケースが多いことに注意すべきです。道路交通法上は自転車も原則として自動車と同じ規制を受けるからです。たとえば、歩道と車道が区別されている道路では、自転車は自動車と同様に車道の左側を通行する必要があります。

しかし、車道を通行するのが危険な場合は自転車による歩道通行が認められているなど、自動車と異なる取扱いがなされることもあります。

つまり、自転車は、原則としては自動車と同じ規制を受けますが、完全に自動車と同じ規制を受けているわけではありません。そのため、自転車は歩道を走行する乗り物であるというイ

イヤホンを付けた自転車の走行

イヤホンを付けた状態で自転車を走行することについては、道路交通法71条をベースとして各自治体の条例によって違法とされるケースがある。具体的には、イヤホンを付けていることにより周りの状況を把握できず、危険を招いた場合は法令違反とされることがある。

自動車と比較した場合の自転車事故の主な特徴

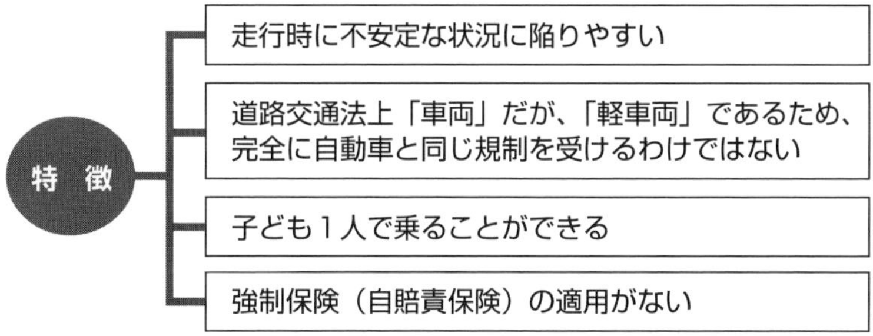

メージをもっている人も多く、一般的な感覚と道路交通法上のルールとがかけ離れており、しかも多くの人がそのことを十分認識していないという状況が生まれているのです。自転車が関係する事故が発生しても、加害者は「謝罪で済む」という軽い気持ちでいることも少なくありません。

　また、自転車には自動車とは違う物理的な特徴があります。自転車は自動車に比べて低速ですが、走行時に不安定な状態になりやすい乗り物です。運転も自動車と比べて格段に簡単です。さらに、自転車は自動車損害賠償保障保険（自賠責保険）の対象外という点も見逃せません。自転車の加害者に経済力がないと、被害者に十分な賠償金が支払われないという問題が生じます。そこで、自転車の所有者に損害保険への加入を義務付ける自治体が少しずつ出てきています（名古屋市など）。

■ 自動車の場合とは異なる点

　自転車が人身事故を起こした場合と自動車が人身事故を起こした場合の違いは、被害者に対する損害賠償の確実性にあります。自転車には自動車損害賠償保障法（自賠法）が適用されず、自賠責保険の対象とはならないからです。

自転車事故における損害賠償額

神戸地裁判決平成25年7月5日では小学生の起こした自転車事故において、その親権者に約9,500万円の損害賠償命令が下された。小学生であっても損害賠償の額が多額になることは十分にあり得る。

また、自転車は免許を受けなくても運転が許可されており、小中学生でも普通に運転ができます。しかし、小中学生が自転車事故を起こしたとしても、その小中学生自身に経済力はありません。この場合、被害者は小中学生の保護者などに損害賠償請求をすることになります。自動車の場合は、原則的には免許を持っている者が加害者になるので、この点も自転車と自動車の違いといえます。

■ 自転車事故に備える保険制度

自動車を運転する場合には、自賠責保険への加入が義務付けられています。そのため、自動車事故が起こった場合、被害者は自賠責保険から保険金を受け取ることができます。しかし、自転車の運転については、原則として保険への加入が義務付けられていないため（自治体単位で義務化されている場合はあります）、加害者が被害者に対し損害賠償を十分に行えない可能性があります。そこで、自転車事故について自転車総合保険などで備える方法が考えられます（219ページ参照）。

・自転車総合保険

自転車総合保険は、自転車事故を起こしてしまい損害賠償責任を負った際に保険金が支払われる賠償責任保険と、自転車事故により傷害を負った際に保険金が支払われる傷害保険を組み合わせた保険です。

自転車総合保険の特徴は、故意に相手に損害を与えた場合や、犯罪行為によって自らが負傷した場合には保険金が支払われないといった点が挙げられます。

・自転車損害賠償責任保険

自転車損害賠償責任保険は、偶然に起きた事故で他人にケガを負わせた場合や、他人の物を壊して損害賠償責任を負うことになった場合に、被害者に支払う損害賠償金をまかなうための保険です。自転車損害賠償責任保険のうち、個人向けの商品を

自転車事故と保険

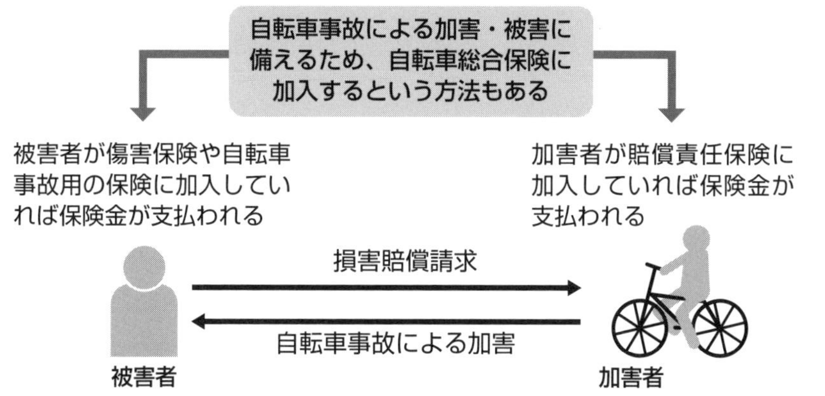

個人賠償責任保険といいます。多くの自転車事故は「偶然に起きた事故」です。そのため、個人賠償責任保険によって自転車事故に備えることができます。

・傷害保険

傷害保険は、事故によるケガを補償するための保険です。傷害保険においては、急激（原因となった事故から結果としてのケガまでの過程に時間的な間隔がないこと）、偶然（保険加入者にとって予知できないこと）、外来（ケガの原因が身体の外からの作用によること）といった3つの条件を満たす事故によって、通院や入院をすることになった場合に保険金が支払われます。

通常、自転車事故で負傷した場合は、この「急激」「偶然」「外来」の3つの条件を満たしています。そのため、自転車事故に対して傷害保険で備えることができます。

自転車の交通ルール

自動車のルールも適用され、路側帯の逆走が禁止される

■ 車道通行の原則

道路交通法上、自転車は「軽車両」の一種として扱われています。自転車は、歩道と車道が区別されている道路では、原則として車道を通行する必要があります。この事実が十分に認識されておらず、そのことが影響して、自転車の運転者による交通信号や標識の無視が問題視されています。原則として車道を通行する必要がある自転車の運転中においては、自動車の運転者が従うのと同様に交通信号や標識に従う義務を負うからです。ただし、建物への出入りまたは停車をしようとする際には、自転車は歩道を通行することができます。また、自転車道があるときには、自転車はその自転車道を走行することが義務付けられています。

自転車が車道を走る際には、車道の左側を通行する必要があります。ただし、道路が壊れており左側部分の通行ができない場合などは、道路の右側を通行することが許されています。また、自転車が歩道を走る際には、道路のどちら側の歩道であっても通行することができます。

さらに、複数の車線がある場合には、自転車は一番左のレーンを通行し、右折しようとする自転車は左折しようとする車両を優先させる必要があります（左方優先の原則）。そして、横断歩道が設けられていない場所で歩行者が横断しようとしている際には、自転車はその歩行者を優先させなければなりません。

路側帯を通行する場合

「逆走」は認められていない。しかし、自転車が軽車両であるとの意識が薄いこととあわせて、路側帯の右側の通行が禁止されていることを認識している自転車の運転者は、現在でも多くはない。正しい知識が広がるまでの間の危険回避については、道路交通に関係する自転車の運転者はもちろん、自動車の運転者や、さらには歩行者などが、自転車運転者が路側帯の左側を通行するよう、積極的に働きかけることなどが考えられる。

■ 路側帯の逆走の禁止

自転車は、原則として車道を通行することが義務付けられてい

自転車通行のルール

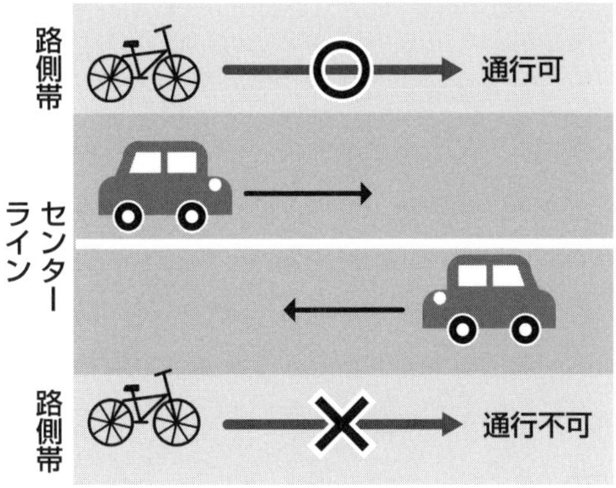

・自転車は原則として車道の左端を通行する

・路側帯がある道路では左側の路側帯を通行できる（逆走不可、左図参照）

・一定の事情がある場合には自転車の歩道通行も認められる

ますが、路側帯や歩道を通行することが許される場合もあります。

路側帯は、歩行者の進行を著しく妨げることにならない限り、自転車も通行することができます。自転車等の軽車両が通行できる路側帯は道路左側に限定されています。

なお、どのような場合が「歩行者の進行を著しく妨げる」ことになり、路側帯の通行が禁止されるのかは、自転車の大きさや自転車に積んでいる荷物などを考慮して判断します。

■ 自転車の運転者に課せられているさまざまな義務

酒酔いの状態で自転車を運転することは禁止されています。また、過労や病気などで正常な運転ができないおそれがあるときに、自転車を運転することも禁じられています。

そして、運転者は、自転車の運転によって他人に危害を及ぼすことがないよう、常に周囲の安全に配慮することが必要です。たとえば、両手をハンドルから離しての運転、蛇行運転、路面が凍結している際の急なハンドル操作などは、安全に配慮した行為とはいえないので避けなければなりません。また、ぬかるみを走る際には、水が飛んで周囲の人間に迷惑がかからないようにすることが義務付けられていますし、自転車に積んでいた荷物が道路に飛び散ってしまった場合には、直ちに落ちたものを回収しなければなりません。

駐停車の位置についても道路交通法上の規制があり、たとえば、道路のまがり角や横断歩道から５m以内の道路部分に自転車を駐車することは禁止されています。

自転車を運転する者が事故を起こした場合には、自転車の運転手は、ケガをした者（歩行者など）を救護し、他の自転車や自動車を巻き込むなど事態を悪化させないよう、必要な措置を講じなければなりません。また、事故を起こした自転車の運転手は、警察に対して事故が起こった時間と場所、負傷者数などを報告する義務が課せられています。

自転車で歩道を通行することが許される場合

幼い子供など自転車で車道を通行することが危険な者は、歩道で自転車に乗ることができる。また、自動車の交通量が非常に多いのに対して道幅が狭いため、自転車で車道を走ると自動車と接触してしまう危険がある場合も、歩道で自転車を運転することが許される。歩道を自転車で走る場合には、歩道上の車道寄りの部分を徐行して運転する必要がある。

■ 悪質自転車運転者の交通違反に対する取り締まり

自転車の運転による交通の危険を防止するために「自転車運転者講習制度」が導入されています。

この制度は、一定の危険行為で３年以内に２回以上摘発された自転車運転者（悪質自転車運転者）に対し、都道府県公安委員会が講習（自転車運転者講習）の受講を命じるものです。14歳以上の者であれば、この制度の対象になります。

自転車による危険行為とされているのは、①信号無視、②通行禁止違反、③歩行者用道路における徐行違反、④通行区分違反、⑤路側帯通行時の歩行者の妨害、⑥遮断踏切立入り、⑦交差点安全進行義務違反等、⑧交差点優先車妨害等、⑨環状交差点での安全進行義務違反等、⑩指定場所一時不停止等、⑪歩道通行時の通行方法違反、⑫ブレーキ不良自転車運転、⑬酒酔い運転、⑭安全運転義務違反（携帯電話やイヤホンを使用しながらの運転、傘差し運転など）の14類型です。

自転車運転者講習

講習は全国の警察本部や運転免許センターなどで行われ、講習時間は3時間である。受講の際は、講習手数料として5700円がかかる。

悪質自転車運転者

公安委員会の受講命令を受けてから3か月以内の指定された期間内に、講習を受ける必要がある。しかし、受講命令に従わず、期間内に講習を受講しなかった場合は、5万円以下の罰金を支払うことになる。

自転車運転者講習の流れ

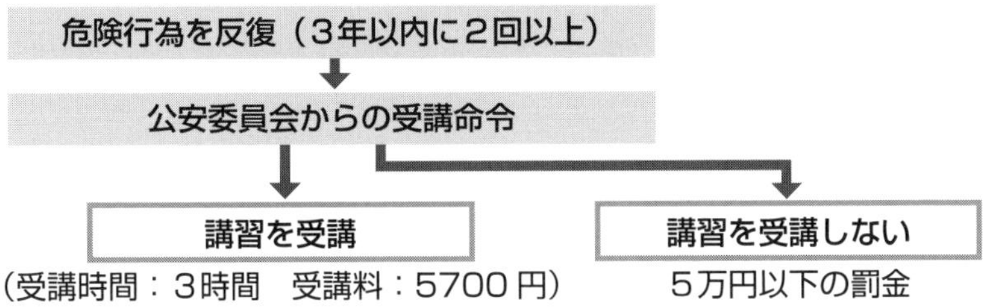

なお、警察官には、ブレーキを備えていない自転車の通行を発見した場合には、停車させて検査することが認められています。そして、危険を防止するために必要な応急措置を命じたり、その自転車を運転しないよう命じることができます。この命令に違反した場合には、罰則も適用されます。

私は、路地を歩いていたところ、後から追い抜こうとしてきた自転車に追突され、転倒して肋骨を折る大ケガをして入院しました。退院後、加害者に損害賠償を請求したところ、曲り角で私が自転車の進行方向に寄ったことが事故の原因であって自分に非はない、と主張してきました。仮に私に過失があったとしても、過失の多くは相手方にあると私は思っているのですが、どうなのでしょうか。

自動車による人身事故の場合、自動車損害賠償保障法（自賠法）により、加害者側に重い立証責任が課せられています。しかし、自転車による事故のような一般の不法行為（民法709条）の場合は、被害者が加害者の過失を証明しなければ、損害賠償請求は認められません（自転車事故には自賠法が適用されません）。しかし、加害者に過失があったことを証明するのはなかなか難しいのも現実です。

たとえば、歩行者が後から追い抜こうとしてきた自動車もしくは自転車に追突されて転倒し、ケガをした場合を考えてみましょう。相手が自動車であれば、歩行者にケガをさせた時点で自動車が加害者、ケガをした歩行者が被害者という扱いになるのが一般的です。歩行者が路地でふらついて自動車側に寄ったとしても、それを証明できる証拠を自動車側が示すことができなければ、歩行者の過失分は認められず、必要な損害賠償額を受けとることができます。

一方、相手が自転車の場合、事故の状況にもよりますが、歩行者が自転車側の全面的な過失を証明できない限り、自転車側の不法行為責任が認められるとしても、損害賠償額から歩行者の過失分を減額されることもあります。

自転車走行が道路交通法に違反してないかを確認してみる

道路交通法では、自転車は軽車両に該当するので、自転車を走行させるには、道路交通法に定められた交通方法で走行しなければならない。まずは自転車が道路交通法に違反していなかったかどうかを判断してみることが大切である。

先日、歩道を歩いていたところ、後ろから自転車に追突されてケガをしてしまいました。自転車を運転していたのは小学生で、かなりのスピードを出していたにもかかわらず、よそ見をして前を向いていなかったようです。私は、小学生の親に損害賠償請求ができますか。

事故を起こした子どもに責任能力があるかどうかによって、この子ども自身に対して損害賠償請求ができるかどうかが変わってきます。しかし、子どもの責任能力の有無にかかわらず、実際に損害賠償金の支払いを行うのは親（親権者）ということになりますので、ここでは子どもの親に対する請求が認められるかについてのみ説明します。

責任能力

自分のしたことが悪いことだとわかる能力。

結論からいえば、親が子どもに対する監督を適切に行っていなかったのであれば、親に対する損害賠償請求は可能です。子どもに責任能力がなければ民法714条（監督義務者の責任）に基づき、子どもに責任能力があれば民法709条（一般の不法行為責任）に基づき、それぞれ親に対して損害賠償請求をすることになります。

民法714条の監督義務者

監督義務者として想定するのは、親などの監督義務の範囲が生活全般の場面に及ぶ場合（法定監督義務者）と、学校の先生などの特定の時間帯・場所の範囲内で監督義務を行う場合（代理監督者）である。両者は監督義務の範囲が異なると考えられており、親などの法定監督義務者の場合は、免責が認められることが極めてまれだといえる。

ただし、親への損害賠償請求が認められるためには、親が子どもの監督を怠り、その結果として自転車事故が起こったことが必要です（因果関係）。たとえば、親が子どもに対し交通ルールや自転車の操作方法を十分に指導し、自転車の運転時に同行するなど、子どもに対する適切な監督を怠っていなかったにもかかわらず、自転車事故の発生を防止できなかったという事情がある場合には、損害賠償請求は認められません。

先日、道を歩いていたところ、自転車に乗っていた青年と衝突してケガをしてしまいました。その青年は、近くにある会社に勤めているらしいのですが、その会社に対して自転車事故についての損害賠償請求をすることは可能でしょうか。

事故を起こした従業員（被用者）が勤務している会社にも損害賠償請求をすることができる場合があります。この勤務先である会社の責任を使用者責任といいます（民法715条）。使用者責任に基づき、会社に対して損害賠償請求をする場合、原則として事故が従業員の勤務中に起きていること、つまり「事業の執行」について行われたことであることが必要です。

本ケースのように、道を歩いていたところに、近くにある会社に勤めている青年と衝突してケガをしてしまった場合、この青年が会社の営業に関わる得意先回りで自転車を運転していたのであれば、まさに「事業の執行」について行われているため、会社に対する損害賠償請求が認められます（青年本人に対する損害賠償請求も可能です）。しかし、休日などで買い物に出かける用事だったのであれば、会社の「事業の執行」について行われたとはいえないため、青年本人にしか損害賠償請求ができなくなります。

なお、加害者の会社に対して使用者責任に基づく損害賠償請求が可能な場合には、直接の加害者である従業員に対しても一般の不法行為に基づく損害賠償請求ができます。会社と従業員のどちらか一方に請求することもできますし、両方同時に請求することもできます。

使用者責任が認められる場合

たとえば、会社とは関係なく従業員がプライベートな時間（勤務時間外）に起こした事故であれば、原則として会社に対する損害賠償請求は認められない。もっとも、使用者責任が認められるのは、必ずしも従業員の行為が使用者の事業と直結している場合に限定されず、行為の外形から「事業の執行」について行われたものであると解釈できる場合に、使用者責任が認められている。

自転車事故に備える保険制度

自転車のための総合保険もある

■ 強制保険の適用はない

自動車を運転する場合は、自動車損害賠償責任保険（自賠責保険）への加入が義務付けられています。そのため、自動車事故が起こった場合には、被害者は自賠責保険から確実に保険金を受け取ることができます。

しかし、自転車の運転については、保険への加入が全国的に義務付けられていないため、加害者に経済力がないと、被害者は十分な損害賠償を受けられない可能性があります。つまり、自転車に衝突されてケガを負った被害者は、ケガをしたことでさえ大きな負担であるのに、請求する賠償額が多額になると、かえって加害者の経済力を超え、必要な賠償金を受領できないというリスクを抱えることになりかねません。

自転車の事故というと、ちょっとした衝突により、他人に擦り傷を負わせてしまった場合や、他人の所持品を壊した場合など、他人の生命・身体に直接関わらないような軽微な事故をイメージする人が多いと思います。しかし、自転車と衝突した人が死亡する事故は現実に発生しており、高額の賠償金支払を命じられるケースも出ています。そのため、自転車事故に関する保険制度は非常に重要な問題といえます。

なお、自転車の運転につき保険加入を義務付ける自治体が増えていますので、住んでいる自治体の状況を確認しておくとよいでしょう。

自動車任意保険と自転車任意保険

昨今増え続ける自転車事故に備えるため、自転車任意保険に、自転車特約を付けることができる保険会社も多数存在する。

自転車事故に備える保険

自転車総合保険	自転車による事故を起こしてしまった場合に保険金がでる保険	➡ 自転車事故のみを対象とする
個人賠償責任保険	偶発的な事故によって損害を生じさせてしまった場合に保険金が出る保険	➡ 自転車事故を含めた偶発的な事故を対象とする

自転車には自動車のような強制加入保険はないので自主的に保険に加入しなければならない

■ 自転車総合保険で備える

自転車総合保険は、自転車事故を起こして損害賠償責任を負った際に保険金が支払われる賠償責任保険と、自転車事故で傷害を負った際に保険金が支払われる傷害保険を組み合わせた保険です。賠償責任保険と傷害保険の詳細は後述します。

自転車総合保険の特徴として、故意に相手に損害を与えた場合、または犯罪行為で自ら負傷した場合は、保険金が支払われない点などが挙げられます。

■ 個人賠償責任保険で備える

賠償責任保険は、偶然の事故で他人にケガを負わせたり、他人の物品を壊して損害賠償責任を負うことになった場合に、被害者に支払う損害賠償金をまかなうための保険です。賠償責任保険のうち個人向けの商品が個人賠償責任保険です。

個人賠償責任保険が適用されるのは、他人に損害を与えた「偶然に起きた事故」（過失による事故を含みます）の結果、生じた損害賠償についてです。よって、故意に他人を傷つけたり、故意に物品を壊したりした場合や、他人への名誉毀損による損害賠償の支払いなどは対象外です。

通常、自転車事故は「偶然に起きた事故」であるため、個人賠償責任保険によって自転車事故に備えることができます。

■ 傷害保険で備える

傷害保険は、加入者の事故による傷害（ケガ）を補償する保険です。傷害保険により支払われる保険金には、①死亡した場合の死亡保険金、②入院した場合の入院保険金、③後遺症が残ってしまった場合の後遺障害保険金、④通院が必要になった場合の通院保険金などがあります。

傷害保険は「急激」「偶然」「外来」という３つの条件を満たす事故によって、通院や入院をすることになった場合に保険金が支払われます。

１つ目の条件の「急激」とは、「原因となった事故」から「結果としてのケガ」までの過程に時間的な間隔がないということです。いわば「突発的な事故」です。

２つ目の条件の「偶然」とは、保険加入者にとって「予知できないこと」を指し、過失を含みます。「事故原因が偶然である」「結果の発生が偶然である」「原因・結果とも偶然である」のいずれかに該当する事故のことです。たとえば、自転車の運転中に石に車輪をとられて転倒し、足を捻挫した場合や、自転車の運転中に植木鉢が落下してきて、頭に当たってケガをした場合があてはまります。

３つ目の条件の「外来」とは、ケガの原因が身体の外からの作用によることをいいます。たとえば、料理中に誤って熱湯をこぼして火傷をした場合があてはまります。

通常、自転車事故は「急激」「偶然」「外来」の３つの条件を満たしているため、自転車事故に対して傷害保険で備えることができます。

先日、自転車を購入したのですが、その際にTSマークと呼ばれるシールを自転車に貼ってもらいました。こ

のTSマークというのはどのような意味をもったマークなのでしょうか。

TSマークとは、自転車安全整備制度に基づいて取り扱われるもので、道路交通法令に定められた大きさや性能などの基準に適合した自転車であることを示すマークです。TSマークを取り扱うことができるのは、（公財）日本交通管理技術協会に登録申請をして審査を受け、合格した自転車店です。TSマークは、自転車店に勤務する自転車安全整備士が、自転車の安全性を確認した上で貼付します。TSマークの有効期間は１年間ですので、TSマークの有効性を維持するためには、１年ごとに自転車安全整備士の点検を受けることが必要です。TSマークには、青色マーク（第１種）と赤色マーク（第２種）の２種類があり、それぞれ賠償内容が異なっていることに注意が必要です。

TSマークには、各マークに付帯した保険があります。具体的には、①自転車の運転者が負傷した場合に支給される傷害補償、②自転車事故を起こして他人に死亡または重度後遺障害を生じさせた場合に支給される賠償責任補償があります。

傷害補償では、TSマーク付帯の自転車の運転者が死亡または重度後遺障害となった場合に、青色マークでは30万円、赤色マークでは100万円が一律支給されます。また、自転車の運転者が入院（15日以上）した場合も、青色マークでは１万円、赤色マークでは10万円が一律支給されます。

これに対し、賠償責任補償は、TSマーク付帯の自転車事故で他人に死亡または重度後遺障害が生じた場合に、青色マークでは1000万円、赤色マークでは１億円を上限として（一律ではありません）、損害賠償責任を負った運転者に支給されます。

なお、赤色マークのみ、TSマーク付帯の自転車事故で他人に傷害を生じさせた場合、被害見舞金（一律10万円）が損害賠償責任を負った運転者に支給されます。

TSマークの有効期限

TSマークの有効期限は1年間とされている。期限切れの場合は補償がされないことや、車の自賠責保険と違い更新の通知等が来ないことに注意しなければならない。

Column

自転車の運転時におけるヘルメット着用の努力義務化

わが国における交通事故による年間の死亡者数は減少傾向にありますが、自転車による交通事故における死亡者数の割合は、増加傾向にあります。このことは、自動車運転中に遭遇する交通事故にはさまざまな安全対策が進められている一方で、自転車運転中に遭遇する事故の方への安全対策が十分ではなく、依然として自転車事故によって命を失う危険性が高い状態が続いていることを示しています。しかし、自転車には車のような免許制度がなく、安全講習のような制度も存在していないことから、自転車運転の危険性が認識されにくいという問題が以前から指摘されてきました。

こうした問題に対処すべく、令和５年４月から改正道路交通法が施行されることになりました。この改正により、自転車を運転するすべての者に、乗車用ヘルメットを着用する努力義務が課せられることとなったのです。あくまでも「努力義務」ですので、自転車の運転時にヘルメットを着用していないからといって直ちに道路交通法違反となるわけではありません。しかし、将来的には乗車用ヘルメットの着用を義務付けることをめざしており、その準備段階としての改正であると考えるべきでしょう。

また、今回の改正は、実際に自転車が関与する交通事故が発生した場合における、損害賠償責任における過失割合や賠償額にも影響を及ぼす可能性があります。たとえば、乗車用ヘルメットを着用していなかった自転車の運転者が自動車と衝突して死亡したという場合において、「自転車の運転手が乗車用ヘルメット着用の努力義務を怠っていたために死亡した」という認定がされて、乗車用ヘルメットを着用していなかった自転車の運転者にも過失があるとして、死亡した者の遺族へ支払われる賠償金が減額される可能性があることから、努力義務だと侮ることは決してできません。

PART 8

事故を起こした場合に発生する刑事上・行政上の責任

PART8
1

交通事故を起こした場合に発生する責任

事故を起こした場合に発生する刑事上・行政上の責任

人身事故では自賠法が民法に優先して適用される

■ どんな法律が関係してくるか

交通事故をめぐる法律は、民事、刑事（行政）の2つに大きくわかれます。民事に関する法律は、事故の当事者間の問題を解決するためのものです。民法と自賠法（自動車損害賠償保障法）が民事の法律です。一方、刑事（または行政）に関する法律は、国が加害者に対して加える刑罰または制裁について定めています。刑法や道路交通法などが刑事（行政）に関する法律です。

自動車運転死傷処罰法が制定された目的

平成26年に「自動車運転死傷処罰法」が制定された。この法律は悪質な自動車運転に対する刑事罰を規定するため、刑法から独立させたもので、昨今増加するの危険運転によって人を死傷させた者への厳罰化を図るものである。

■ 事故を起こしたときの責任とは

交通事故は、人身事故と物損事故に分けられます。人身事故とは、他人の身体に危害が及ぶ事故です。人身事故には、死亡事故と傷害事故があります。これに対して物損事故とは、自動車の破損のように、物に危害が及ぶ事故のことをいいます。ひとつの事故で人身事故と物損事故の両方が問題になる場合もあります。

また、事故発生時に加害者が負う責任は大きく3つに分類が可能で、具体的には、行政上の責任、刑事責任、損害賠償責任（民事責任）の3つの責任が発生する可能性があります。

まず、被害者に対して損害賠償責任を負うとするのが民事責任です。次に、被害者が死亡や傷害を負った事故については、民事責任だけではなく、刑事責任が問われ、加害者は刑法や道路交通法などに規定された懲役・禁錮・罰金といった刑罰を科されるおそれがあります。さらに、刑事責任とは別に、行政上の責任として、道路交通法による反則金の支払義務、免許の停止・取消などの処分を受ける場合があります。

民法と自賠法との関係

民 法

一般的な不法行為によって損害が生じたときに適用される
(暴行・傷害や自転車による事故も含まれる)

自 賠 法

自動車による交通事故によって損害が
生じたときに適用される
(自賠責保険に加入しているから)

■ 民事上の責任

交通事故が起きた場合、加害者がもっとも気にしなければならないのは、当然ながら、被害者に対する損害賠償責任（民事責任）をいかに果たすのかということです。

被害者は交通事故で傷害等の損害を受ける危険がありますが、受けた損害を補填するための拠り所になるのが、加害者が負担する損害賠償請求義務と保険制度といえます。これらについて定める法律が、民法（不法行為）と自賠法（自動車損害賠償保障法）ですので、被害者はこれらの規定に注意する必要があります。

このうち自賠法は、自動車の所有者であれば必ず加入しなければならない自賠責保険について定めた法律であることから、特に重要です。

いずれの法律も、発生した損害を金銭で賠償して、被害者を保護しようという趣旨に基づいている点では共通しています。

人身事故・物損事故に共通して適用されるのが、民法上の不法行為に関する規定です。交通事故の人身事故・物損事故ともに、民法上の不法行為に該当する可能性が高いといえますので、民法によって、すべての交通事故の解決を図ることが可能なようにも思われます。ただし、人身事故の場合、自賠法がまず適用されて、自賠法に規定がない事項が問題となった場合や、自賠法の適用がない事故の場合にはじめて、民法が適用されます。被害者としては、この規定の適用順序には十分注意する必要があります。

これに対して、物損事故の場合には、そもそも自賠法の適用がないという点を明確に認識しておくべきでしょう。物損事故については、前述したように、民法の不法行為の規定によって解決を図ります。

■ 刑事上の責任と行政上の責任

交通事故に対しては、刑事責任を問われたり、行政処分を受けたりすることもあります。

道路交通法は、交通事故などの重大で悪質な交通犯罪に対して、罰金・禁錮・懲役といった刑罰を定めています。

また、「自動車の運転により人を死傷させる行為等の処罰に関する法律」は、交通事故を起こした当時の状況に応じて、厳しい刑罰を設けています。たとえば、自動車の運転手が運転時に「アルコール・薬物や運転に支障を及ぼす病気の影響により、正常な運転に支障が生じるおそれがある状態」で、人を負傷させた場合は12年以下の懲役、死亡させた場合は15年以下の懲役に処せられます。

■ 交通事故の当事者となった場合

交通事故が起きた場合に当事者がすべきことは、負傷者を救護するとともに、他の車両を事故に巻き込まないように必要な誘導等を行うなど、二次災害防止のための処置を迅速に行うことが大切であることはいうまでもありません。これらの義務は加害者・被害者に関係なく、交通事故の当事者双方が負っている道路交通法上の義務である点は、十分に留意しておく必要があるでしょう。

そして、忘れてはならないのは、警察署への事故報告です。この義務についても、加害者だけではなく、被害者も負担する義務であるという点が、非常に大きな意味をもちます。

なぜなら、被害者は、後に加害者に対して、事故により生じた損害賠償請求等を行っていきますが、この際、損害のてん補に対する重要な拠り所といえる保険金の支払いは、事故の報告義務が果たされていることが前提になっているからです。

事故の程度が軽いからと、この報告義務を怠る被害者も少なくないため、後の責任追及のための必要不可欠な前提であるという意識をもつことが非常に重要です。事故の報告を警察署に行い、警察から「交通事故証明書」を発行してもらうことが、保険金の支払いが行われるための要件にもなっているからです。

また、具体的に加害者の損害賠償責任を考えるにあたって、その際に支払われる保険金の性質の違いも、十分理解しておく必要があります。

自動車保険には、強制保険と任意保険があります。強制保険は加入が法律で義務付けられている保険であり、一般に「自賠責保険」と呼ばれる保険です。一方、任意保険は法律上加入が義務付けられていないものの、多くの運転者が加入している任意の保険のことをいいます。被害者にとっては、物損事故の場合は自賠責保険の対象外になるなど、強制保険では最低限の補償しか行われないのに対し、任意保険の賠償範囲は広く、物損事故をはじめ、賠償される金額も高額に設定されていることが一般的です。これは加害者にとっても重要な意味をもちます。強制保険ではてん補されない交通事故のリスクを任意保険ではカバーしてくれるため、交通事故という誰にでも起こり得るリスクを、強制保険以上に分散してくれる意味合いをもつからです。

なお、どちらの保険についても、保険金の請求に際しては、前述のように「交通事故証明書」と「事故発生状況報告書」が必要になることは、くれぐれも忘れないようにしましょう。

交通事故の届出義務

交通事故に遭った場合は、物損事故であっても人身事故であっても、警察に届け出る義務がある。これに違反した場合は、5年以下の懲役または50万円以下の罰金に処せられることがある（道路交通法第72条第1項）。

交通犯罪についての刑事手続き

軽微な事故は簡易な手続きで処理される

■ 交通反則通告制度とは

駐車違反や信号無視など、道路交通法に反する軽微な交通違反については、交通反則通告制度という行政処分で処理されます。刑事処分は原則として科されません。

交通反則通告制度とは、警察官が違反者に交通違反があったことを告知して、反則金の支払いを命じる制度です。すぐに反則金を納付した者は刑事訴追を免れます。

反則金は、警察本部長の通告に基づいて反則者が任意に納付する行政上の制裁金とされており、「前科」として残ることはありません。反則金の「告知」を受け取ってから７日以内に反則金を納付せず、次に「通告」という書面を受け取ってから10日以内にも反則金を納付しない場合は、刑事裁判の手続きに入ることになります。

交通反則通告制度ができた理由

日々大量に発生する交通違反をその都度、刑事裁判にかけていたのではとても処理しきれず、違反者すべてに刑罰(罰金)を科すことにすると、大勢の国民が「前科者」になってしまう。そこで、簡易な手続きで、反則金という刑罰とは異なるペナルティを違反者に科そうと交通反則通告制度ができた。

■ 略式手続きとはどんな手続きなのか

略式手続きとは、公開の法定で裁判をするのではなく、書面だけで刑を言い渡す簡易な刑事裁判手続きのことです。略式手続きによって行われる裁判のことを略式命令といいます。100万円以下の罰金または科料の刑罰を言い渡す場合に、簡易裁判所で行われる手続きです。

略式手続き

大量に発生する交通犯罪などを簡易・迅速に処理するために設けられた制度。略式手続きは、被疑者の同意がなければその手続きによって処理することはできない。また、被告人が略式命令に不服があれば、通常の裁判で争う途も開かれている。

■ 懲役・禁錮にあたる犯罪は地方裁判所に起訴される

交通事故などの交通犯罪を起こした場合に科せられる刑罰としては、金銭を支払う罰金や科料の他、懲役または禁錮があり

交通犯罪についての刑事手続き

軽微な交通違反 軽微な交通事故	不起訴	裁判制度の効率化のために起訴しない
	交通反則通告制度	反則金を納付すれば刑事訴追を免れる
100万円以下の罰金または科料にあたる事件	略式手続き	簡易裁判所で書面だけで刑を言い渡す
懲役または禁錮にあたる事件	通常の裁判	地方裁判所に起訴される

ます。そして、懲役または禁錮にあたる事件は、地方裁判所に起訴されます。

しかし、交通事故のうち運転過失致死傷罪の被疑者（加害者）が起訴される割合は、検挙者数に対してわずか10％程度といわれています。なぜ、ここまで起訴される割合が少ないのでしょうか。1つの理由としては、軽微な交通事故についてまで加害者を「犯罪者」あるいは「前科者」としてしまうことは、加害者の更生にとってかえってよくないことが挙げられます。

また、保険制度の普及など被害者の救済方法が充実してきたことで、加害者に刑罰を科さなくても被害者感情がおさまるというケースも多くあります。さらに、軽微な交通事故よりも、危険運転致死傷、殺人、強盗、放火などの重大犯罪を優先的に処理し、裁判制度を効率的に運用する必要もあります。

？ 自動車を運転中に、一瞬よそ見をしてしまったために、車道を横断中の歩行者に気付くのが遅れ、はねてしまい重傷を負わせてしまいました。この場合に適用される過失運転致死傷罪とはどのような罰則が定められているのでしょうか。

自転車

自動車運転死傷行為処罰法の「自動車」には、四輪以上の自動車はもちろん、オートバイや原動機付自転車（原付バイク）も含まれる。

本ケースのように、自動車運転中の過失によって、他人に障害を負わせた場合には「自動車の運転により人を死傷させる行為等の処罰に関する法律」（自動車運転死傷行為処罰法）が適用され、運転手には「7年以下の懲役もしくは禁錮または100万円以下の罰金」が科されます。あなたが無免許運転であったときは、刑罰がさらに重くなって、罰金刑や禁錮刑のない「10年以下の懲役」となります。

違法な薬物を使用したことにより意識がもうろうとしている状態で自動車を運転し、その結果運転を誤り、歩道を通行している人をひいてしまった場合、危険運転致死傷罪に問われることはあるのでしょうか。

危険運転致死傷罪

たとえば、自動車運転中に人を負傷または死亡させた際に、薬物摂取のため自動車を正常に制御できない状態で運転していた場合（①に該当）、制御困難に陥るほどの高速度で運転していた場合（②に該当）、人や他の車に危険な速度で接近したり割り込み行為をしていた場合（④に該当）、危険な速度で赤信号等をわざと無視していた場合（⑤に該当）などに、危険運転致死傷罪が適用される。

自動車運転死傷行為処罰法2条は、危険運転致死傷罪に該当する行為として、以下の類型を列挙しています。

① アルコールまたは薬物の影響により正常な運転が困難な状態で自動車を走行させる行為

② 自動車の進行を制御することが困難な高速度で自動車を走行させる行為

③ 自動車の進行を制御する技能を有しないで自動車を走行させる行為

④ 人または車の通行を妨害する目的で、走行中の自動車の直前に進入し、その他通行中の人または車に著しく接近し、かつ、重大な交通の危険を生じさせる速度で自動車を運転する行為

⑤ 赤色信号またはこれに相当する信号を殊更に無視し、かつ、重大な交通の危険を生じさせる速度で自動車を運転する行為

危険運転致死傷罪の適用

現在では正常な運転に支障が生じる「おそれのある状態」であれば、刑罰の重い危険運転致死傷罪が適用されることになっている。

⑥ 通行禁止道路（道路標識等により自動車の通行が禁止されている道路等であって、通行することにより人や自動車に交通の危険を生じさせる道路等）を進行し、かつ、重大な交通の危険を生じさせる速度で自動車を運転する行為

本ケースのように、違法な薬物を使用したことにより意識がも

一定の病気等の症状がある運転者についての対策

免許取得・更新時	一定の病気等についての質問制度 ＋ 罰則
医師による届出	医師が一定の病気等を診断した場合、都道府県公安委員会に届け出ることができる
暫定的停止	都道府県公安委員会は、一定の病気等の疑いがある場合、暫定的に免許の効力を停止できる
免許の取消し	一定の病気等に該当するときは免許の取消事由となる
免許の再取得	症状の改善により免許取消後３年以内に再取得する場合、技能・学科試験が免除 ＋ 優良運転者についての特別制度

うろうとしている状態で自動車を運転した結果、人身事故を発生させた場合、自動車運転死傷行為処罰法によると、上記①の類型にあたるとすれば、被害者が負傷にとどまる場合は15年以下の懲役、被害者が死亡した場合は１年以上の有期懲役に処せられます。もし①の類型にあたらず、自動車を制御する能力を失っていないときでも、アルコールや薬物などの影響で、その走行中に正常な運転に支障が生じる「おそれがある状態」で自動車を運転し、人を負傷させた場合には、被害者が負傷にとどまれば12年以下の懲役、被害者が死亡すれば15年以下の懲役に処せられます。

? **てんかんなど意識障害を伴う持病があるのですが、普通に自動車を運転することができるのでしょうか。また、運転中に発生したてんかんの発作が原因で交通事故を引き起こし、多数の人が死傷した場合、どのような責任を負うことになるのでしょうか。**

道路交通法90条（これに基づく政令の規定）により、「一定の病気等」のある者（欄外参照）は、道路交通の安全確保のた

自動車運転死傷行為処罰法

かつての刑法に規定されていた危険運転致死傷罪は「自動車を正常に制御できない状態」であることが適用要件のひとつだった。たとえば、酒酔い状態や薬物摂取状態で運転を行っても、ある程度正常な状態で運転していたのであれば、危険運転致死傷罪ではなく自動車運転過失致死傷罪が適用されるという問題点があった。
そこで、自動車運転死傷行為処罰法では、このような不都合を見直している。

めに、運転免許試験に合格しても免許の取得ができない場合があります。そして、いったん免許を取得できた場合についても、その後上記のいずれかに該当すると判断された場合は、免許の更新ができない場合や免許が取り消される場合があります。

これらの規定は、一定の病気等の影響による事故を未然に防ぐために定められています。道路交通法では、公安委員会が、免許保持者や免許を受けようとする者に対し、病気の症状等に関する質問をすることを認めています。免許保持者や免許取得を希望する者は、質問等に対して虚偽の報告をすると、１年以下の懲役または30万円以下の罰金が科されます。あわせて、一定の病気等に該当する者を診断した医師による任意の届出制度や、一定の病気等にかかっていると疑われる人の免許を３か月以内の範囲で停止することができる旨の規定もあります。

なお、運転中にてんかんの発作が起こり、そのために交通事故を起こした場合は、どのように扱われるのでしょうか。てんかんの発作は、意図せず起こるものですので、かつての刑法上の危険運転致死傷罪は適用要件が厳しかったこともあり、自動車運転過失致死傷罪が適用されていました。しかし、自動車運転死傷行為処罰法では、運転に支障をおよぼす病気の影響で、正常な運転に支障が生じる「おそれ」がある状態で人を負傷させた場合に12年以下の懲役、死亡させた場合に15年以下の懲役に処すると規定しています。本ケースのようにてんかん発作が起こるおそれ（可能性）を認識した状態で運転し、交通事故を引き起こした場合は、危険運転致傷罪が成立するといえます。

？ 登校中の小学生の列にトラックが衝突して、多数の死傷者が出ました。逮捕された運転手は飲酒により酩酊状態に陥っていて、狭い路地であるにもかかわらず時速100㎞で走らせていたトラックを制御することができず、歩道に乗り出してしまったために起きてしまった事故であることがわか

道路交通法90条の規定する「一定の病気等のある者とは

① 自動車等の安全な運転に必要な能力を欠くこととなるおそれがある症状を呈する統合失調症の者
② 意識障害や運動障害をもたらすてんかん症状の者
③ 脳全体の虚血により一過性の意識障害をもたらす病気であって、発作が再発するおそれがある者（再発性の失神）
④ 人為的に血糖を調節することができない無自覚性の低血糖症の者
⑤ 自動車等の安全な運転に必要な能力を欠くこととなるおそれがある症状を呈する躁鬱病の者
⑥ 重度の眠気の症状を呈する睡眠障害の者
⑦ 認知症の者
⑧ その他自動車等の安全な運転に必要な能力を欠くこととなるおそれがある症状を呈する病気の者
⑨ アルコール、麻薬、大麻、あへんまたは覚醒剤の中毒者

再取得

一定の病気等を理由に免許を取り消された場合、取消しから３年以内に免許を再取得すれば、取消日までの免許期間と再取得した免許期間は継続されていたものとみなされる特例基準が設けられている。なお、再取得にあたっては、免許取得時に行われる運転免許試験の一部の免除が認められている。

自動車運転死傷行為処罰法の規定内容と法定刑

危険運転致死傷	①アルコール・薬物等の影響で正常な運転が困難、②高速度、③未技能、④通行妨害目的、⑤信号無視、⑥通行禁止道路危険速度運転	**・負傷事故** 1か月以上15年以下（無免許の場合は6か月以上20年以下）の懲役 **・死亡事故** 1年以上20年以下の懲役
	⑦アルコール・薬物・一定の病気等のため正常な運転に支障が生じるおそれのある状態での運転	**・負傷事故** 1か月以上12年以下（無免許の場合は1か月以上15年以下）の懲役 **・死亡事故** 1か月以上15年以下（無免許の場合は6か月以上20年以下）の懲役
過失運転致死傷アルコール等影響発覚免脱	発覚を免れる目的での逃走、重ね飲みその他の行為	1か月以上12年以下（無免許の場合は1か月以上15年以下）の懲役
過失運転致死傷	運転上必要な注意をしなかったために生じた死傷事故	・1か月以上7年以下の懲役もしくは禁錮または100万円以下の罰金 ・無免許の場合は1か月以上10年以下の懲役

※図中①～⑦として記載した危険運転致死傷の類型については230～231ページ参照。

りました。飲酒運転や危険な運転の刑罰が厳罰化されたといわれていますが、具体的にはどのような刑罰が科されるのでしょうか。

本ケースの場合、飲酒により運転能力を失っていたのであれば、危険運転致死傷罪にあたります。さらに、飲酒により運転能力を失っていなくても、運転当時に飲酒による正常な運転に支障が生じる「おそれ」が認められれば、危険運転致死傷罪が適用されます。自動車運転死傷行為処罰法の処罰類型をまとめると以下の通りです。

①　従来の危険運転致死傷（2条）

従来の危険運転致死傷罪に規定された5類型に加え、通行禁止道路を走行し、かつ重大な交通の危険を生じさせる速度で自動車を運転する行為が定められました。

②　新設の危険運転致死傷（３条）

アルコール、薬物、運転に支障を及ぼすおそれがある病気の影響により、正常な運転に支障が生じるおそれ（可能性）がある状態で自動車を運転した結果、人を負傷させた場合は12年以下の懲役、死亡させた場合は15年以下の懲役に処せられます。従来の危険運転致死傷罪と違い、「おそれ」があるだけでも適用されるのが特徴です。

③　過失運転致死傷アルコール等影響発覚免脱（４条）

飲酒運転等による死傷事故を起こした者が、その発覚を免れる目的で、現場から逃走したり、アルコールの重ね飲みをした場合、12年以下の懲役に処せられます。

④　過失運転致死傷（５条）

従来の自動車運転過失致死傷罪が名称変更されたものです。

⑤　無免許運転による加重（６条）

無免許運転者が事故を起こした場合、①～④の懲役刑に３～５年が加重されることになりました。

？　友人の結婚式の帰りに交通検問に止められ、呼気検査を求められ、その結果、飲酒運転と判断されました。結婚式では一杯だけ飲酒をしましたが、私は酒に強いので、全然運転に支障はありませんでした。それでも、たった一杯でも飲酒していると処罰されることになるのでしょうか。違反によっては、免許が取り消されるというのは本当でしょうか。

道路交通法において、飲酒運転は「酒酔い運転」と「酒気帯び運転」に区別されます。

また、運転免許の違反点数は、呼気１リットル中のアルコール濃度検出量が0.15mg以上0.25mg未満の時は13点（免許停止または免許取消の基準に該当）、0.25mg以上の時は25点（免許取

酒酔い運転

アルコールの影響で正常な運転ができないおそれがある状態で自動車を運転した場合をいう。

酒気帯び運転

呼気１リットル中0.15mg以上のアルコール濃度を検出した場合を基準としている。これはビール中びん１本、日本酒１合程度を飲めば上回る数値と言われている。つまり、体質的に酒に強い弱いにかかわらず酒を１杯飲んで運転すれば、事故を起こすおそれがなかったとしても、酒気帯び運転となる。酒気帯び運転をすると「３年以下の懲役または50万円以下の罰金」に処せられる。
一方、酒酔い運転をすると「５年以下の懲役または100万円以下の罰金」に処せられる。なお、呼気検査を拒むと「３か月以下の懲役または50万円以下の罰金」に処せられる。

飲酒運転と運転者・周辺者の道路交通法上の刑事責任

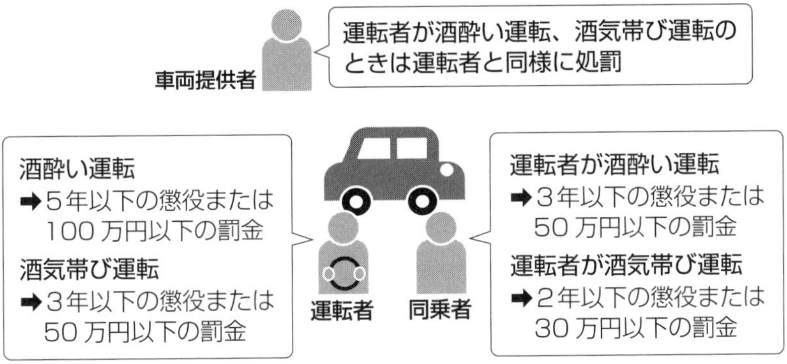

消の基準に該当）です。さらに、呼気の中のアルコール濃度にかかわらず、酒を飲んで正常な運転ができないおそれがある状態で自動車の運転をした時（酒酔い運転）は35点（免許取消の基準に該当）です。つまり、酒気帯び運転や酒酔い運転をすると、一発で免許停止（免停）または免許取消となってしまいます。

また、飲酒運転者だけでなく、その周囲の人も道路交通法によって処罰の対象になることを認識しておかなければなりません。具体的には、運転手の運転行為が酒酔い運転に該当する場合に、運転手への酒類提供者や同乗者は「３年以下の懲役または50万円以下の罰金」に処せられ、車両提供者は「５年以下の懲役または100万円以下の罰金」に処せられます。同様に、運転手が酒気帯び運転に該当する場合、酒類提供者や同乗者は「２年以下の懲役または30万円以下の罰金」に処せられ、車両提供者は「３年以下の懲役または50万円以下の罰金」に処せられます。

特に気をつけなければならない点

運転手が酒気を帯びていることを認識しながら、自己の運送を依頼して「同乗」した同乗者も処罰される点である。飲酒運転自体が許されない行為であるから、飲み会・宴席の後に車で送ってもらう場合には、運転手が酔ってないかどうかをしっかりと確認する必要があるといえる。

PART8
3

道路交通法上の行政処分

事故を起こした場合に発生する刑事上・行政上の責任

刑事責任に重ねて行政上の責任が発生する場合もある

■ 刑事処分とは異なる行政処分

自動車を運転する人が一時停止違反やスピード違反などの交通違反によって、警察から違反切符を切られて反則金の支払いや免許の停止または取消しなどの処分を受けることがありますが、このような処分を行政処分といいます。行政処分は、交通違反や交通事故を起こした運転者に対して、道路交通の安全の確保を図ることを目的として、道路交通法および道路交通法施行令の規定に基づいて制裁を加えるものです。これに対して、刑事処分とは、社会秩序の維持を目的として、裁判を経て罰金や懲役などの刑を科すものです。行政上の責任として課される行政処分と刑事上の責任として科される刑事処分とは異なる目的で行われるものです。

二重処罰の禁止

一つの違反について二重に処分がなされることについて、違和感を持つ人もいるかもしれないが、憲法39条で規定されている「二重処罰の禁止」は刑事処分に関するものであり、行政処分と併科することを否定するものではないというのが現在の判例の立場となっている。

そのため、交通事故の加害者が、自動車運転過失致死傷罪などの罪で懲役・罰金等の刑事処分を受けた場合には、さらに免許取消しなどの行政処分も受けることもありますし、不起訴となって刑事処分は科されなかったのに、行政処分は課されるということもあります。なお、行政処分のみが課された場合には、前科はつきません。

■ どんな行政処分が課されるのか

道路交通法の規定に違反した場合の主な行政処分としては、免許の取消し・停止があります。道路交通法では、一度免許を受けた者が次のような条件に該当する場合に、その者の住所地を管轄する公安委員会が免許の取消し・停止の処分を行うこと

無免許運転者と周辺者に対する主な道路交通法上の刑事責任

無免許運転をするおそれのある者への自動車（自動二輪を含む）や原付バイクの提供
➡3年以下の懲役 または 50 万円以下の罰金

無免許運転
➡3年以下の懲役 または 50 万円以下の罰金
免許証の不正取得
➡3年以下の懲役 または 50 万円以下の罰金

運転者の無免許を知りながら要求・依頼して同乗した場合
➡2年以下の懲役 または 30 万円以下の罰金

※自動車の使用者等（安全運転管理者を含む）が、業務について、運転者の無免許運転を命令・容認すると、3年以下の懲役 または 50 万円以下の罰金となる。

ができます（103条1項、2項）。

・幻覚の症状を伴う精神病や、発作により意識障害・運動障害をもたらす病気にかかっているとき
・認知症であることが判明したとき
・目が見えないなど自動車を安全に運転することができない障害が生じていることが判明したとき
・アルコール、麻薬、大麻、覚せい剤などの中毒者であることが判明したとき
・自動車等の運転で人を死傷させる、故意に建造物を損壊する、危険運転致死傷罪にあたる行為をするなどの事実があったとき

この他の道路交通法上の行政処分としては、運転免許試験に合格した者が一定の条件に該当する場合に行う免許の拒否・保留の処分（90条1項、2項）などが挙げられます。

■ 点数制度とはどんな制度なのか

交通事故の場合や一定の交通ルールに違反した場合には、点

数制度により行政処分が行われることがあります。

点数制度では、酒酔い運転は35点、一般道で時速30km以上50km未満の速度超過をした場合は６点、駐停車禁止場所での駐停車違反は２点というように、交通違反時の基礎点数を定めています。交通事故の場合は、事故の状況などを考慮した付加点数が基礎点数に加算されます。

行政処分の内容は、過去３年間に免許停止処分を何回受けたか、免許取消歴があったかどうかなどの条件によって異なります。繰り返し免許停止などの処分を受けていれば、その分だけ低い合計点数で行政処分が行われます。たとえば、基礎点数が11点の違反をした場合、違反者が過去３年以内に免許停止処分を一度も受けていなければ60日間の免許停止処分となりますが、１回免許停止処分を受けていれば免許取消処分となり１年間は再度免許を受けることはできません。

違反点数の引上げ

道路交通法の改正により、平成25年12月からは無免許で自動車や原動機付自転車を運転した者に対する違反点数が従来の19点から25点に引き上げられている。

点数制度を導入することにより、違反を繰り返して交通安全を阻害する悪質な運転者を把握し、運転を制限することができる他、運転者が違反行為を繰り返さないよう自覚を促すなどの効果があるとされています。

■ 交通反則通告制度とは

交通反則通告制度は、無免許運転や酒酔い運転、交通事故などの重大な違反を除き、反則行為をした運転者に対して反則金の納付という形で行政処分をする制度です。一時不停止やシートベルトの装着義務違反、速度超過などの違反行為をし、警察官から告知書（いわゆる青キップ）を切られた経験のある運転者も多いと思います。その際、違反の内容や車両の種類などによって定められた反則金を通告されますが、支払いは任意とされています。

ただし、反則金を一定期間内に納付すれば刑事処分が免除されますが、反則金の納付をしなければ刑事事件として扱われます。つまり、青キップを切られたものの、その内容に納得がい

不服審査請求と行政事件訴訟

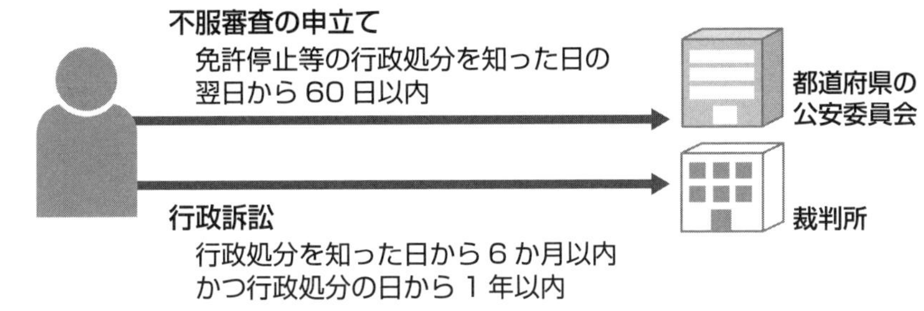

かない場合には、反則金の納付を拒否し、裁判所に判断を委ねることができます。

本来は刑事処分とすべき交通違反行為の多くを行政処分で処理する背景には、違反行為があまりにも多く発生すること、刑事処分を科すことによって前科者を量産してしまうことなどが挙げられます。なお、徴収された反則金は信号機や標識の設置など、道路における安全施設の設置と管理などの費用に充てられます。

■ 行政処分に不服があるときには

免許の取消し・停止などの行政処分に納得がいかない場合は、行政不服審査法に基づいて審査請求をすることができます。審査請求は、行政処分を知った日の翌日から起算して60日以内に行わなければなりません。なお、青キップは行政処分ではないため、審査請求で争うことはできません（刑事事件で争います）。

交通違反に関する行政処分の場合、審査請求をするのは都道府県の公安委員会に対してです。つまり、処分を決定した機関に対して審査請求をすることになるため、審査請求をしても思い通りの結果を得られないことが多いでしょう。

そこで、公安委員会の審査請求を経ずに、直ちに行政処分の取消訴訟を提起することもできます。取消訴訟の提起は、原則として、行政処分を知った日から６か月以内かつ行政処分の日から１年以内に行わなければなりません。

また、道路交通法では、公安委員会が免許の取消しや90日以上の免許の停止などの処分を行う前に、公開による意見聴取を行わなければならないと定めています（104条)。意見聴取を行う場合、公安委員会の側から処分対象者に対し、期日や場所等が通知されます。意見聴取の場では、処分対象者や弁護人などの代理人が、意見を述べたり有利な証拠を提示するなどの対応を取ることができます。つまり、行政処分が行われる前に、それを阻止できる可能性があるわけです。もちろん意見聴取で十分な証拠を提示したとしても、そのまま行政処分が行われることもありますが、早い段階での解決が見込めることを考えると、その機会を活用するべきでしょう。

持病の発作による事故の免責の可否

過去の判例に基づいて考えると、持病（急病ではない）の発作により事故を生じさせ人を死傷させた場合は、刑事責任が免責されることは非常に少ない。（例：東京高裁平成30年２月22日等）運転手は持病がある場合、運転には慎重にならなければならない。

？ 自動車を運転中に心筋梗塞を発症し、とっさに自動車を停止することができず、信号機にぶつかり倒壊させてしまいました。このようなやむを得ない場合であっても、道路交通法違反として罰則が科されるのでしょうか。刑事責任を負わなくてもよい場合などはあるのでしょうか。

道路交通法上の義務に違反した者は反則金の納付を命じられるのが一般的ですが（228ページ)、次のような事情がある場合には、道路交通法違反およびその他の刑事責任を負わないこともあります。

①　被害者の死傷と事故に因果関係がない場合

たとえば、自動車と自転車がぶつかった事故で、当日は特に問題がなかったものの、自転車の運転者が翌日に心臓発作で死亡したという場合は、事故と死亡に明確な因果関係があるとはいえず、過失運転致死傷罪にはあたらないとされる可能性が高くなります。

② 事故を起こした運転者が必要な注意義務を果たしていた場合

加害者が被害者の違法行為を予想せずに走行していて事故を起こしたとしても、加害者が必要な注意を怠らず、交通ルールを守って走行していた場合には、過失はないとみなされます。

③ 運転者に責任能力がなかったと認められる場合

心臓発作や脳出血などの病気等によって運転中に意識がなくなり、事故を起こした場合、心身喪失状態として刑事責任を問われません。

本ケースの場合も、原則として刑事責任を負う必要はありません。ただし、意識がなくなる可能性があることを知りながら、運転前に飲酒や睡眠薬の摂取などをした場合や、持病によって心身喪失状態となる可能性があることを知りながら運転を行い、事故を起こした場合には、刑事責任を負うことになります。

? 自動車の運転中に、後続車が必要以上に接近してきたり、前や横に割り込んできて通行妨害を行うため、運転を誤ってガードレールに衝突し、自動車が破損するとともに大ケガをしました。損害賠償請求以外に、このようなあおり運転を行う人に対して、刑事上の責任が科されることはないのでしょうか。

まず大前提として、あおり運転は単なる嫌がらせ行為ではなく、刑事法上の違法行為であるということです。具体的には、あおり運転は、道路交通法26条が定める適正な車間距離の保持義務に違反する行為であり、５万円以下の罰金が科されます。また、高速道路上で行ったあおり行為は危険性が高いため、３か月以上の懲役または５万円以下の罰金が科されます。

もっとも、前述のケースのように、あおり運転が原因で、被害者が死亡した場合、遺族としては加害者が３か月程度の懲役や罰金で済まされるというのでは、納得がいかないものと思われます。

あおり運転に関しては、自動車運転死傷行為処罰法上の危険運転致死罪が適用される余地があります（同法２条４号が定める人または車の通行を妨害する目的で人や自動車に接近し、重大な交通の危険を生じさせる行為に該当する余地があります）。

もし適用されると、本ケースのように被害者が傷害を負った場合は15年以下の懲役が科され、被害者が死亡した場合は１年以上の有期懲役が科されます。危険運転行為と認められるには、加害者に「故意」が必要ですが、あおり運転は加害者の故意を認めることが比較的容易であって、多くのあおり運転行為について危険運転致死傷罪の責任を追及できます。

? **トラックの運転手ですが、昨日、20キロの速度制限オーバーということで、交通反則告知書（青キップ）を渡されました。しかし、私の記憶では10キロ程度のオーバーしかしていなかったはずです。このまま反則金を払わなければなりませんか。それとも、不服を申し立てられるのでしょうか。**

交通反則通告制度

道路交通法違反のうち比較的軽いものを「反則行為」とし、反則金を納付した場合には刑事事件として起訴しないとする制度。大量に発生する交通違反を簡易・迅速に処理するための行政上の制度である。不服のない者にとっては簡単に手続が終わる一方で、不服のある者にはもちろん不服申立ての機会が与えられている。

まず、反則の「告知」を受けた翌日から起算して７日以内に反則金を「仮納付」すれば、行政上の手続で終わりです。この間に納付がなければ、反則金納付の「通告」を受けます。その翌日から起算して10日以内に反則金を「納付」すれば、ここで手続が終了しますが、納付しないと刑事手続に移ります。

ただ、あなたのように告知の内容に不服がある場合は、告知書記載の出頭日に出頭場所へ行き、不服を申し立てることができます。反則金は刑事手続にかけられないために支払う金銭ですので、いったん反則金を納付してしまうと、後になって交通違反の有無を争うことができなくなる点に注意が必要です。不服が認められないと通告書が正式に出されます。

通告後、反則金の納付がないと、検察官が道路交通法違反を理由に起訴します。ここで刑事訴訟となるわけですが、20キロオーバーを否認するためには、略式手続に同意せず、公判が開

略式手続

228ページ参照。

かれる通常の審理（正式裁判）を受けたい旨を伝えなければなりません。略式手続に同意すると100％有罪となる（罰金刑が言い渡される）からです。

? **仕事関係の忘年会が終わって、家も大して遠くないので自家用車で帰宅しようとしました。しかし、ビールを２本ばかり飲んでいたせいもあって、スピードを出し過ぎて、隣の車と接触事故を起こしてしまいました。幸い、相手にケガはなく、車にキズがついただけでしたが、かけつけた警察官からは交通反則告知書を渡されませんでした。大した事故ではないのに、反則金の納付だけではすまないのでしょうか。**

交通反則通告制度は、刑事事件として扱うほどのものではない軽微な違反であることが前提となっています。交通反則通告制度の対象になるのは、一時停止違反や駐車違反など、比較的軽微な道路交通法違反行為です。逆に、行政上の簡易な手続だけで処理するには不適当な重大かつ悪質な違反に対しては、交通反則通告制度は適用されません。

つまり、酒気帯び運転をした者は、その運転行為があまりに危険を伴うものなので、交通反則通告制度は適用されません。つまり、交通犯則告知書（青キップ）が渡されません。また、無免許や無資格で運転をした場合も、違反が重大かつ悪質なので反則金だけでは済まされません。さらに、交通事故を起こしてしまった場合も、簡単に見過ごすわけにはいかないので、交通反則通告制度は適用されません。ここでいう「交通事故」には、人身事故だけでなく物損事故も含まれます。

これらの重大かつ悪質な交通違反に対しては、刑事訴訟の審理を経て刑罰が科されます。あなたの場合は、明らかにアルコールの残っている状態で運転を行い、しかも軽度とはいえ物損事故を起こしています。したがって、反則金の納付だけでは済まないと思われます。

悪質な交通事犯についての扱い

交通事故に至らない交通違反だけの場合は、罰金刑で済むことが多い。しかし、最近では、交通事故の予備軍ともいえる交通違反に対しても取締りが厳しくなってきており、悪質犯と呼ばれる、酒酔い運転や無免許運転は、交通事故を伴わなくても、繰り返された場合には罰金刑では軽すぎると考えられるようになった。
そこで、検察官は、悪質な交通事犯に対して、基本的に罰金刑しか科せない簡易裁判所にではなく地方裁判所に起訴して、懲役刑を求刑することになる（無免許運転は３年以下の懲役または50万円以下の罰金）。

Column

第二種免許等の受験資格の見直し

近年、タクシー・バス業界や運送業界では、ドライバーの高齢化や慢性的なドライバー不足が大きな課題となっています。

各業界としても人手不足を解消するため、運転手の賃金を引き上げる等の対策をとってきましたが、根本的な解決にはなりませんでした。その要因のひとつとされてきたのが、第二種免許・大型免許・中型免許の受験資格です。

そこで政府は、若い人材が運送業界に流入しやすくなることを狙い、事業としての運転を行うことができる第二種免許の受験資格を緩和しました。従来であれば第二種免許・大型免許の取得は21歳以上かつ普通免許等を３年以上、中型免許の取得は20歳以上かつ普通免許等を２年以上保有していなければなりませんでした。しかし、道路交通法の改正によって、令和４年５月13日から、19歳以上かつ普通免許等を１年以上保有していれば、特例教習を受けることで、第二種免許等の取得資格が与えられることになったのです。

このような受験資格の緩和によって、最短でも高校を卒業して１年程度が経過すれば、第二種免許等を取得して、タクシー・バス業界や運送業界に就職することができるようになったことで、業界の若返りや若い人材の確保が期待されています。

ただし、仮に19歳で第二種免許等を取得したとしても、第二種免許・大型免許については21歳に達するまで、中型免許については20歳に達するまでは「若年運転者期間」に該当します。この期間内に一定の違反を行った場合は、若年運転者講習の受講が義務付けられます。この講習を受講しなかった場合や、受講しても再び一定の違反を行った場合には、特例を受けて取得した第二種免許等が取り消されることになります。

巻末資料

後遺障害別等級表の使い方

ここでは、次ページ以下にある後遺障害別等級表及び252ページの「全年齢平均給与額及び年齢別平均給与額」を使い、逸失利益の算定の仕方と自賠責保険からの支払金額について見てみましょう。

まず、後遺障害の程度ごとに労働能力喪失率が定められているので、この労働能力喪失率と被害者の収入、中間利息（将来にわたって得られる利益を現時点で一括してもらうことにより発生する将来までに生じる利息）などを考慮して逸失利益を算定します。この逸失利益は被害者ごとによって異なります。逸失利益の算定にあたっては、生涯にわたって全年齢平均給与額（252ページ上表）の年相当額を得られる可能性があるかどうかを考慮し、原則として、有職者の逸失利益については、実際の年収額と年齢別平均給与額（252ページ下表）の年相当額の高い額を収入額とします。

次に、後遺障害の程度によって定型化されている慰謝料額を確認します。実際の慰謝料の額は被害者がどのような人物かで異なりますが、自賠責でカバーされる慰謝料の額は、該当する等級が同じであれば被害者が誰であっても同じです。自賠責保険から支払われる保険金額は、このようにして算出された逸失利益と慰謝料等の合計額です。

たとえば、令和２年（2020年）４月１日以降に発生した交通事故によって第８級の後遺障害が残り、労働能力が45％喪失した結果、逸失利益が400万円だったとします。これに第８級の慰謝料331万円を加算した731万円が、自賠責保険として支払われます。

しかし、このケースで被害者の逸失利益が600万円だとすると、慰謝料331万円を加えた931万円は第８級の支払限度額である819万円を超えてしまいます。このような場合、自賠責保険は819万円しか支払われないので、加害者は、931万円との差額である112万円について支払わなければならず、任意保険に加入していない場合には自分の費用で支払うことになります。

巻末資料1　後遺障害別等級表

※保険金額は自賠責基準による
※【 】内は令和2年3月31日以前に発生した事故の場合

等級	介護を要する後遺障害	保険金額 (内慰謝料)(万円)	労働能力 喪失率
第1級	1．神経系統の機能又は精神に著しい障害を残し、常に介護を要するもの 2．胸腹部臓器の機能に著しい障害を残し、常に介護を要するもの	4,000 (1,650) 【1,600】	100/100
第2級	1．神経系統の機能又は精神に著しい障害を残し、随時介護を要するもの 2．胸腹部臓器の機能に著しい障害を残し、随時介護を要するもの	3,000 (1,203) 【1,163】	100/100
備考	各等級の後遺障害に該当しない後遺障害であって、各等級の後遺障害に相当するものは、当該等級の後遺障害とする		

等級	後遺障害	保険金額 (内慰謝料)(万円)	労働能力 喪失率
第1級	1．両眼が失明したもの 2．咀嚼及び言語の機能を廃したもの 3．両上肢をひじ関節以上で失ったもの 4．両上肢の用を全廃したもの 5．両下肢をひざ関節以上で失ったもの 6．両下肢の用を全廃したもの	3,000 (1,150) 【1,100】	100/100
第2級	1．1眼が失明し、他眼の視力が0.02以下になったもの 2．両目の視力が0.02以下になったもの 3．両上肢を手関節以上で失ったもの 4．両下肢を足関節以上で失ったもの	2,590 (998) 【958】	100/100
第3級	1．1眼が失明し、他眼の視力が0.06以下になったもの 2．咀嚼又は言語の機能を廃したもの 3．神経系統の機能又は精神に著しい障害を残し、終身労務に服することが出来ないもの 4．胸腹部臓器の機能に著しい障害を残し、終身労務に服することができないもの 5．両手の手指の全部を失ったもの	2,219 (861) 【829】	100/100
第4級	1．両眼の視力が0.06以下になったもの 2．咀嚼及び言語の機能に著しい障害を残すもの 3．両耳の聴力を全く失ったもの 4．1上肢をひじ関節以上で失ったもの 5．1下肢をひざの関節以上で失ったもの 6．両手の手指の全部の用を廃したもの 7．両足をリスフラン関節以上で失ったもの	1,889 (737) 【712】	92/100

第５級	１．1眼が失明し、他眼の視力が0.1以下になったもの ２．神経系統の機能又は精神に著しい障害を残し、特に軽易な労務以外の労務に服することができないもの ３．胸腹部臓器の機能に著しい障害を残し、特に軽易な労務以外の労務に服することができないもの ４．1上肢を手関節以上で失ったもの ５．1下肢を足関節以上で失ったもの ６．1上肢の用を全廃したもの ７．1下肢の用を全廃したもの ８．両足の足指の全部を失ったもの	1,574 (618) 【599】	$\frac{79}{100}$
第６級	１．両眼の視力が0.1以下になったもの ２．咀嚼又は言語の機能に著しい障害を残すもの ３．両耳の聴力が耳に接しなければ大声を解することができない程度になったもの ４．1耳の聴力を全く失い、他耳の聴力が40センチメートル以上の距離では普通の話声を解することができない程度になったもの ５．脊柱に著しい変形又は運動障害を残すもの ６．1上肢の３大関節中の２関節の用を廃したもの ７．1下肢の３大関節中の２関節の用を廃したもの ８．1手の５の手指又はおや指を含み４の手指を失ったもの	1,296 (512) 【498】	$\frac{67}{100}$
第７級	１．1眼が失明し、他眼の視力が0.6以下になったもの ２．両耳の聴力が40センチメートル以上の距離では普通の話声を解することができない程度になったもの ３．1耳の聴力を全く失い、他耳の聴力が1メートル以上の距離では普通の話声を解することができない程度になったもの ４．神経系統の機能又は精神に障害を残し、軽易な労務以外の労務に服することができないもの ５．胸腹部臓器の機能に障害を残し、軽易な労務以外の労務に服することができないもの ６．1手のおや指を含み３の手指を失ったもの又はおや指以外の４の手指を失ったもの ７．1手の５の手指又はおや指を含み４の手指の用を廃したもの ８．1足をリスフラン関節以上で失ったもの ９．1上肢に偽関節を残し、著しい運動障害を残すもの 10．1下肢に偽関節を残し、著しい運動障害を残すもの 11．両足の足指の全部の用を廃したもの 12．外貌に著しい醜状を残すもの 13．両側の睾丸を失ったもの	1,051 (419) 【409】	$\frac{56}{100}$

第８級	１．1眼が失明し、または１眼の視力が 0.02 以下になったもの ２．脊柱に運動障害を残すもの ３．1手のおや指を含み２の手指を失ったもの又はおや指以外の３の手指を失ったもの ４．1手のおや指を含み３の手指の用を廃したもの又はおや指以外の４の手指の用を廃したもの ５．１下肢を５センチメートル以上短縮したもの ６．１上肢の３大関節中の１関節の用を廃したもの ７．１下肢の３大関節中の１関節の用を廃したもの ８．１上肢に偽関節を残すもの ９．１下肢に偽関節を残すもの 10. 1足の足指の全部を失ったもの	819 (331) 【324】	$\frac{45}{100}$
第９級	１．両眼の視力が 0.6 以下になったもの ２．1 眼の視力が 0.06 以下になったもの ３．両眼に半盲証、視野狭窄又は視野変状を残すもの ４．両眼のまぶたに著しい欠損を残すもの ５．鼻を欠損し、その機能に著しい障害を残すもの ６．咀嚼及び言語の機能に障害を残すもの ７．両耳の聴力が １ メートル以上の距離では普通の話声を解することができない程度になったもの ８．1耳の聴力が耳に接しなければ大声を解することができない程度になり、他耳の聴力が１メートル以上の距離では普通の話声を解することが困難である程度になったもの ９．1耳の聴力を全く失ったもの 10. 神経系統の機能又は精神に障害を残し、服することができる労務が相当な程度に制限されるもの 11. 胸腹部臓器の機能に障害を残し、服することができる労務が相当な程度に制限されるもの 12. 1手のおや指又はおや指以外の ２ の手指を失ったもの 13. 1手のおや指を含み２の手指の用を廃したもの又はおや指以外の３の手指の用を廃したもの 14. 1足の第1の足指を含み2以上の足指を失ったもの 15. 1足の足指の全部の用を廃したもの 16. 外貌に相当程度の醜状を残すもの 17. 生殖器に著しい障害を残すもの	616 (249) 【245】	$\frac{35}{100}$
第１０級	１．1 眼の視力が 0.1 以下になったもの ２．正面を見た場合に複視の症状を残すもの ３．咀嚼又は言語の機能に障害を残すもの ４．14 歯以上に対し歯科補綴を加えたもの ５．両耳の聴力が １ メートル以上の距離では普通の話声を解することが困難である程度になったもの	461 (190) 【187】	$\frac{27}{100}$

	6. 1耳の聴力が耳に接しなければ大声を解することができない程度になったもの 7. 1手のおや指又はおや指以外の2の手指の用を廃したもの 8. 1下肢を3センチメートル以上短縮したもの 9. 1足の第1の足指又は他の4の足指を失ったもの 10. 1上肢の3大関節中の1関節の機能に著しい障害を残すもの 11. 1下肢の3大関節中の1関節の機能に著しい障害を残すもの		
第11級	1. 両眼の眼球に著しい調節機能障害又は運動障害を残すもの 2. 両眼のまぶたに著しい運動障害を残すもの 3. 1眼のまぶたに著しい欠損を残すもの 4. 10歯以上に対し歯科補綴を加えたもの 5. 両耳の聴力が1メートル以上の距離では小声を解することができない程度になったもの 6. 1耳の聴力が40センチメートル以上の距離では普通の話し声を解することができない程度になったもの 7. 脊柱に変形を残すもの 8. 1手のひとさし指、なか指又はくすり指を失ったもの 9. 1足の第1の足指を含み2以上の足指の用を廃したもの 10. 胸腹部臓器の機能に障害を残し、労務の遂行に相当な程度の支障があるもの	331 (136) 【135】	$\frac{20}{100}$
第12級	1. 1眼の眼球に著しい調節機能障害又は運動障害を残すもの 2. 1眼のまぶたに著しい運動障害を残すもの 3. 7歯以上に対し歯科補綴を加えたもの 4. 1耳の耳殻の大部分を欠損したもの 5. 鎖骨、胸骨、肋骨、けんこう骨又は骨盤骨に著しい変形を残すもの 6. 1上肢の3大関節中の1関節の機能に障害を残すもの 7. 1下肢の3大関節中の1関節の機能に障害を残すもの 8. 長管骨に変形を残すもの 9. 1手のこ指を失ったもの 10. 1手のひとさし指、なか指又はくすり指の用を廃したもの 11. 1足の第2の足指を失ったもの、第2の足指を含み2の足指を失ったもの又は第3の足指以下の3の足指を失ったもの 12. 1足の第1の足指又は他の4の足指の用を廃したもの 13. 局部に頑固な神経症状を残すもの 14. 外貌に醜状を残すもの	224 (94) 【93】	$\frac{14}{100}$

第13級	1.1眼の視力が0.6以下になったもの 2.正面以外を見た場合に複視の症状を残すもの 3.1眼に半盲症、視野狭窄又は視野変状を残すもの 4.両眼のまぶたの一部に欠損を残し又はまつげはげを残すもの 5.5歯以上に対し歯科補綴を加えたもの 6.1手のこ指の用を廃したもの 7.1手のおや指の指骨の一部を失ったもの 8.1下肢を1センチメートル以上短縮したもの 9.1足の第3の足指以下の1又は2の足指を失ったもの 10.1足の第2の足指の用を廃したもの、第2の足指を含み2の足指の用を廃したもの又は第3の足指以下の3の足指の用を廃したもの 11.胸腹部臓器の機能に障害を残すもの	139 (57) 【57】	$\frac{9}{100}$
第14級	1.1眼のまぶたの一部に欠損を残し又はまつげはげを残すもの 2.3歯以上に対し歯科補綴を加えたもの 3.1耳の聴力が1メートル以上の距離では小声を解することができない程度になったもの 4.上肢の露出面に手のひらの大きさの醜いあとを残すもの 5.下肢の露出面に手のひらの大きさの醜いあとを残すもの 6.1手のおや指以外の手指の指骨の一部を失ったもの 7.1手のおや指以外の手指の遠位指節間関節を屈伸することができなくなったもの 8.1足の第3の足指以下の1又は2の足指の用を廃したもの 9.局部に神経症状を残すもの	75 (32) 【32】	$\frac{5}{100}$

備考

1. 視力の測定は、万国式試視力表による。屈折異状のあるものについては、矯正視力について測定する。
2. 手指を失ったものとは、おや指は指節間関節、その他の手指は近位指節間関節以上を失ったものをいう。
3. 手指の用を廃したものとは、手指の末節骨の半分以上を失い、又は中手指節関節若しくは近位指節間関節（おや指にあっては、指節間関節）に著しい運動障害を残すものをいう。
4. 足指を失ったものとは、その全部を失ったものをいう。
5. 足指の用を廃したものとは、第1の足指は末節骨の半分以上、その他の足指は遠位指節間関節以上を失ったもの又は中足指節関節若しくは近位指節間関節（第1の足指にあっては、指節間関節）に著しい運動障害を残すものをいう。
6. 各等級の後遺障害に該当しない後遺障害であって、各等級の後遺障害に相当するものは、当該等級の後遺障害とする。

※表中（ ）内及び【 】内の慰謝料額については事情によって額が変動する場合があります。

まず、自動車損害賠償保障法施行令別表第1の該当者であって被扶養者がいるときには、第1級については1,850万円または1,800万円、第2級については1,373万円または1,350万円となります。次に、自動車損害賠償保障法施行令別表第2第1級、第2級又は第3級の該当者であって被扶養者がいるときには、第1級については1,350万円または1,300万円、第2級については1,168万円または1,128万円、第3級については1,005万円または973万円となります。

また、自動車損害賠償保障法施行令別表第1に該当する場合は、初期費用等として、第1級には500万円、第2級には205万円が加算されます。

全年齢平均給与額及び年齢別平均給与額

全年齢平均給与額(平均月額)

男		女	
男	409,100円	女	298,400円

(注)本表は、平成30年賃金構造基本統計調査第1表産業計(民営十公営)により求めた企業規模10～999人・学歴計の男女別の全年齢平均給与額(臨時給与を含む。)をその後の賃金動向を反映するため1.003倍し、その額に100円未満の端数があるときは、これを四捨五入したものである。

年齢別平均給与額(平均月額)

年齢	男	女
18歳	193,200円	171,100円
19	211,400	188,800
20	229,600	206,500
21	247,900	224,200
22	266,100	241,900
23	277,100	249,600
24	288,000	257,200
25	298,900	264,900
26	309,800	272,600
27	320,700	280,300
28	330,500	283,000
29	340,200	285,700
30	350,000	288,400
31	359,700	291,200
32	369,500	293,900
33	377,900	296,600
34	386,300	299,300
35	394,600	302,100
36	403,000	304,800
37	411,400	307,500
38	418,800	310,100
39	426,200	312,600
40	433,500	315,100
41	440,900	317,700
42	448,300	320,200
43	454,100	321,500
44	460,000	322,700
45	465,900	324,000
46歳	471,700円	325,300円
47	477,600	326,500
48	480,400	326,600
49	483,300	326,800
50	486,100	326,900
51	489,000	327,100
52	491,900	327,200
53	490,100	325,900
54	488,400	324,600
55	486,600	323,300
56	484,800	322,000
57	483,100	320,700
58	458,000	309,200
59	432,900	297,700
60	407,800	286,300
61	382,700	274,800
62	357,600	263,300
63	345,000	257,400
64	332,300	251,600
65	319,700	245,700
66	307,000	239,800
67	294,300	233,900
68	292,300	234,400
69	290,200	234,800
70	288,200	235,200
71	286,100	235,600
72	284,100	236,100
73～	282,000	236,500

(注)本表は、平成30年賃金構造基本統計調査第1表産業計(民営十公営)により求めた企業規模10～999人・学歴計の男女別の年齢階層別平均給与額(臨時給与を含む。)をその後の賃金動向を反映するため1.003倍し、その額に100円未満の端数があるときは、これを四捨五入したものである。

巻末資料２　自賠責保険支払基準についての一覧表

<table>
<tr><th colspan="3">項目</th><th colspan="5">金額</th></tr>
<tr><td rowspan="5">死亡による損害</td><td colspan="2">葬儀費</td><td colspan="5">100万円【60～100万円（60万円が原則）】</td></tr>
<tr><td colspan="2">死亡による逸失利益</td><td colspan="5">ケース別に算定</td></tr>
<tr><td colspan="2">死亡者本人の慰謝料</td><td colspan="5">400万円【350万円】</td></tr>
<tr><td colspan="2">遺族（被害者の父母・配偶者・子）の慰謝料</td><td colspan="5">請求権者1名→550万円、2名→650万円、3名以上→750万円
被害者に被扶養者があるときは上記金額に200万円を加算する。</td></tr>
<tr><td colspan="2">傷害による死亡までの損害</td><td colspan="5">傷害による損害と同じ
（事故当日又は事故翌日死亡の場合は積極損害のみ）</td></tr>
<tr><td rowspan="15">傷害による損害</td><td colspan="2">治療費などの積極損害</td><td colspan="5">実費</td></tr>
<tr><td rowspan="2">近親者の看護料</td><td>入院看護をしたとき</td><td colspan="5">1日当たり　4,200円 ※1【4,100円】</td></tr>
<tr><td>自宅看護又は通院看護をしたとき</td><td colspan="5">1日当たり　2,100円 ※1【2,050円】</td></tr>
<tr><td colspan="2">有料職業紹介所の紹介による者による自宅看護料又は通院看護料</td><td colspan="5">必要かつ妥当な実費</td></tr>
<tr><td colspan="2">入院中の諸雑費</td><td colspan="5">1日当たり　1,100円</td></tr>
<tr><td colspan="2">通院または自宅療養中の諸雑費</td><td colspan="5">実費</td></tr>
<tr><td colspan="2">休業損害</td><td colspan="5">1日当たり　6,100円 ※2【5,700円】</td></tr>
<tr><td colspan="2">傷害慰謝料</td><td colspan="5">1日当たり　4,300円【4,200円】</td></tr>
<tr><td rowspan="7">後遺症のある場合</td><td>後遺症による逸失利益</td><td colspan="5">ケース別に算出</td></tr>
<tr><td rowspan="6">後遺症による慰謝料
被扶養者があるとき
第1級　1,350万円
【1,300万円】
第2級　1,168万円
【1,128万円】
第3級　1,105万円
【973万円】</td><td>第１級</td><td>第２級</td><td>第３級</td><td>第４級</td><td>第５級</td></tr>
<tr><td>1,150万円
【1,100万円】</td><td>998万円
【958万円】</td><td>861万円
【829万円】</td><td>737万円
【712万円】</td><td>618万円
【599万円】</td></tr>
<tr><td>第６級</td><td>第７級</td><td>第８級</td><td>第９級</td><td>第10級</td></tr>
<tr><td>512万円
【498万円】</td><td>419万円
【409万円】</td><td>331万円
【324万円】</td><td>249万円
【245万円】</td><td>190万円
【187万円】</td></tr>
<tr><td>第11級</td><td>第12級</td><td>第13級</td><td>第14級</td><td></td></tr>
<tr><td>136万円
【135万円】</td><td>94万円
【93万円】</td><td>57万円
【57万円】</td><td>32万円
【32万円】</td><td></td></tr>
</table>

【　】内は令和2年3月31日以前に発生した事故の場合。
※1　これを超えることが明らかな場合、近親者は上限19,000円、それ以外は地域の家政婦料金が支払われる。
※2　これを超えることが明らかな場合、上限19,000円が支払われる。

巻末資料3　自賠責保険請求に必要な書類一覧表

提出書類		被害者請求			仮渡金	
・仮渡金請求の際に提出していただいた書類は、損害賠償額請求の場合には再提出していただく必要はありません。 ・**太字**の用紙は損害保険会社（組合）に備え付けてあります。	取付け先	死亡	後遺障害	障害	死亡	障害
1　**保険金（共済金）・損害賠償額・仮渡金支払請求書**	自動車安全運転センター	◎	◎	◎	◎	◎
2　交通事故証明書（人身事故）	事故当事者等	◎	◎	◎	◎	◎
3　**事故発生状況報告書**		◎	◎	◎	◎	◎
4　**医師の診断書**または死体検案書（死亡診断書）	治療を受けた医師または病院	◎	◎	◎	◎	◎
5　**診療報酬明細書**	治療を受けた医師または病院	◎	○	◎		
6　**通院交通費明細書**		◎		◎		
7　**付添看護自認書**または看護料領収書		○		○		
8　休業損害の証明は 1．給与所得者 事業主の**休業損害証明書** （源泉徴収票添付） 2．自由業者、自営業者、農林漁業者 納税証明書、課税証明書（取得額の記載されたもの）または確定申告書　等	休業損害証明書は 事業主納税証明書、 課税証明書等は 税務署または市区町村	○	○	○		
9　損害賠償額の受領者が請求者本人であることの証明（印鑑証明書） 被害者が未成年で、その親権者が請求する場合は、上記のほか、当該未成年者の住民票または戸籍抄本が必要です。	住民登録をしている市区町村、本籍のある市区町村	◎	◎	◎	◎	◎
10　委任状および（委任者の）印鑑証明 死亡事故等で請求権者が複数いる場合は、原則として1名を代理者として、他の請求権者全員の委任状および印鑑証明が必要です。	印鑑登録をしている 市区町村	○	○	○	○	○
11　戸籍謄本	本籍のある市区町村	◎			◎	
12　**後遺障害診断書**	治療を受けた医師または病院		◎			
13　レントゲン写真等	治療を受けた医師または病院	○	○	○		

（注1）◎印は必ず提出が必要な書類。○印は事故の内容によって提出が必要な書類
（注2）上記以外の書類が必要なときは、損害保険会社（組合）または自賠責損害調査事務所から連絡される

巻末資料4　任意保険請求に必要な書類一式

提出書類		対人賠償		搭乗者傷害		対物賠償	車両
		死亡	傷害	死亡	傷害		
1	損害賠償額支払請求書	◎	◎	◎	◎	◎	◎
2	保険証券	◎	◎	◎	◎	◎	◎
3	事故証明書	◎	◎	◎	◎	◎	◎
4	事故発生状況報告書	◎	◎	◎	◎	◎	◎
5	保険金支払請求書	◎	◎	◎	◎	◎	◎
6	医師の診断書		◎		◎		
7	死体検案書または死亡診断書	◎		◎			
8	除籍謄本	◎		◎			
9	葬儀費用明細書	◎					
10	入院・治療費関係明細書		◎		○		
11	応急護送費明細書	○	○				
12	レントゲン写真		○		○		
13	休業・欠勤証明書		◎		◎		
14	給料・所得証明書	◎	◎				
15	委任状	○	○	○	○	○	○
16	印鑑証明書	○	○	○	○	○	○
17	示談書	◎	◎			◎	○
18	示談金領収書	○	○			○	
19	事故現場写真					○	○
20	事故車両写真（ナンバー入）					◎	◎
21	(*) 車両修理費請求書					◎	◎
22	(*) 修繕費・引揚・牽引費請求書					◎	◎
23	(*) 被害物件写真					◎	
24	被害物件損害請求関係書類					◎	
25	損害賠償交渉関係書類	◎	◎			◎	◎
26	損害防止費用請求書類	○	○			○	◎
27	保険金領収書	◎	◎	◎	◎	◎	◎

注1）◎印は必ず必要な書類。○印は原則として必要な書類
注2）保険会社によっては、これ以外の書類が必要になる場合もある
注3）提出書類欄（*）印は相手車両の書類

【監修者紹介】

森　公任（もり　こうにん）

昭和 26 年新潟県出身。中央大学法学部卒業。1980 年弁護士登録（東京弁護士会）。1982 年森法律事務所設立。おもな著作（監修書）に、『公正証書のしくみと実践書式集』『職場のトラブルをめぐる法律問題と実践解決書式』『著作権の法律問題とトラブル解決法』『インターネットの法律とトラブル対策』『入門図解 親子の法律問題【離婚・親子関係・いじめ・事故・虐待】解決の知識』『三訂版　仮差押・仮処分の法律と手続き』など（小社刊）がある。

森元　みのり（もりもと　みのり）

弁護士。2003 年東京大学法学部卒業。2006 年弁護士登録（東京弁護士会）。同年森法律事務所 入所。おもな著作（監修書）に、『公正証書のしくみと実践書式集』『職場のトラブルをめぐる法律問題と実践解決書式』『著作権の法律問題とトラブル解決法』『インターネットの法律とトラブル対策』『入門図解 親子の法律問題【離婚・親子関係・いじめ・事故・虐待】解決の知識』『三訂版　仮差押・仮処分の法律と手続き』など（小社刊）がある。

森法律事務所

家事事件、不動産事件等が中心業務。
〒 104-0033　東京都中央区新川２－ 15 －３　森第二ビル
電話 03-3553-5916　　http：//www.mori-law-office.com

図解で早わかり
最新　交通事故の法律と手続き

2023年４月30日　第１刷発行
2024年６月30日　第２刷発行

監修者　森公任《もりこうにん》　森元《もりもと》みのり

発行者　前田俊秀

発行所　株式会社三修社
〒150-0001　東京都渋谷区神宮前2-2-22
TEL　03-3405-4511　FAX　03-3405-4522
振替　00190-9-72758
https://www.sanshusha.co.jp
編集担当　北村英治

印刷所　萩原印刷株式会社

製本所　牧製本印刷株式会社

ISBN978-4-384-04914-5 C2032